Resputas a Gracia entrelazada

«Gracia entrelazada es sumamente inspiradora para cualquiera que busque la gracia de Dios en el camino de su propia vida. Virginia Heslinga ha expresado muy elocuentemente sus pensamientos más íntimos, mientras comparte su propia narrativa personal de cómo superar una tragedia. Una maravillosa lectura que acaricia el alma».

Randi Marcinkiewicz, Consejera de Salud Mental con Licencia

«Como ex jefe de bomberos y más de 30 años en los servicios de emergencias, leer Gracia entrelazada me llevó a una historia profundamente emotiva de una tragedia familiar que muchos en la comunidad de servicios de emergencia raramente ven. Como antiguo colega de la Profesora Heslinga, la descripción vívida de algunos de los detalles más íntimos de su vida destaca su coraje y sensibilidad sobre una historia que tiene que ser contada. Como alguien que ha sido expuesto a una cantidad de traumas psicosociales, el arco de esta historia lo deja a uno con una verdadera apreciación por la naturaleza diversa y duradera del esfuerzo para lograr la sanación y desarrollarse como ser humano. Prepárense no solamente para una lectura dramática sino también para un viaje conmovedor».

David Daniels, Ph.D., CSD, VPS

«Los lectores lograrán una mejor idea de quién es

Virginia como persona debido a los eventos que la formaron. Su fe y su cariño siempre han sido evidentes, pero el libro también muestra su fortaleza, su humor, la lealtad a su familia y sus miedos, todo de manera que resuena entre quienes la conocen bien y personas extrañas quienes se enfrentan a sus propias experiencias traumáticas o de dolor y que podrían encontrar la fortaleza de perseverar con la ayuda de su libro».

Carolyn Allard, Correctora Independiente

«Mientras caminaba con mi perro, tuve un encuentro fortuito con una excepcional persona extraña. Este encuentro fue un regalo de Dios porque las palabras de este extraño fueron un aliciente increíble que nunca he olvidado. Como mi experiencia, la Dra. Heslinga ha experimentado el mismo tipo de regalo misterioso de Dios revelado en Gracia entrelazada. Son reales e impactan toda la vida».

Dale C. Bradley, Maestro Grabador, Bradley Studio en North Adams, MA

«Una historia pura y honesta de una increíble historia de la vida. La habilidad de Virginia de lograr que el lector se relacione, sienta las emociones y adopte la perspectiva del personaje principal (en cada etapa de su desarrollo) es notable. La autobiografía es una hermosa historia de la perseverancia y fe de un individuo».

Christine L. Holmes, Ed.D., NECHE/Consultora de Proyectos Vicepresidente de Asuntos Académicos (jubilada)

Gracia Entrelazada es un relato que te atrapa desde la primera página. La calidad de la traducción española del texto es capaz de conservar la naturaleza extraordinaria y cercana a la vez de la historia que nos cuenta Heslinga. Además, este es un libro que nos permite aprender sobre nosotros mismos a través de las experiencias de Virginia. ¡No se lo pierdan!

Celia Llaberia Vilalta

Gracia entrelazada

Gracia entrelazada

Una memoria

Virginia Heslinga

3clocks
publications

Publicación de 3 Clocks Publications, LLC.

Gracia entrelazada: Una memoría

Copyright © 2023 por Virginia Heslinga

Traducido por Carolos R. Miranda, Ph.D., Copyright © 2024 por Virginia Heslinga

Edición electrónica ISBN: 979-8-9883543-8-3

Rústica ISBN: 979-8-9883543-7-6

Todos los derechos reservados. Excepto por el uso en cualquier crítica, la reproducción o utilización de este trabajo en todo o en parte en cualquier forma por cualquier medio electrónico, mecánico o de otro tipo, conocido ahora o inventado en el futuro, que incluye xerografía, fotocopiado y grabación, o en sistemas de almacenamiento y recuperación de información está prohibida sin el permiso por escrito de la editorial, 3 Clocks Publications, LLC.

Diseño de la tapa y páginas interiores por Gordon Saunders

La selección, coordinación y organización de las fotografías y el texto de la portada fueron creados por el ilustrador. La imagen de una niña joven apoyada contra una vivienda fue generada por IA.

Nota de la editorial:

Esta obra es un ensayo creativo. La autora ha presentado los eventos de la mejor manera posible. Si bien todos los incidentes en el libro son reales, algunos nombres y detalles identificadores podrían haber sido modificados para proteger la privacidad.

Además de contar una historia, el libro intenta brindar información y estimular la acción. La autora y la editorial reconocen que no ofrecen ningún tipo de asesoramiento profesional. La autora y la editorial esperan que el contenido de este volumen sea de utilidad para los lectores. Pero los lectores deben asumir sus propias responsabilidades por sus propias elecciones, acciones y resultados.

A Elizabeth Lynne Alexander Finnigan Drake, agosto de 1952 a diciembre de 2022, quien me dijo en 1971 que algún día iba a poder contar toda la historia.

Índice de materias

1. Fuego, vuelo, miedo
2. Una casa que comparte
3. Más segura en su cuidado
4. Llorar cuando se apagan las luces
5. Estar presente
6. Ayudantes y aborrecedores
7. El relato
8. Detalles necesarios
9. Un amigo íntimo y un hermoso día por enfermedad
10. Gánster o evangelista y planes funerarios
11. Apestosos
12. Horas de visita y saltos mortales
13. Relojes de cumpleaños
14. Pulsera del día de la madre, sin garantía de horas
15. Consuelo y un funeral
16. Doblar y girar
17. El Sr. Triste y los Ring Dings
18. La última nalgueada, una escapada y una mudanza
19. Crecer a pesar de los chaparrones
20. El gin de Gordon
21. No lo que esperaba
22. No lo puedo decir
23. Navidad, el Año Nuevo y la fe de amigos
24. Aconsejamiento, cuidado de niños y pintar Davy Crockett
25. Una interrupción inoportuna se vuelve crítica
26. Tensiones, valoración y silencio
27. Cambios y mensajes bienvenidos y no bienvenidos
28. Primer amor y batallas duraderas
29. Pasos finales, todo se aclara y una elección

Reconocimientos

Anexo 1: Artículos de periódicos

Anexo 2: Atribuciones musicales

Anexo 3: Preguntas para la reflexión y conversación

Notas

Sobre la autora

Capítulo 1

Fuego, vuelo, miedo

Nuestra casa estaba envuelta en llamas. Yo estaba afuera, sentada contra la pared de la casa del vecino. Las llamas, como lenguas perversas anaranjadas, lamían lentamente los armazones de las ventanas del segundo piso. Después, las lenguas salieron por el techo y lamieron más alto, estirándose, escupiendo chispas que cubrían todo. Por encima de las cabezas de los adultos que se congregaron en el borde del césped de la casa vecina, podía ver el techo de la casa. Humo y cenizas flotaban tan lentamente como un monstruo malicioso que buscaba a alguien a quien agarrar.

Algunas personas vinieron para ver por su preocupación y consternación, pero no se acercaron a la casa. Otras, simplemente curiosas, llegaron para ver y pararse entre la entrada de cemento y yo. El humo espeso, arenoso, agrio llenaba toda la esquina de nuestra cuadra.

Había visto un programa especial de *National Geographic* sobre aves carroñeras. Había oído los sonidos que emiten esas terribles aves, graznidos embroncados, amordazados, silbidos profundos, mientras parecían no tener ninguna piedad al picotear a moribundos y muertos. Sus caras, ruidos y cuerpos miedosos se mezclaban con las imágenes, sonidos y expresiones de las personas que se estiraban para ver cómo el fuego devoraba mi casa.

Las llamas se extendían desde la parte de atrás del techo y me hicieron temblar. La gente había llegado antes que los patrulleros policiales y las autobombas de los bomberos. Pero nadie se acercó a la casa. Podían ver el peligro del feroz incendio.

Nadie ofreció ayuda; nadie, excepto un joven que apareció repentinamente en nuestro porche delantero. Trató de ayudarme a sacar a los niños pequeños de la casa. Pero luego, desapareció. En el instante en que logré levantar a Daniel y agarrar la mano de Mark para sacarlos del porche, el joven se había ido. No pude ver hacia dónde. Ya no estaba, y nosotros teníamos que escaparnos de la casa.

¿Cuánto tiempo duró todo eso? ¿Treinta minutos? ¿Una hora? Pensé de debería haber sido por lo menos una hora. Había sido necesario hacer dos llamadas, una desde mi casa y la otra desde la casa del vecino, y luego varios minutos más antes de que llegaran las autobombas.

Después de que aparecieran las autobombas y los bomberos, me apreté con más fuerza contra la pared de la casa del vecino y traté de no pensar. Quería impedir la creación del pensamiento más horrible y espantoso. Miré fijamente a los bomberos. Trabajaban como un equipo bien preparado, moviendo mangueras, escaleras y sus propios cuerpos hacia la casa.

Llegaron mis padres. La policía había cortado la entrada de automóviles a nuestra calle, una avenida principal, pero mi padre pasó por los patrulleros y estacionó al frente de nuestra casa, al lado de una autobomba. Mis padres se bajaron apresuradamente del automóvil. Mi madre logró un par de pasos, con las manos sobre la boca. Mi padre corrió hacia la escalera que estaba apoyada en el frente de la casa. Terminaba en la ventana del segundo piso que era el dormitorio de mis hermanos.

Un oficial de policía agarró a mi madre y la ayudó a llegar hasta atrás de nuestro automóvil. Un bombero trató de agarrar a mi padre, quien logró impedirlo y en segundos, logró subir la escalera. Con sus propios puños, rompió el vidrio de la ventana del dormitorio de mis hermanos. Un oscuro humo salió como la capucha de un verdugo y cubrió a mi padre quien comenzó a caerse hacia atrás.

Un bombero que había subido por la escalera siguiendo a mi padre logró impedir que se cayera hasta el piso. El humo seguía saliendo por la ventana rota. El bombero ayudó a mi padre a bajar por la escalera. No pude ver cuándo llegaron al suelo porque el grupo más numeroso de gente ahora estaba más cerca.

Mis padres habían salido para ayudar a la municipalidad a crear un plan para recaudar fondos para la Cruz Roja. Como teníamos clases el día siguiente, habían decidido que no había problema en que yo cuidara a mis dos hermanos menores y al pequeño niño de nuestro pastor. El pastor y su esposa estaban de viaje participando en una convención.

Escuché los gritos de mi madre. Papá siguió gritando; sonaba como un rugido sin palabras.

La gente se movió. Pude ver que llevaban a mis padres hacia una ambulancia. Pensé que había visto al personal de emergencia médica también llevar a los niños hacia la ambulancia. ¿Eran solamente Mark y Daniel o habían logrado rescatar a Andy de la casa? La ambulancia desapareció, con todas las luces encendidas y las sirenas a todo volumen.

La gente se movió lentamente como una víbora para tratar de tener una mejor perspectiva del incendio y las tareas de los bomberos. Yo me quedé sentada inmóvil, sintiéndome invisible, y rezando.

A menudo escuché a mis padres decir con orgullo que yo había ido a la iglesia cuando tenía menos de dos semanas de vida y que casi nunca había faltado de ir los domingos durante toda mi vida. Eso también era verdad sobre mis hermanos. La iglesia, Dios, la Biblia, y rezar eran parte de nuestra vida diaria.

Aprendimos que Dios responde a las oraciones. Dios ama especialmente a los niños. Así que me quedé sentada en el piso con la espalda contra la fría pared y rogué a Dios que los bomberos lograran rescatar a mi hermano menor. Yo no había podido sacar a Andy de la casa.

Puse mis rodillas en el pecho, y mientras las agarraba con firmeza, observé el incendio de mi casa, y también la destrucción y desaparición de mi propia vida. Los bomberos lucharon contra el humo, el vapor y las llamas con chorros de agua. Hasta este momento, el fuego no había sido apaciguado. El humo, como los largos brazos de un monstruo, había salido por el techo y la ventana que mi padre había abierto.

Mis padres se amaban y nos amaban a nosotros, pero cualquier persona con ojos y oídos podía entender que Andrew era el favorito, no solamente de mis padres sino de cualquier persona que conocía a mi familia. Andrew era mi hermano menor. Sabía dormir profundamente cuando dejaba de hacerse el mono y se calmaba.

Mis vecinos, los que eran dueños de la casa de este lado

de nuestra entrada al garaje donde estaba sentada y que tenían la edad de mis abuelos, eran muy buenas personas. Desde que salieron de la casa para conversar con el oficial de policía más cercano, no me había movido.

La noche de mayo parecía casi fría. En mi pijama verde de algodón, temblaba mientras miraba el incendio. Miré a las llamas que todavía salían de las salas y el techo. Sabía que el mundo no era un lugar seguro, pero mi casa había sido segura.

No vi a nadie de mi edad o más joven entre las personas que me rodeaban. Noté a algunos adolescentes más grandes, pero pocos. Eran los que se reunían en la pequeña galería comercial cercana a apenas una cuadra de nuestra casa. ¿Quién sería capaz de llevar a sus hijos a ver el incendio de una casa en una tarde de mayo?

¿Podría ser en realidad el lunes a la tarde? El domingo, el día anterior, había sido el día de la madre y todos le habíamos regalado algo a mamá. Desde el desayuno en la cama hasta regalos a la noche, sonrió mucho durante todo el día.

Hoy habíamos ido a la escuela. Volvimos a casa e hicimos nuestras tareas y yo había ayudado a mamá a preparar la cena. Los chicos jugaban. Mamá y papá me recordaron sobre el horario de mi trabajo como niñera. Les dijeron a los niños que me hicieran caso y que fueran muy cuidadosos al jugar con el bebé de nuestro pastor. Luego se fueron a la reunión donde ayudarían a determinar cómo recaudar la mayor cantidad de dinero para la Cruz Roja.

Otros niños tendrían que ir a la escuela mañana, pero muy posiblemente yo no. No tenía casa, ropa y a ningún miembro de mi familia cerca mío.

Mi familia se había ido en la ambulancia sin mí. Alguien

los puso en la ambulancia sin mí. ¿Sería necesario apagar el incendio antes de que alguien viniera a buscarme a mí?

Traté de pensar en lo que pasaría si Andy no había sido transportado en la ambulancia. Los bomberos eran héroes fuertes y decididos. Si eran capaces de entrar a una casa envuelta en llamas, con todo el humo y apagar el incendio, seguro que podrían encontrar a Andy. Si él hubiera respirado el humo, podrían hacerlo revivir.

Justo cuando parecía que el agua de las mangueras finalmente lograba limitar el poder del fuego, un pedazo del techo y la pared de atrás cayeron con un ruido estrepitoso. La gente gritó sorprendida. El fuego creció, se reanimó y envolvió a la casa como agarrando pedazos, masticando y burlándose.

La conversación a mi alrededor aumentó su volumen. Escuché las suposiciones y comentarios de la gente. Hablaban como si supieran qué había pasado.

—Me dijeron que la niñera fumaba.

—Me dijeron que los niños estaban jugando con fósforos.

—Fueron las palomitas de maíz. Estaban haciendo palomitas, y la mantequilla se encendió.

—¡Los padres salieron y dejaron a los niños solos!

—¡Imagínense dejar la casa llena de niños pequeños solos para salir a la noche!

—¡Terrible dejar solos a los niños para salir! ¿Quién hace una cosa así?

—Me dijeron que tenían velas alrededor de un tablero de Ouija.

—La niñera organizó una sesión con los espíritus.

—La casa es una pérdida total.

—¡Imagínense salir y volver para encontrarse con esto!

—¿Se salvó la niñera?

—¿Pudieron escaparse todos los niños?

Podría haber dejado que las voces y las palabras a mi alrededor se convirtieran en una pared de ruido al ignorar lo que decían, pero no pude. Escuché todo. La niñera era yo. La mayoría pensó que la niñera era la razón del incendio. Pensé que tenían razón, aunque no fuera por velas o los espíritus.

Cuando volví a mirar las llamas y los agujeros en el techo y en las paredes, supe que no podríamos volver a vivir allí. Los bomberos habían esparcido tanto líquido sobre la casa que me imaginé que el sótano estaría lleno de agua, quizás hasta el techo.

Cerca mío, un hombre anciano se abrazó a una mujer y dijo —han perdido todo.

Perdido todo. Todo se había incendiado o estaba cubierto con humo y agua. ¿Perdido todo? Yo no tenía nada excepto el pijama de algodón que tenía puesto. Los niños y mis padres tendrían solamente la ropa que tenían puesta.

Me habían enseñado que Dios nos protegería a todos. ¿Qué estaba haciendo Dios ahora? ¿Por qué permitió Dios todo esto? Había escuchado dos sermones por semana durante la mayor parte de mi vida y recordé ahora los que hablaban de Job, que había perdido todo y le había preguntado a Dios por qué. Sabía lo que Dios le había dicho a Job: «¿Quién eres tú para hacerme estas preguntas»?

Job había sufrido todo tipo de pérdidas, pero seguía confiando en Dios. ¿Podría yo realmente confiar en un Dios que saca todo? La esposa de Job había dicho: «Maldice a Dios y muere». Job no lo hizo.

En mi casa, escuchábamos una historia de la Biblia cada noche antes de dormir. Mamá las leía, pero papá las convertía en realidad. Hacía que las historias de la Biblia fueran interesantes actuando y usando efectos sonoros y a veces, nos asignaba papeles a nosotros.

Cuando papá estuvo en el ejército, había aprendido a caerse hacia adelante, pero sin golpearse la cara. Cuando llegamos a la historia de David y Goliat, nos turnamos en ser David. Si no jugábamos el papel de David, podíamos ser Saúl o los soldados detrás de David. Cuando éramos como David que se enfrentaba con Goliat y tirábamos una piedra con una gomera, la expresión de papá como Goliat pasaba del ceño fruncido a una mirada con los ojos bien abiertos. Se caería hacia adelante a los pies de David. No importaba quién de nosotros era David, nos gustaba ver la caída de Goliat.

Yo quería que el fuego se cayera. Era más grande y horrible que cualquier Goliat. ¿Escuchaba Dios mis oraciones ahora? ¿Y si Andy no sobrevivió? ¿Y qué pasa si rezar es perder el tiempo porque a Dios no le importa? ¿No existe? ¿Decidió no impedir el incendio, o dejó que se quemara todo porque yo había hecho cosas malas?

Quizás si Dios no respondía a mis pedidos, podría ofrecerle mi vida a Él. Entonces hice eso. Le dije a Dios que haría cualquier cosa que me pidiera que haga. Sería misionera en algún terrible y lejano lugar durante toda mi vida a cambio de la seguridad de Andy.

Le había pedido a Dios una y otra vez que rescate a Andy. Le había ofrecido todo al prometer entregarle toda mi vida, que me enviara al lugar que quisiera, a hacer lo que quisiera. ¿Sería eso suficiente para que Andy sobreviva? ¿Y si no era suficiente? ¿Qué más podría hacer?

¿Le importaría a Dios si lo amenazo? Podría decir, «rescata a Andy o nunca confiaré de nuevo en Ti. Me alejaré de Ti». ¿Podría hacer eso? ¿Haría que todo empeore al pensar en alejarme de Dios?

Los bomberos movieron las escaleras y las mangueras.

Treparon, destruyeron y empaparon, tratando constantemente de apagar el fuego. Yo estaba sentada sin saber qué le había pasado a Andrew, pero lo imaginé.

Me imaginé cómo reaccionarían mis padres si Andy hubiera muerto en el incendio. ¿Cómo se enfrentarían a la pérdida de Andy? ¿Y cómo lo haría yo?

La culpa se apoderó de mí. Yo era la niñera. Proteger a los niños en mi cuidado había sido mi responsabilidad principal.

Yo tenía apenas doce años, pero había sido niñera de mis hermanos y otros niños durante dos años. Sea lo que sea finalmente sería mi culpa. Tenía que ser mi culpa. Pensé que sería más fácil para todos culpar a una niñera que culpar a Dios.

Muy lentamente, con una mano en la pared de la casa, me paré. Pensé que debía ir al oficial de policía que podía ver. Hubiera preferido haber ido en la ambulancia con mis padres.

El oficial conversaba con nuestros amables vecinos ancianos. No pude caminar hacia él, por lo que lo miré intensamente. Entonces vi que miraba en mi dirección. El anciano indicó y habló con el policía. La mujer corrió hacia mí. Su esposo y el oficial la siguieron.

¿Qué podrían hacer para ayudar? ¿Qué dirían? ¿Podría algunos de ellos decirme si Andy estaba vivo o muerto?

Virginia Heslinga

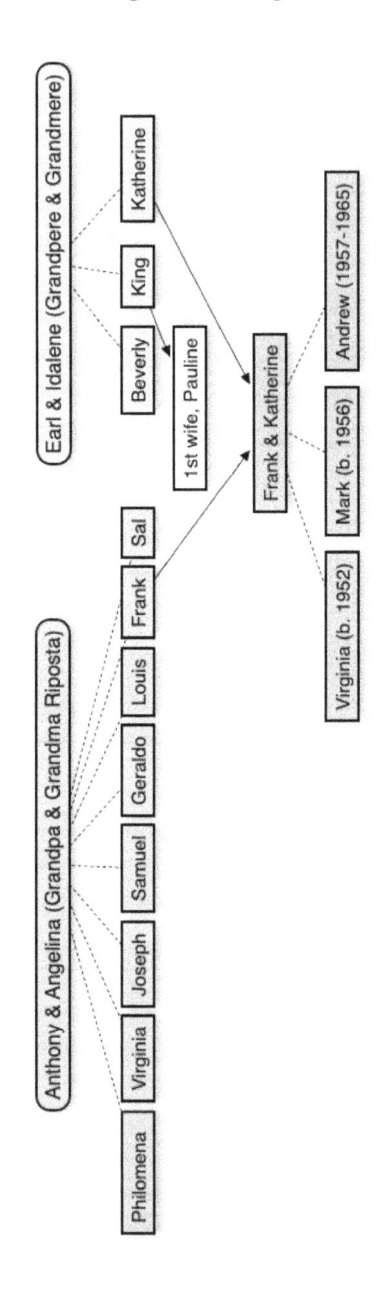

Earl & Idalene (Grandpere & Grandmere)
- Katherine
- King
- Beverly
- 1st wife, Pauline

Frank & Katherine
- Andrew (1957-1965)
- Mark (b. 1956)
- Virginia (b. 1952)

Anthony & Angelina (Grandpa & Grandma Riposta)
- Sal
- Frank
- Louis
- Geraldo
- Samuel
- Joseph
- Virginia
- Philomena

Árbol genealógico de la familia Riposta

Capítulo 2
Una casa que comparte

Mi padre decidía las reglas en nuestra casa. Nunca lo cuestionamos sobre nada. Él tenía sus motivos y él era el padre. Aprendimos en la iglesia que el hombre era el jefe de la casa y papá parecía hecho para dicho papel.

Papá había crecido en Kearny, Nueva Jersey, un vecindario predominantemente italiano donde los niños no aprendían a hablar inglés hasta que iban a la escuela. Su mamá tuvo once bebés, pero solamente ocho sobrevivieron hasta la adultez. Mientras crecían, muy raramente tenían todo lo que necesitaban de cualquier cosa: alimentos, carbón, muebles o ropa.

Papá nos recordaba cada vez que nos sentábamos a comer que nosotros habíamos tenido suerte. Nos recordaba, cuando el horario o los viajes ocasionaban que perdiéramos una comida, que nosotros realmente no conocíamos el hambre. Cada noche, nos recordaba que teníamos suerte de tener nuestras propias camas, frazadas cálidas, una casa con mucha calefacción, dos padres que nos querían y un Dios que siempre estaría con nosotros.

Le tenía respeto a mi papá, pero en parte, era por miedo. Probablemente esto era porque nunca logré conocerlo hasta que tuve casi tres años. Él había estado en Corea. Mamá y yo vivíamos con su hermana mayor, Beverly, en un apartamento. Algunas veces, cuando Beverly podía ser niñera, mamá iba a aprender a cocinar y otras tareas hogareñas con las hermanas de papá. Le enseñaron a preparar comidas italianas y cómo ocuparse de la casa.

En uno de los primeros días después de que papá volviera del servicio militar, cuando no estábamos con su familia a la hora de la cena, la tía Beverly preparaba una comida. Yo estaba sentada en una silla alta. Papá ponía un poco de todo en mi plato: frutas, verduras, puré de papas y carne. Yo comía todo menos la carne y papá decía —cómela; es buena.

—No come carne —le respondieron mamá y Beverly casi al unísono.

—Qué quieres decir, ¿no come carne?

—Nunca le gustó. Tratamos de que la probara, pero siempre la escupe.

—Nosotros casi nunca teníamos carne cuando yo crecía. Mi hija va a comer carne. —Papá siempre esperaba que se hiciera lo que él decía. Levantó el tenedor para bebé, le puso algo de carne, y lo llevó a mi boca.

Yo con la boca cerrada.

—Virginia, abre la boca y come esto. Es bueno para ti.

Yo con la boca cerrada.

—Come esto. —Papá volvió a levantar el tenedor. Yo no hice lo que este hombre, para mí un extraño, me decía que hiciera.

Con una voz más baja, dijo —come esto ahora.

Yo seguí con la boca cerrada

Puso el tenedor sobre el plato, me sacó de la silla alta, me llevó al baño y me dio una nalgada. No recuerdo si la nalgada fue tan seria como mamá y la tía Beverly dijeron. Ellas nunca me dieron una nalgada. Mamá dijo que Beverly pensó en llamar a la policía, pero no lo hicieron.

Yo recuerdo la nalgada. Fue mi primer enfrentamiento con este hombre que era mi padre. Me sacó del baño y me puso de nuevo en la silla alta. Puso carne en el tenedor y me lo ofreció. Esta vez, la comí. Comí todos los pedacitos de carne del plato.

Papá nos recordaba todos los días sobre algo por lo que debíamos estar agradecidos. No se permitían las quejas porque nosotros teníamos más que la mayoría de la gente del mundo. Siempre enfatizó compartir con los demás. Pensé que papá nos obligaba a ver a las personas más pobres que nosotros.

Mamá admiraba a las personas que tenían más que nosotros y deseaba que pudiéramos vivir como la gente rica. Papá no discutía con ella, pero nos recordaba a nosotros que él había crecido pobre en una familia grande. Mamá había sido la niña mimada de su familia que casi siempre tuvo lo que quiso. Tenía una actitud romántica y una vívida imaginación.

La regla que papá más repetía en nuestra casa requería que cada uno de nosotros siempre estuviéramos atentos a las necesidades de los demás. Si nos levantábamos de la mesa para llenar nuestros vasos de agua, teníamos que llenar cualquier otro vaso que no estuviera lleno. Si nos servíamos comida sin antes ver qué necesitaban los demás en la mesa, teníamos que levantarnos de la mesa e irnos a nuestros dormitorios.

Esta orden de compartir y prestar atención a las necesidades de los demás orientaba a nuestra familia, especialmente cuando papá estaba en casa. Ninguno de nosotros quería enfrentar el castigo por no compartir. Como mínimo, una conducta egoísta significaría una reprimenda y tener que irnos a nuestros dormitorios. Lo peor, el egoísmo generaría una nalgada y no poder ver televisión por una semana.

Por, sobre todo, Mark y Andy requerían que compartiera mi atención. Tenía que compartir mis horas para ayudarlos a aprender a jugar juegos, construir proyectos o leerles, supervisarlos y ayudarlos con sus tareas escolares de niños pequeños. También los ayudé a memorizar versos de la biblia que papá requería que aprendiéramos. Lo lograba leyéndoles los versos una y mil veces.

Cuando ayudaba o jugaba con Mark y Andy, mamá podía ocuparse de otra cosa sin interrupción o a veces descansar y ver sus novelas sin que la molesten. Ella me decía que yo era una muy buena hermana mayor. Decía que quizás cuando fuera mayor, podría conseguir un empleo durante el verano como niñera de una familia rica. Entonces podría ver cómo vive la gente adinerada porque viviría con ellos y viajaría con ellos para cuidar a los niños.

No sabía por qué mamá pensaba que me gustaría un empleo cuidando a otros niños, pero nunca hice preguntas. Papá esperaba respeto. De papá, mamá y la iglesia, aprendimos que debemos ser respetuosos de nuestros padres y los mayores.

Con Mark y Andy, era diferente. Mis expresiones y tono de voz indicaban cuándo estaba molesta porque tenía que jugar con ellos. Mark parecía tan herido o triste por mi tono de voz o conductas abruptas. Andy se reía, encogía los hombros y hacía lo que quería, excepto cuando se trataba de complacer a papá.

Andy tenía un radar especial sobre compartir, especialmente si teníamos cerca a personas adultas. —Esta es una casa que comparte —nos recordaba a Mark o a mí. Si papá estaba cerca y podía escuchar que Andy y Mark peleaban por un juguete, Andy rápidamente le cedía el juguete a Mark. Le decía —puedes quedártelo. Esta es una casa que comparte.

Frank & Andrew

Inevitablemente aparecía papá y decía —eso es lo que me gusta oír—, y se sentía orgulloso de sus hijos, especialmente Andy.

Pensé todas estas cosas mientras miraba nuestra casa. La casa en la que habíamos vivido apenas tres años estaba destruida. No quedaba nada para apreciar o compartir.

Dudé de que papá alguna vez pudiera sonreírme con orgullo otra vez.

* * *

El oficial de policía y los amables vecinos se acercaron.
—Oh. Mi querida, debes tener frío. —La esposa corrió hacia su casa tan rápido como sus piernas se lo permitían. Cuando reapareció, puso un chal tejido sobre mí.
—Gracias —dije mientras ella me abrazaba. Había mantenido mis brazos en mi pecho. Hubiera necesitado un sostén ahora, pero no usaba uno con mi pijama. Sabía que todo se notaba cuando tenía frío. El chal me ayudó y permitió que relajara mis brazos.
El policía preguntó:
—¿tú eres Virginia Riposta?
—Sí.
—Se llevaron a tus padres y los niños al hospital en las ambulancias. ¿Viste las ambulancias?
—Un poco. La gente bloqueaba mi visión. ¿Lograron sacar a mi hermano Andrew de la casa?
El oficial continuó como si no me hubiera escuchado.
—Tus padres nos pidieron que te buscáramos. Tu hermano Mark dijo que estabas afuera. ¿Estás herida?
—No.
—Tu madre nos dijo que, si no estabas herida, que te lleváramos a la casa de amigos. La familia Clauss. Tus padres irán allí pronto, luego de que el hospital les permita salir de la sala de emergencias. —¿Conoces a los Clauss?
—Sí. Ed y Lucille. Tienen dos hijos.
—Te llevaré allí ahora. Tus padres y los niños deberían salir pronto del hospital y se encontrarán contigo allí.

—¿Los niños?

—Eso es todo lo que me dijeron.

El oficial extendió sus brazos como los acomodadores. Traté de agarrarlo, pero antes de que pudiera, los dos vecinos me dieron otro abrazo.

El oficial apenas habló conmigo en el camino hacia la casa de Lucille y Ed. Mis oídos estaban congestionados. Sabía que estaba sentada en el asiento delantero de un patrullero. A pesar de que tenía un tío que era detective en la policía, nunca había viajado en un patrullero. El oficial finalmente dejó de hablar. Pensé si alguien le había enseñado cómo hablar con niños después de que se incendiara la casa familiar.

¿Cuándo supieron mis padres que yo estaba afuera y no en algún lugar con todo el humo? Daniel, el hijo del pastor, no tenía dos años todavía. Apenas podía balbucear algunas palabras. ¿Cuándo le había dicho Mark a mamá o papá o a alguien que yo estaba afuera? ¿Habían pasado los bomberos parte del tiempo y arriesgado sus vidas buscándome antes de que Mark les dijera que yo no estaba adentro de la casa?

De los tres, Andy era el que no tenía nada de tímido. La gente lo notaba. Papá y mamá parecían orgullosos de la personalidad de su hijo de ojos marrones.

Salí del patrullero sin ayuda. El oficial caminó cuidadosamente a mi lado hacia la casa de los Clauss. Lucille Clauss abrió la puerta del frente.

Andy entraba por cualquier puerta abierta. Mientras Lucille me abrazaba, sentí la fuerza de un recuerdo de Andy compartiendo su entusiasmo desnudo en la calle.

* * *

Andy era un pícaro cuando vivíamos en Carteret, incluso después de tener la edad para ir a la escuela. Cada casa en nuestro vecindario suburbano era una moderna casa de tres niveles según las normas de 1961. Jóvenes propietarios que acababan de comprar su primera casa llenaban nuestro vecindario. Mamá dijo que muchos habían comprado sus casas con beneficios para veteranos después de servir en la Segunda Guerra Mundial o en Corea.

67 Tennyson Street, Carteret, New Jersey

Los veranos incluían comidas al aire libre, fiestas en piscinas, hasta fiestas de vecinos, porque el vecindario tenía un espíritu solidario. Cuando el clima era caluroso la gente pasaba las tardes afuera porque pocas casas en el barrio tenían aire acondicionado, excepto una unidad en un dormitorio o sala de estar. En los días muy calurosos, las ventanas, puertas del frente y de atrás tenían mosquiteros y permanecían abiertas.

Gracia entrelazada

Una tarde de mayo que fue tan calurosa como un día de verano, mis hermanos jugaban en la planta alta en una bañera que estaba tan llena de espuma que podían cubrirse ellos y sus juguetes con espesas capas de burbujas. Mamá preparaba la cena en la cocina. Yo estaba en el piso de la sala de estar haciendo ropa para muñecas de papel. Las ventanas y las puertas estaban completamente abiertas.

De repente, se escuchó la música de Mister Softee. Los vehículos de Mister Softee usualmente pasaban por nuestro vecindario a la tarde o al atardecer los días de semana y en la media tarde los sábados y domingos. El altavoz que estaba montado en el vehículo repetía la grabación de música con campanas y la canción de Mister Softee que la mayoría de los chicos de nuestro vecindario podían cantar.

The creamiest, dreamiest soft ice cream (El helado más cremoso y delicioso)
You get from Mister Softee (que uno compra a Mister Softee)
For a refreshing delight supreme (Para un deleite supremo refrescante)
Look for Mister Softee (Espere a Mister Softee)

Mark y Andy podían escuchar la música incluso desde el baño. Mamá y papá siempre nos permitían comprar helado cuando el camión pasaba por nuestra calle. Como nosotros estábamos en el medio de la cuadra, Mister Softee a menudo paraba justo al frente de nuestra casa. Decidí ir a pedir dinero para comprar helados para los niños y para mí.

Caminé hasta el segundo piso de nuestra casa de tres niveles. Cuando llegué a la escalera, miré hacia arriba y vi a Mark y Andy corriendo hacia el descanso del tercer piso.

Estaban desnudos excepto por la espuma que los cubría. Mark se detuvo al final de la escalera, pero Andy no.

Cubierto con una capucha, manta, mangas y pantalones de espuma, Andy bajó corriendo por la escalera, casi perdiendo el equilibrio.

—¡Andy! ¡Espera! —grité. Traté de agarrarlo del brazo, pero la espuma hizo que fuera más resbaladizo que un renacuajo. Se escapó y sonriendo pasó los peldaños hasta el primer piso, cruzó la sala de estar y salió por la puerta abierta del frente.

¿Debo correr detrás de mi pequeño hermano desnudo hacia un grupo cada vez más numeroso de padres y niños? ¡Decidí que no!

—¡Mamá! —grité mientras veía como la espuma desaparecía y Andy corría hacia el sol y el calor. —¡Mamá! ¡Andy está afuera desnudo!

No me acerqué a la puerta del frente. No podía imaginarme permitir que me vieran en público de nuevo. Todos en la escuela se enterarían de que mi pequeño hermano había salido corriendo para comprar un helado vestido con espuma de jabón. Un hermano así seguro era motivo de comentarios más allá de nuestro vecindario.

Mamá sonreía mientras caminaba hacia afuera. Hasta escuché su carcajada. ¿Reírse por esta situación? ¿Cómo era posible? Cuidadosa de no salir, me acerqué a la puerta del frente para escuchar lo que decía la gente.

Los padres se reían y llamaban a mamá. —Andy está en el frente.

—Andy está limpito, Katherine.

—Andy consiguió un gran helado gratis.

—Mister Softee dijo que quiere una fotografía de este cliente especial.

Gracia entrelazada

El vendedor estaba muerto de risa. Le dijo a su audiencia:

—Si tuviera una cámara, le sacaría una foto. Podría hacer un afiche. ¡Este chico deja todo por un helado de Mister Softee!

Loco, espontáneo, impulsivo, decidido, rápido y enamorado de la vida, desde la gente hasta el helado, son todas descripciones que definían a Andy. La gente lo adoraba. Hiciera lo que hiciera, mamá y papá querían a Andy y se reían cuando hacía algo que hubiera sido un problema si lo hubiera hecho yo.

Capítulo 3

Más segura en su cuidado

Mi mente era un remolino de pensamientos sobre Andy mientras Lucille me permitió entrar a su casa. Tantos recuerdos parecían una mezcla de películas. Me dolía la cabeza. Me dolían los ojos. Tropecé y el policía impidió que me cayera.

Era medianoche. En todas las casas y apartamentos que habíamos pasado, la gente dormía. Lucille y Ed raramente usaban la puerta del frente, pero el policía no tenía idea de eso.

Lucille y Ed Clauss nos estaban esperando. Los escuché decirle al policía que mi mamá había llamado desde el hospital. Mamá les había dicho que yo llegaría antes que ellos, porque yo no había ido al hospital.

Lucille tenía un lindo perfume y me sentí acogida cuando me abrazó estrechamente. Mamá había dicho que Lucille era una belleza sureña de Alabama transportada al norte que vivía para su familia, sus amigos y el servicio a la comunidad. Mamá envidiaba el título universitario en negocios que Lucille había obtenido en una de las más antiguas universidades en Alabama. Lucille eligió ser ama de casa. Participaba en muchos de los comités municipales. Mamá admiraba a Lucille, pero mi papá decía que Lucille hacía demasiado.

El policía entró a la casa después que yo. Lucille me llevó por la pequeña entrada y una sala de estar grande y comedor mediano hacia la cocina. Sacó una silla de la mesa para mí y me abrazó los hombros ni bien me senté.

—La familia probablemente llegará pronto —escuché que el oficial le decía a Ed. Ambos se fueron de la cocina y caminaron hacia la puerta del frente.

—Virginia, querida. —La palabra querida sonaba con lentitud, con dulzura, como de oro cuando Lucille la decía. Me volvió a abrazar. —¿Qué es esto? ¿Un chal?

—Me lo dieron los vecinos. Tenía frío.

—¿Estás lo suficientemente cálida ahora? ¿Puedo sacarlo?

—Sí.

—¿Qué puedo ofrecerte? ¿Un té caliente? ¿Un chocolate caliente?

—Nada.

—Tengo un té dulce muy bueno. Podrías probarlo. —Ignorando mi respuesta, Lucille fue a buscar un vaso de su té dulce al estilo del sur. Nuestra familia usaba muy poca azúcar en el té; usábamos más limón, pero hacer algo hizo que Lucille se sintiera mejor.

Me imaginé que Ed estaría conversando con el policía afuera en la puerta del frente. Los mayores trataban de conversar sobre temas serios sin que los niños pudieran escuchar.

—Aquí está. ¿Tienes hambre?

—No. No, gracias.

Me abrazó de nuevo y me dijo:

—Vuelvo enseguida. —El oficial se había ido y Ed había cerrado la puerta. Ahora sabía que iban a conversar allí en lugar de adelante mío. Lucille y Ed siempre habían parecido tener más conversación entre ellos comparado con mis padres.

Tenía la idea de que era Lucille la que administraba la casa tan perfectamente. Lucille sería la persona que tendría que enfrentar este desastre en su casa y su vida familiar. Ed apoyaría cualquiera cosa que ella decidiera. Pensé que eso era la razón por la que a mi papá no le gustaba Lucille tanto como mi mamá.

En nuestra casa, el hombre tomaba todas las principales decisiones y muchas de las menos importantes. Lucille administraba su casa y Ed parecía cómodo con ese acuerdo. Lucille podía ser un modelo y ayuda para mi mamá y para mí. A pesar de que mamá tenía una hermana mayor, necesitaba una amiga como Lucille. Yo le había puesto un apodo a Lucille ni bien la conocimos, la Madre Ayuda. A Lucille le gustó el nombre. Me sentía más segura bajo su cuidado.

Mamá era muy buena en cuanto a la hospitalidad, visitaba a personas ancianas, tocaba el piano y decoraba. Hacía que uno se sintiera especial. Pensé que probablemente lo hacía mucho para que papá estuviera contento todos los días. Él cambiaba de humor a menudo. Y Andy también. De nosotros tres, era el más parecido a papá.

Bebí el té y traté de no pensar en el incendio. Pensé sobre Carteret, donde habíamos vivido mientras estaba en primer grado hasta el quinto grado. La mayoría de las mujeres en nuestro vecindario eran amas de casa. Se reunían para tomar café, para hacer manualidades, conversar, intercambiar cupones de descuento, compartir recetas y atender el jardín.

Gracia entrelazada

Los vecinos al sur de nosotros, Helen y Manny, eran muy divertidos. A Helen le gustaban las películas, el teatro, las novelas, las pinturas sobre lienzo, Frank Sinatra, Tony Curtis, Elvis Presley, Tom Jones y hacer compras. También organizaba reuniones para tomar café e invitaba a las mujeres a que trajeran a sus niños.

Helen tenía un cajón lleno de diferentes golosinas. Los niños que la visitaban siempre podían elegir una. Solamente conocía a otra persona que los tenía, mi tía Virginia. Helen y mi tía Virginia eran italianas, hijas de inmigrantes.

Helen hablaba de su desilusión por no poder tener hijos propios. Cuando alguien llegaba a su casa con un niño, Helen hablaba sobre cuánto hubiera querido tener hijos. Mi mamá y las otras mujeres escuchaban los deseos de Helen, pero parecían no pensar que era un problema. Envidiaban el tiempo libre y el dinero que tenía Helen.

Manny, el esposo de Helen, trabajaba en un cine muy grande, por lo que los intereses principales de Helen eran las noticias sobre el mundo del entretenimiento y los Premios de la Academia. Podía hablar sobre películas premiadas o la vida personal de actores y actrices famosos como si los conociera personalmente. Me gustaba lo que decía sobre estrellas que eran animales a quienes Mark y Andy y yo veíamos con frecuencia: Lassie, Rin Tin Tin, Trigger y Buttermilk. Las historias sobre las películas eran para ella como las historias bíblicas para papá.

Walt Disney era uno de los favoritos de Helen. Un día, las mujeres estaban conversando sobre la última película de Disney y le pidieron a mamá que hiciera un comentario sobre las que preferíamos.

Por un breve instante estuvo avergonzada pero luego explicó que nosotros concurríamos a una iglesia muy conservadora. Como miembros, todos teníamos que aceptar no ir al cine. Un silencio completo siguió a sus palabras. Pensé que era algo bueno porque mi esperanza era que pudieran convencer a mamá que ir a ver películas de Disney era algo normal.

—¿Qué? ¿Por qué no?

—Las películas de Disney son entretenimiento sano y limpio.

—¿No ir al cine? ¿Es verdad?

—¿Por qué no puedes ir al cine?

Mamá explicó que el dinero que uno gastaba en el cine apoyaba los valores del estilo de vida de Hollywood. La manera en que las personas se relacionaban con la industria del cine no apoyaba los valores de Dios. Por lo tanto, nuestra iglesia les pedía a sus miembros que no apoyaran a Hollywood.

Todas dejaron de hablar y miraron a mamá como si fuera una persona extraña. Finalmente, Helen dijo:

—¿Tú estás de acuerdo con eso?

—Frank estuvo de acuerdo primero y luego yo también. Pero es solamente mientras somos miembros. Es parte de lo que los miembros prometen. Vamos a cumplir las reglas mientras somos miembros.

Cuando alguno de nuestros amigos hablaba sobre 20,000 *Leagues Under the Sea, Treasure Island, Lady and the Tramp, Alice in Wonderland, Old Yeller, The Story of Robin Hood, Cinderella, Peter Pan, Sleeping Beauty, Snow White,* o *The Shaggy Dog*, nosotros escuchábamos o hablábamos sobre los libros. Teníamos los libros de todas esas historias, pero no habíamos visto las películas.

Papá tomaba las reglas con seriedad. Mamá estaba de acuerdo porque estaban casados. Sabía que papá era el jefe de la casa. Para Helen, impedir que los niños tuvieran la experiencia de películas sanas para la familia parecía algo equivocado. Lo dijo y compartió una solución que nos permitiría a nosotros ver las películas y no entregarle dinero a Hollywood.

Desde esa tarde, cuando pasaban una nueva película infantil en el cine de Manny, el traía a su casa los carretes y un proyector. Helen le mostró a mamá el mejor lugar donde colgar una sábana blanca en nuestra casa. Entonces Manny traía las películas y el proyector a nuestra sala de estar y pasaba las películas contra la sábana en la pared.

Entendimos que este acuerdo era algo que no debía conocerse en el vecindario. Helen y Manny no querían que el cine perdiera clientes, pero como nuestra familia no compraba ninguna entrada, Helen dijo que esto estaba bien. Pensé que era una manera aceptable de evitar la regla de la iglesia. Mamá estuvo de acuerdo con la generosa solución de Helen y Manny sobre las películas y si papá estaba en desacuerdo, no los escuchamos discutir.

En las noches con películas, mamá hacía palomitas de maíz. También nos servía gaseosas y a veces hasta las cajas de golosinas que vendían en los cines. Nosotros tres exhibíamos nuestro mejor comportamiento adelante de Helen, Manny y mamá. De alguna manera, Andy lograba comer tanto de mis palomitas y las de Mark además de las suyas. Como éramos una casa que compartía, se lo permitíamos.

***

Los recuerdos me hicieron sentir como que quería llorar, pero no pude. Pensé que ya debería haber llorado. Cerré y abrí mis ojos, pero sin que aparecieran lágrimas. El incendio no me había hecho llorar. La preocupación sobre Andy y cualquiera que hubiera partido en la ambulancia no me hicieron llorar. Los recuerdos no me hicieron llorar. La amabilidad de los queridos vecinos Lucille y Ed no me había hecho llorar. ¿Qué me pasaba?

* * *

Lecciones aprendidas después: Fuego, miedo, sentimientos

Más de medio siglo después de haber sido una persona de doce años, quiero volver y sentarme a su lado, cerca, pero no forzar un abrazo. Mi persona de doce años no hubiera querido un abrazo. Tenía una molesta sensación y presión detrás de los ojos durante días, pero no podía llorar.

Los traumas que ponen en peligro la vida de uno, un evento único o algo crónico como cualquier tipo de abuso, tienen un efecto que hacen que algunas personas lloren constantemente mientras que otras no pueden llorar. Luchar contra la sensación de culpabilidad o vergüenza, pensar que uno debería haber hecho algo diferente, no puede suprimir algunas reacciones psicológicas.

A pesar de que la persona de doce años que fui no podía llorar, efectos terribles ocurren al impedir lograr relaciones profundas con los demás. El trastorno del estrés postraumático puede crear preocupaciones, miedos y reacciones (o la falta de reacciones) mucho tiempo después del trauma. Un problema común son patrones de sueño irregulares y sentir extrema ansiedad a la noche.

Nadie en mi familia visitó a un consejero o grupo de apoyo. No volvimos a nuestras rutinas de siempre hasta meses después del incendio. No hubo un ambiente calmo mientras los adultos estaban consternados. No hablamos sobre el incendio o sobre nuestros miedos o sentimientos. Aunque un adulto hubiera tratado de hablar conmigo, mi instinto era ponerlo todo detrás de las paredes que había construido alrededor de mi corazón.

Capítulo 4

Llorar cuando se apagan las luces

Casi a las dos de la mañana, Lucille le dijo a Ed que se fuera a dormir porque él tenía que llevar a los dos niños a la escuela. Ed no estuvo de acuerdo. Insistió en quedarse levantado hasta que llegara el resto de mi familia. Antes de irse a su oficina, me dio algunas suaves palmadas en la espalda.

De repente, Lucille dejó de moverse y me miró fijo. Prestó atención a mi lamentable apariencia en mis pijamas.

—Virginia, querida, por qué no usas el baño pequeño al lado de la sala. Te voy a traer ropa limpia y pantuflas. Puedes ducharte y ponerte un cálido pijama mío. Mi ropa interior será un poco grande, pero estará limpia y será suave.

Pensé que eso era una buena idea porque sentía la suciedad en mis pies y el frío había penetrado mi pijama y mi piel. Lo primero que hice fue usar el inodoro. Apareció sangre.

La menstruación. Mamá me había contado sobre la transmisión de la vida y sobre que las niñas tenían un período como señal de que se estaban convirtiendo en una

Gracia entrelazada

mujer. Había visto una película sobre la menstruación en la clase sobre salud en la escuela. ¿Y ahora? ¿Ahora tenía que ser el momento de tener mi primer período? Traté de recordar si la película había dicho que algo realmente terrible podía causar que una niña tuviera su período.

¿Tendría Lucille las cosas que necesitaba una niña? Tenía más edad que mi mamá. ¿Era yo todavía una niña? Tenía doce años. Y ahora había tenido mi período. ¿Quería decir que ahora era una mujer? No me sentí como una mujer. Ni siquiera deseaba ser una mujer. Quería llorar, pero no pude.

Lucille golpeó la puerta. —¿Puedo entrar?

—Sí —respondí, pero ni me moví del inodoro.

—Virginia, ¿te pasa algo?

—Tuve mi período por primera vez. No tengo nada para eso.

Lucille se tapó la boca con la mano, tal como hacen las mujeres cuando quieren ocultar un grito o expresión de asombro. Luego parpadeó, se sacó la mano de la boca y abrió el gabinete que estaba debajo del fregadero. —Por ahora, solo debes usar una toalla sanitaria. Tu período será leve por ahora, las primeras veces. A veces, por un tiempo, no ocurre todos los meses.

—Vi eso en una película en la escuela.

Lucille sacó toallas y una toallita. —Tómate tu tiempo en la ducha, querida. Te sentirás mejor al estar limpia y calentita. Cuando termines, te serviré una taza de té caliente.

Eran las 2:00 de la mañana cuando me senté en la cocina para beber té caliente con leche y azúcar. Me sentí físicamente limpia y calentita, pero seguía temblando en mi interior. Apreté la taza caliente de té con fuerza y traté de pensar en cualquier cosa menos el incendio. No pude.

—Tus padres llegarán pronto. Recibí una llamada y alguien del cuartel de bomberos necesita hacerte algunas preguntas. Van a venir hoy pero más tarde, después de que hayas descansado un poco. Sabes que tienen que investigar.

Alguien golpeó la puerta de atrás y Lucille la abrió. Podía ver a dos hombres con uniformes. No eran policías. Eran oficiales del cuartel de bomberos.

Temblé más con solamente verlos. Miré mis brazos y mis manos para ver si mi temblor era visible. No.

Lucille pareció preocupada mientras acompañaba a los hombres hacia la mesa donde yo estaba sentada. Me pregunté si estos bomberos habían escuchado todas las increíbles historias que habían circulado entre el grupo de curiosos que habían venido a ver cómo se incendiaba nuestra casa. ¿Qué me preguntarían? Seguro, se preguntarían por qué yo sobreviví sin sacar a todos los niños de la casa.

Por las expresiones en las caras de los bomberos, me imaginé que Andy no había sobrevivido. Lucille llevó a los hombres a la mesa de la cocina. Sus expresiones eran serias.

El que tenía una insignia especial dijo:

—Hola, Virginia, soy el jefe Denk. Este es mi subjefe. Pensamos que tus padres ya estarían aquí. Nos dijeron que estaban en camino.

—Nosotros pensamos lo mismo —agregó Lucille. Ed entró a la cocina. Se quedó parado cerca de Lucille, que estaba parada cerca mío. Me cubrían como para protegerme. Surgió mi pregunta principal.

—¿Logró mi hermano Andrew salir de la casa? ¿Está muerto?

Los hombres intercambiaron una rápida mirada y el jefe dijo:

—Virginia, lamentamos mucho decirte que Andrew respiró demasiado humo.

—¿Mientras dormía? —Mientras hacía la pregunta, sentí un profundo frío interior.

—Sí. Respiró el humo mientras dormía.

—¿Porque estaba en la cama de arriba?

—Sí. El humo era mucho más espeso cerca del techo. El humo se había espesado y había subido durante cierto tiempo antes de que se encendieran las llamas y se cortara la electricidad.

—¿Murió por respirar demasiado humo?

—Sí. —Hizo una pausa y me miró.

Cuando vio que no lloré ni parecí molesta, dijo:

—¿Te parece que puedes responder algunas preguntas? Necesitamos hacerte algunas preguntas antes de preparar el reporte final. Debemos recolectar información de las personas que estaban en la casa mientras completamos nuestra investigación sobre todo lo que ocurrió. Los niños pequeños no pueden ayudarnos.

—¿Están bien Mark y Daniel?

—Sí, con muy pocos problemas menores. El hospital los va a evaluar detenidamente. ¿Te parece que puedes hablar con nosotros ahora?

—Sí.

—¿Y responder algunas preguntas?

—Sí.

Lucille movió una silla y se sentó al lado mío. Ed se quedó parado atrás de ella con las manos en sus hombros. El subjefe sacó un cuaderno y un lápiz.

—Necesito escribir toda la información que nos puedas dar —dijo. Estuve de acuerdo.

—¿Podrías decirnos cualquier cosa que recuerdes sobre

lo que pasó anoche ya que tú eres la persona con más años que estaba en la casa? —preguntó el jefe.

—Yo era la niñera. Lo hago mucho, no solamente para mis hermanos sino también para otras personas. Mis padres fueron a la reunión de un comité para recaudar fondos para la Cruz Roja.

—¿Recuerdas a qué hora se fueron?

—Cerca de las siete. Los niños estaban listos para irse a acostar. Teníamos una visita, Daniel, el hijo de nuestro pastor. Puse a Daniel a dormir ni bien se fueron mis padres. Habíamos puesto una cuna en mi dormitorio. Yo no duermo con una luz nocturna, pero teníamos una encendida para Daniel porque no conoce la casa y su mamá dijo que duerme mejor con una luz nocturna.

—¿Dónde estaba la luz nocturna?

—En la parte de atrás de mi dormitorio. Le leí un cuento, le canté un par de canciones, recé con él y volví a la planta baja para ver televisión con Mark y Andy. Tenía que ponerlos a dormir a las ocho.

—¿Se fueron a dormir a las ocho?

—Sí.

—¿En la planta alta en el dormitorio con las camas literas?

—Sí, el dormitorio que está en el frente de la casa. Andy dormía en la cama de arriba.

—¿Se durmieron enseguida?

—No. Nunca lo hacen. Conversaban y decían estupideces. Les grité. Tuve que retarlos para que se callaran. Por un momento, no pude decir nada. Andy estaba muerto y lo último que hice fue retarlo para que dejara de molestar y se durmiera.

Los bomberos esperaron silenciosamente hasta que yo

pudiera decir algo más. El cansancio parecía derretir mi interior. Tuve que apoyarme en la mesa.

—La tercera vez que tuve que ir arriba para decirles que se callen, Daniel comenzó a llorar porque el ruido lo había despertado. Lo fui a ver y le volví a cantar. Quería peluches y le mostré algunos. Tengo muchos porque los colecciono. Mi dormitorio estaba repleto con ellos. Puse algunos en la cuna y él pareció estar contento. Se acostó junto a ellos. Cuando los otros se calmaron, me fui al piso de abajo. Alrededor de las ocho y media, Daniel comenzó a llorar de nuevo.

—¿Sabes la hora?

—Hay un reloj al lado del televisor. Es un reloj viejo, pero ahora funciona con electricidad. Siempre presto atención a la hora cuando trabajo de niñera. La gente usualmente pregunta cuándo los niños hicieron algo o se fueron a dormir.

—Cuando Daniel comenzó a llorar de nuevo, a las ocho y media, ¿qué hiciste?

—Fui de nuevo a la planta alta. Traté de cantarle. Le acaricié la espalda y le di otro peluche, pero seguía llorando. Entonces fui al dormitorio de Mark y Andy y desperté a Mark. Le dije que tenía que dormir en mi cama. Daniel se calmó ni bien vio a Mark en la cama cerca de la cuna. Mark se volvió a quedar dormido ni bien se acostó en la cama.

—¿Y Andrew todavía dormía en la cama de arriba, en ese dormitorio del frente, el dormitorio que está arriba de la sala de estar?

—Sí, y Mark y Daniel dormían en mi dormitorio.

—¿Todo parecía estar bien entonces?

No alcancé a responder la pregunta porque sonó el teléfono que estaba en la pared al lado de nosotros. Todos dejamos de hablar y Lucille lo atendió, pero yo no pude dejar de pensar. Mientras Lucille hablaba por teléfono, estuvimos sentados silenciosamente y recordé otra ocasión en la que Andy podría haber muerto.

* * *

Andy tenía apenas once meses menos que Mark y cinco años menos que yo. Cuando mamá volvió a casa luego de que naciera Andy, se agachó para mostrarnos el nuevo bebé a Mark y a mí. Mark se acercó para poder tocarlo. Hasta le besó la frente.

Recuerdo que yo no hice lo mismo. Con un segundo varón en la casa, mi papá iba a estar más orgulloso todavía al tener dos hijos. La voz de papá adquiría un tono especial cada vez que decía la palabra «hijo».

«Hermano» sonaba como una palabra común cuando mi madre la decía, pero cuando papá decía «tu hermano», su voz era más profunda y tenía mayor volumen, como izar una bandera en una ceremonia especial. Cuando íbamos a cualquier lugar, mi papá era el que presentaba a la familia. —Este es mi hijo, Mark; mi esposa, Katherine; y mi hija, Virginia.

Ahora había aparecido otro hermano. Ya me podía imaginar las presentaciones. «Estos son mis hijos, Mark y Andrew; mi esposa, Katherine; y mi hija, Virginia». Desde su perspectiva, los hijos ocupaban una categoría más alta que mamá y yo.

Mi papá enseguida tuvo gran cantidad de planes para ellos. Nunca lo escuché hablar sobre planes para mí, a menos que se tratara de ir a eventos en la iglesia. Para Mark y Andy, lo había escuchado hablar sobre la Little League, Cub Scouts y Royal Rangers. Algunas veces papá levantaba a los dos niños, uno en cada brazo, y les hablaba sobre lo que iban a hacer en el futuro. Su voz sonaba como el ronroneo de un gato grande. Mark lo miraba directamente como un hombre pequeño muy serio. Andy gorgoteaba, sonreía, o tocaba la cara de papá.

Pero un día, cambió la positiva personalidad de Andrew. Ocurrió justo cuando comenzó a agarrar y beber el biberón por su cuenta. Mamá se había sentido aliviada cuando pudo dejar a Andy con un biberón para que lo beba por su cuenta.

Mamá nunca nos dio el pecho a ninguno. Algunas mujeres de nuestra familia italiana daban el pecho a sus niños. Pero mamá me dijo que poner a un bebé en una mama era para gente que era demasiado pobre para comprar biberones y fórmula, gente demasiado antigua, demasiado primitiva o simplemente ignorante. Ninguna mujer en nuestro vecindario de Carteret dio el pecho a sus bebés. Los parientes de la familia de mamá en Nueva Inglaterra tampoco. Todas querían usar las fórmulas científicas más recientes.

Apenas días después de haberle dado un biberón para que lo agarre y beba por su cuenta, la actitud de Andy para con todos nosotros, todos los días, cambió. Desapareció su sonrisa natural de niño contento. Lloraba más y con más volumen. A veces, hasta gritaba. No gritaba por dolor. Parecía enojado. Hasta cuando mamá lo levantaba, igual parecía furioso.

Un día de esa semana cuando Andrew lloraba a todo volumen, mamá y yo corrimos hacia el dormitorio de los niños y vimos a Andy mirando a Mark a través de la baranda de su cuna. Mark estaba consumiendo todo el biberón que mamá le había dado a Andy.

¿Cuándo le quitó Mark el biberón a Andy por primera vez? Cuando lo hacía, Andy debe haber esperado que Mark bebiera un poco y se lo devolviera. Miramos a Mark beber todo el biberón con rapidez, y devolvérselo a Andy, vacío. Habíamos descubierto por qué Andy se quejaba, lloraba, gritaba y estaba enojado.

Mamá nunca gritaba, pero esta vez lo hizo —¡Mark!

Saltó sorprendido y nos miró a las dos. Su cara estaba más roja que sus rulos pelirrojos.

—Lleva a Mark a la planta baja —gritó mamá como una leonesa. —Mark, siéntate en la silla de la cocina. Virginia, tráeme otro biberón para Andy.

Lo tomé a Mark de la mano y bajamos a la cocina. Mark ni me miró cuando salí de la cocina con otro biberón listo. Se quedó sentado en la silla, moviendo las piernas. Era tan pequeño que sus pies estaban bastante lejos del piso.

A pesar de que me sorprendí de que Mark bebiera el biberón de Andy, no sentí el enojo que expresó mamá. Creo que ella pensó que Andy podría haber muerto por no beber sus biberones. Iba a tener que hablar con Mark, pero necesitaba primero recuperar la calma.

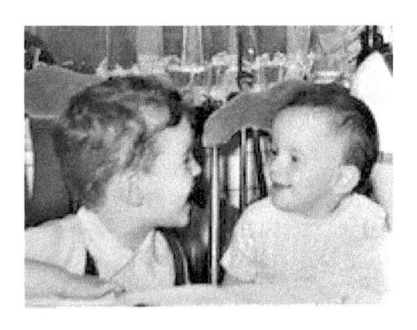

Mark & Andrew 1958

Yo sabía que le iba a decir que le iba a contar a papá. Mamá nunca nos castigó. Eso era responsabilidad de papá. Papá siempre habló con nosotros antes de castigarnos, pero cuando nos daba una nalgada estaba calmo, usaba sus manos, un cinturón o una cuchara de madera.

Estudiando a Mark, pensé que papá no lo castigaría mucho, quizás nada. Mark apenas era más que un bebé, y era el primer hijo. ¿Qué iba a entender Mark sobre todo esto? Probablemente no mucho excepto que mejor que ni tocara los biberones de Andy en adelante.

Andy era temperamental pero no sentía rencor. Ni siquiera pensé que bebés pudieran sentir rencor. Para mí, eran como cachorros.

No importaba que Mark le había sacado la mayoría de los biberones a Andrew durante días; Andy seguía sonriendo cada vez que veía a Mark. Fue capaz de sobrevivir días con muy poco alimento. No podíamos determinar si había logrado beber un biberón entero durante dicho período.

Me hizo pensar, «¿había Mark realmente querido que Andy no tuviera comida? ¿Se había sentido Mark celoso de Andy? ¿Quería Mark que Andy desapareciera»?

* * *

Lucille colgó el teléfono. —Llegarán enseguida.

Todos nos quedamos en silencio por unos momentos. Entonces, el jefe dijo:

—O sea, era después de las ocho y media. Mark y Daniel estaban en tu dormitorio. Andy estaba dormido en la cama de arriba

—Sí. Yo fui abajo para mirar *Dr. Kildare*, y todo estaba muy tranquilo. Luego pasaron *Ben Casey*. Ese programa empieza a las diez. Usualmente, tengo que irme a dormir a las diez, pero no si estoy haciendo de niñera. Daniel comenzó a llorar de nuevo a eso de las diez y quince. Con tanta fuerza, que pensé que iba a despertar a Mark y Andy.

Corrí por la escalera, pero al llegar a la mitad, se apagaron el televisor y todas las luces. Me detuve. La linterna estaba abajo, en una repisa entre la cocina y el sótano.

Pero Daniel seguía llorando con tanta intensidad, que seguí hacia arriba. Cuando llegué al segundo piso, pude ver una gran luz que salía de mi habitación. Daniel estaba parado en la cuna, llorando. Mark seguía durmiendo.

Toda la pared de la cabecera de mi cama estaba cubierta con fuego. Yo tenía cortinas largas, del piso al techo. Las cortinas... Estaba tratando de contarle a estos hombres lo que había ocurrido esa noche, pero me resultó casi imposible describir las cortinas. Me imaginé la escena de nuevo y me obligué a hablar. —Las cortinas eran como una pared de fuego.

Dejé de hablar. El entumecimiento que me había afectado durante las últimas horas desapareció. Podía ver y sentir de nuevo la pared de cortinas con fuego. Había eliminado todo el aire de la habitación. La imagen afectó mi cerebro, mis pulmones y mi corazón.

No podía hablar. Sentí como que había respirado el fuego. No me pude mover ni hablar.

El subjefe aclaró su garganta. Lucille me acarició la espalda con círculos entre mis hombros hasta la parte baja de mi columna.

Luego el jefe dijo:

—Podemos parar por ahora. El hombre que estaba escribiendo me miró con una expresión que demostraba no demandar que yo diga nada más. Estuvo de acuerdo.

Yo tragué, parpadeé y dije:

Gracia entrelazada

—Quiero seguir hablando. —Quería terminar de contarles todo lo que recordaba, pero entonces la puerta que habían usado para entrar a la casa de Lucille y Ed se abrió de nuevo.

Entró un policía. Se dio vuelta para ayudar a alguien que estaba detrás suyo a entrar a la casa. Los bomberos se pararon para ver quién llegaba.

Mamá entró primero. Tenía a Mark agarrado de la mano. Él se agarraba de su ropa con la otra mano, como los bebés de orangutanes que habíamos visto en el zoológico agarrándose de sus madres.

Papá entró a la cocina después de ellos. Caminaba como que cada pie tenía un peso gigante arriba. Nunca lo había visto tan confundido. No tenía la camisa ni el saco puesto; apenas una remera. Tenía vendas en las manos y parte de sus brazos para cubrir las heridas que había sostenido cuando rompió la ventana del dormitorio de los niños. Como un sonámbulo, giró la cabeza hacia Lucille y Ed. Parpadeó y los miró como tratando de recordar sus nombres.

Allí fue cuando me vio. Sus ojos se clavaron en mi cara. La confusión hizo que su expresión cambiara de a ratos. Pero sus ojos estaban concentrados en mí como un rayo láser. Habló con una voz gruesa.

—Si pudiste sacar a dos, ¿por qué no pudiste sacar a tres?

Mamá y Lucille reaccionaron de manera tal que las pude escuchar. Los bomberos intercambiaron una mirada.

Papá me miraba directamente a mí. Miró la habitación y luego a mí de nuevo. Sus ojos estaban fijos en mí como que no se movería hasta que le diera una respuesta.

¿Qué podría decir? Me sentí como que mis interiores eran triturados con solamente escuchar la pregunta. «Si pudiste sacar a dos, ¿por qué no pudiste sacar a tres»?

¿Debería decirle ahora todo lo que había intentado? No le importaría. No había rescatado a su hijo favorito.

Como pensando que no lo había escuchado, repitió la pregunta en tono más alto. —Si pudiste sacar a dos, ¿por qué no pudiste sacar a tres?

El jefe se paró repentinamente, y el subjefe lo siguió directamente. Giraron para enfrentar a mi papá, a la misma altura. Crearon una pared uniformada instantánea entre mi papá y yo.

Mamá protestó:

—¡Pero Frank!

Lo pasó a Mark hacia Lucille. Mark comenzó a llorar. Lucille lo agarró y él se apretó a ella.

Papá volvió a hablar. Ya no me miraba, pero todavía quería una respuesta. Con la voz temblando y las palabras entrecortadas, volvió a preguntar:

—Si pudo sacar a dos, ¿por qué no pudo sacar a tres?

—Cállate, cállate —le dijo mamá. Ella lloraba. Mamá y el policía llevaron a papá a una pequeña habitación atrás de la cocina. Lucille lo llamaba un salón. Tenía forma de ele, por lo que yo no podía ver a mis padres, pero podía ver al policía.

Podía escuchar el llanto de mis padres. Mark no hacía ningún ruido. Lucille puso su mano en mi hombro, y luego le dijo algo muy calladamente a Ed. Él se fue al salón.

—Siéntate, Frank. Siéntate allí —escuché decir a Ed. Entonces, todos escuchamos el llanto de papá, sollozos desgarrados, atragantados, sonidos que yo nunca había escuchado antes.

Mamá reapareció. Me dijo:

—No quiso decir eso. Virginia, no quiso decir eso. —Ella comenzó a llorar mientras las lágrimas se escurrían por su cara.

¿Por qué los adultos dicen mentiras tan claras cuando tratan de ayudar a alguien que ha escuchado algo terrible? Yo sabía lo que quiso decir. Siempre querría decir eso. Yo iba a saber lo que quiso decir para siempre. «Si pudiste sacar a dos, ¿por qué no pudiste sacar a tres»?

Lucille puso sus brazos alrededor de mi madre y la llevó al salón. Mark también fue con ellas. No se apartaba de Lucille. Los bomberos se miraron y luego me miraron a mí, pero no dijeron nada hasta que Lucille volvió a aparecer con Mark.

Mark parecía una pelota en cámara lenta en una máquina de juegos, moviéndose para un lado y luego para otro. Lucille lo llevó hasta estar fuera de la cocina. Podíamos escuchar cómo le hablaba a Mark mientras lo llevaba a la planta alta. —Tengo una bolsa de dormir y un cojín de los Jetsons para ti. Mis niños están durmiendo en las dos camas de ese dormitorio. Tú puedes usar la bolsa de dormir para poder descansar.

El policía que había traído a mis padres a la casa hablaba en voz baja con los dos bomberos. Estuvo de acuerdo con ellos y se fue.

El bombero que había tomado nota me dijo:

—Niña, hiciste una tarea brillante esta noche, una que muchos mayores no podrían haber hecho. Nos vamos ahora, pero vamos a regresar más tarde, después de que tú y tus padres hayan podido descansar un rato. Necesitamos cualquier información adicional que nos puedas dar. Pero ahora necesitas descansar. —El jefe expresó su acuerdo.

Se acercaron a la puerta, y el jefe se dio vuelta y me dijo:

—Tu padre está muy triste y enojado. La gente dice cosas cuando están trastornadas que no quieren decir. —Me hizo una seña y se fueron los dos.

«¿La gente dice cosas cuando están enojadas que no quieren decir»? No le creí. En mi corazón y mis pensamientos, cuando las personas están enojadas, dicen lo que realmente piensan. Cuando las personas no están enojadas, pueden controlar lo que dicen. Las personas pueden ocultar lo que realmente piensan cuando no están enojadas.

Mi papá había luchado en la guerra de Corea. Era autoritario en nuestra casa, pero nunca pensé que era rencoroso. Siempre enfatizó el valor que tiene ayudar a la gente, compartir. Regalaba mucho a otros, especialmente los que no tenían nada. Dios quería que ayudáramos a la gente. Es por eso por lo que él y mamá habían trabajado en los comités republicanos, del sindicato y la Cruz Roja. Esperaban que la campaña municipal recaudara mucho dinero para la Cruz Roja.

La pregunta que papá me había hecho había surgido de sus pensamientos reales. Yo lo sabía. No importaba lo que digan los bomberos, o mamá o quien sea. Papá había preguntado lo que otras personas habían pensado.

Sabía que él había hecho la pregunta que estaba en su mente y en su corazón. Yo misma me hice la misma pregunta. Nunca pensé que otra persona me la iba a hacer, en voz alta, adelante de otras personas. No tenía respuesta. No sabía si alguna vez la iba a tener. No sabía si él realmente esperaba una respuesta. Simplemente esperaba que no me volviera a hacer la pregunta, particularmente adelante de más personas.

* * *

Cuando papá nos decía que hiciéramos algo, teníamos problemas en un instante si no lo hacíamos en ese mismo momento, sin espera. Yo hablaba con mis amigas que mi papá tenía la actitud de un dictador, pero no era rencoroso. Nos daba una nalgada o nos castigaba de alguna manera si hacíamos algo mal hecho, pero era un castigo, no era rencor.

Yo era diferente a mi papá. Sabía que yo tenía algo de rencor. Lo había sentido y había usado su poder. Antes de quedarme dormida en el sillón en la oficina de Ed en aquellas primeras horas del 11 de mayo, recordé las veces cuando debería haber sido una mejor hermana mayor de mis pequeños hermanos.

Cuando mamá y papá estaban ocupados, los niños eran mi responsabilidad. Cuando llegué a cuarto grado, me sentía como una niñera con experiencia. En cualquier momento del día, me ponían a cargo de supervisar a los niños en su divertida simpleza. Una vez pregunté si me podían pagar por hacer de niñera. Papá respondió:

—Tú vives aquí, ¿no? Usas agua, calefacción, electricidad, comida, ropa, viajes y juguetes, ¿no? Eso es paga suficiente, me parece.

Teníamos un automóvil. Si mamá lo necesitaba, tenía que llevar a papá al trabajo. Como él tenía tres trabajos, parecía que el automóvil nunca estaba estacionado al frente de nuestro garaje. Sabía que ser niñera era algo que tendría que hacer un sábado a la mañana cuando mamá me despertó muy temprano. —Tengo que llevar a papá a trabajar para que yo pueda tener el automóvil para salir de compras más tarde. Los niños se levantarán pronto.

No recuerdo si dije algo antes de levantarme, pero mamá sabía que yo iba a estar bien despierta cuando Mark y Andy se levantaran. Ellos correrían a la planta baja para comer el desayuno y ver televisión en la sala de estar. Los sábados a la mañana les gustaba mirar *Howdy Doody* y *Bozo the Clown*.

Yo prefería *Sky King* y *Fury*, pero solamente había un televisor. La niñera necesitaba dejar que los niños vieran sus programas favoritos hasta que un adulto volviera a la casa para supervisar el televisor.

Por la ventana de la sala de estar, miré como mamá y papá se alejaban. Papá trabajaba temprano los sábados en una fábrica. Estaba tan cerca que mamá podía llevarlo y volver en quince minutos.

Pocos momentos después de que se fueran, Mark y Andy aparecieron con el ruido habitual por la escalera. Hoy tenía que ser el día en que se habían levantado mucho más temprano. Hubiera preferido que se quedaran dormidos hasta que regresara mamá.

Saltando, empujando y riendo mientras bajaban por la escalera hasta la planta baja a nuestra sala de estar, y de repente se detuvieron. Entonces miraron a su alrededor y corrieron hacia la cocina, donde no encontraron a nadie y no había comida en la mesa. Volvieron a la sala de estar y me vieron cerca de la ventana.

—¿Dónde están mamá y papá? —preguntó Andy.

En un instante, puse una expresión de seriedad. Me gustaba el drama e inventar historias. No sabía si me creerían, pero iba a tratar de convencerlos.

—Desaparecieron.

—¿Qué quieres decir, desaparecieron? —preguntó Mark. Siempre fue el más sensible y rápido en creerme a mí que Andy.

—Dijeron que estaban cansados de nosotros, especialmente de ustedes dos. Ustedes son muy ruidosos y tontos. Hacen lío. Hacen que la Sra. L venga, quejándose de que ustedes le roban las flores y le comen los tomates. Por lo tanto, desaparecieron. Mamá y papá nos abandonaron.

Gracia entrelazada

Mark me miró fijamente cuando dije estas mentiras con la cara más seria que pude. Sus ojos se llenaron inmediatamente de lágrimas. Caminó hacia la ventana y miró afuera. Andy se quedó en el mismo lugar; mirándome a mí y luego a Mark. Todavía no lo entendía.

—¿Dónde están mamá y papá? —volvió a preguntar.

Lo miré a los ojos y le dije —creas tantos problemas; están hartos de ti y de Mark y de mí y nos abandonaron.

—No —Andy expresó su desacuerdo y me frunció el cejo.

Yo no dije nada.

—¿Volverán? — le preguntó Andy a Mark.

Mark, todavía llorando, le respondió —no.

Entonces Andy empezó a llorar. Allí estaban, las dos personitas que me hacían volver loca. Habían cambiado mi vida con solamente ser parte de ella. No podía creer con qué facilidad Mark me había creído y Andy también, solamente que un minuto después. Ahora que los había convencido, me sentí mal al haberlos hecho llorar. Sabía que mejor que no estuvieran llorando cuando mamá regresara.

—¿Quieren algún cereal? Voy a prepararles el desayuno. Sabía que necesitaba calmarlos antes de que mamá regresara a casa. ¿Por qué no les dije en ese instante que lo había inventado todo?

Andy le dio un abrazo a Mark. Se sentaron en el piso, abrazados y llorando. Yo me quedé parada pensando cómo podía lograr que dejaran de llorar con rapidez. No quería que tuvieran lágrimas en la cara cuando llegara mamá.

Justo en ese momento, llegó mamá. Mark y Andy no se dieron cuenta porque todavía estaban sentados en el piso, abrazados y llorando.

—¡Miren, volvió mamá! —grité. Dejaron de llorar y se pararon justo cuando mamá entró a la casa.

—¿Qué pasa? —preguntó mientras ellos corrían hacia ella y se abrazaban a sus piernas.

Cuando Mark le contó lo que yo había dicho, ella pareció horrorizada y casi con lágrimas ella misma. —Virginia, ¿cómo puedes ser tan mala? Ve a tu habitación. ¡Espera hasta que llegue tu papá! Estoy muy decepcionada contigo.

Se llevó a los niños a la cocina y les dio bizcochitos como desayuno. Cuando se fue al supermercado, se llevó a los dos niños con ella, algo que normalmente no hacía. Mamá me dijo que me quedara en mi dormitorio. Los vi partir y me quedé en mi dormitorio con mis libros y mis juguetes.

Pensé por cuánto tiempo más mamá y papá continuarían enviándome a mi habitación como castigo. Por lo que había hecho ese día, no iba a ser mi único castigo. ¿Qué más? Tenía que esperar a que papá volviera a casa.

Papá era el encargado de la disciplina y se orgullecía en mantener un estricto control sobre todos nosotros, excepto Andy. Todo era más fácil para Andy.

Los castigos y nalgadas que recibíamos eran con calma. Nunca podíamos saber si solamente lo haría o no porque no quería evitar el castigo y permitir que el niño fuera un malcriado. Siempre nos recitaba Proverbios 13:24. Hasta cuando explotaba verbalmente, siempre mantenía la calma cuando nos daba una nalgada.

Cuando llegó a casa de su trabajo, mamá me hizo parar al lado de ella mientras le contó lo que había hecho. Papá me miró como si yo fuera alguien o algo que nunca había visto antes. Entonces con una voz suave y muy seria me preguntó:

—¿No sabes cuánto te quieren y cuánto confían tus hermanos en ti? Les mentiste. Los hiciste tener miedo.

Yo tenía puesto un vaquero y una remera. Me hizo agachar y me golpeó con su cinturón de cuero. Lo hizo con calma, como lo hacía con cualquiera de nosotros. Antes de enviarme a mi habitación, dijo:
—Estoy muy decepcionado contigo, Virginia.

* * *

Ahora, este 11 de mayo, papá sin dudas me culpaba. Ese pensamiento y los sentimientos de pérdida y miedo me mantuvieron despierta por mucho tiempo después de haberme acostado en las sábanas y frazadas que Lucille había convertido en una cama en el sillón de la oficina de Ed. No podía imaginarme qué diría o haría luego esta misma mañana.

Capítulo 5
Estar presente

El hermano mayor de papá, el tío Gerry, que era detective, consiguió primero la información sobre el incendio y Andy de alguien en su seccional. Llamó a todos los otros hermanos y hermanas. La familia llegó justo después de que Ed saliera para llevar a sus hijos a la escuela.

Estar presente significa mucho en familias italianas. Estar presente significa amor. Si existe alguna razón especial para que las familias se reúnan, solamente una enfermedad o un serio problema pueden impedir que estén presentes.

En cada evento familiar, las personas notan quién está presente, quién le dio un beso a quién y quién abrazó a todos con un gran abrazo. Si yo entrara a una sala llena de familiares y solamente besara a la mitad de las personas, las personas a quienes no besé se imaginarían que yo estaba de mal humor o enojada con ellas. Si había algo que celebrar, estar juntos era una gran alegría. Si la razón era más triste, estar presente impartía un claro mensaje de cariño. Como la comida, estar presente y demostrar afecto representaba el amor para mis parientes italianos.

Igual que como siempre era necesario preparar más comida que la necesaria en cualquier reunión, también era necesario brindar afecto en cantidad. También se esperaba algo de ruido y las emociones pertinentes al encuentro. Andy no tenía problemas con nada de todo esto. Él corría hacia las personas con besos y abrazos. Le encantaba dar y recibir abrazos y besos. Andy parecía ser naturalmente ruidoso. Le decíamos que se había tragado un micrófono.

Mark y yo hacíamos lo que se esperaba de nosotros, pero siempre me pareció extraño que teníamos que besar y abrazar a todas las personas que estaban en la sala. Andy disfrutaba la atención. Era naturalmente un actor y podía correr con facilidad en una sala, besando y abrazando a la familia.

El martes, 11 de mayo, a las 8:00 de la mañana, mis tíos italianos ingresaron con una respetuosa tranquilidad cuando Lucille abrió la puerta. Yo acababa de salir del estudio y los vi entrar a la casa de Lucille y Ed. Mamá estaba en la cocina, preparando café para llevarle a papá.

Los hermanos cambiaron ese plan. El tío Sammy y el tío Sal fueron a la planta alta sin el café. Louis, Joe y Gerry abrazaron a mamá y la llevaron a una silla en la mesa de la cocina, donde también pusieron platos con comida. Esa era otra regla familiar. Nunca llegar con las manos vacías. Traer comida, deliciosa, variada y en cantidad.

El tío Sal era el más joven de los hermanos, el bebé de la familia. Papá y Sal habían estado en Corea. Papá siguió siendo un soldado raso en las trincheras. Sal era el chofer de un general. Al tío Louis le gustaba que Sal manejara cuando iban a algún lugar de viaje.

El tío Louis era un hombre físicamente grande. Le pedía ayuda a su hermano menor, el tío Sal, más delgado, en estado físico, para una variedad de cosas. El tío Sal parecía una estrella de películas y se movía como un campeón de boxeo. Había trabajado repartiendo tarjetas para juegos privados especiales en Nueva York y como guardaespaldas.

Yo no me moví para estar más cerca de la cocina. Miré hacia arriba por las escaleras y pensé si alguno de ellos era capaz de recuperar al padre que yo había tenido antes del incendio. Mamá estaba marchitada, aturdida como un pájaro que acaba de golpearse contra una ventana. Estaba dolida y confundida, pero yo podía sentir y ver que era la madre que siempre tuvimos.

El tío Gerry parecía ser el detective que era, fuerte, sólido y serio. Se quedó parado al lado de la silla de mamá hablándole con una voz muy suave, con la mano en la espalda, sin alarmarse de que ella lloraba. La familia de papá lloraba cuando estaban tristes y contentos. Todos los cuatro hermanos mayores de papá habían participado en la Segunda Guerra Mundial, pero habían regresado a Nueva Jersey a lograr el éxito a través del trabajo duro y la ayuda mutua. El tío Louis era el único en convertirse en millonario.

El tío Joey era el hermano mayor, delgado, prolijo y organizado. A mí me parecía siempre ser una persona tensa e intensa. Me preguntaba si era por ser el hermano mayor de todo el grupo.

El tío Sammy usualmente sonreía y hacía bromas, pero había estado suficientes veces en su casa para ver que tenía el temperamento que se espera de un hombre italiano. El temperamento: podía estallar en un instante y desaparecer minutos después. El hombre estaba contento de nuevo y esperaba que todos se olvidaran sobre la desmesura de su temperamento. El tío Sammy, como todos los demás en la familia, era muy generoso. Era dueño de un bar y restaurante muy popular.

Las hermanas mayores de mi papá, la tía Philomena y la tía Virginia, no habían venido esta mañana. Yo sabía por qué, igual que como sabía por qué las esposas de Joey, Sammy, Gerry, Louis y Sal no habían venido. Tenían niños que cuidar y llevar a la escuela. Querían proteger a sus hijos contra la tristeza y la idea de la muerte, especialmente la muerte de un niño. Papá y mamá también querían protegernos a nosotros. Pero no lo habían logrado.

Me apoyé contra la pared desde donde podía ver hacia arriba por la escalera. El tío Sammy y el tío Sal acompañaban a papá. Conversaron y lo abrazaron mientras entraban a la cocina. Pero no se detuvieron allí. Continuaron hacia el salón.

Lucille se acercó para estar parada detrás de la silla de mamá mientras los hombres se alejaban para rodear a papá en el pequeño salón, desde donde se escuchaban claramente los tristes llantos de incredulidad. Los hermanos todos decían libremente que Frank era el más bueno. Yo sabía que en la escuela secundaria había considerado ser sacerdote. La familia de papá creía que un religioso que fuera miembro de la familia, sacerdote o monja, podía ayudarlos con oraciones para llegar al cielo luego de pasar un tiempo en el purgatorio. Pensé que estas mujeres probablemente pasarían menos tiempo en el purgatorio por haber sido perseverantes en sus matrimonios con estos tíos tan dominantes.

Una vez le pregunté a mamá por qué no vivíamos más cerca de la familia de papá. Me dijo que no quería vivir donde la mayoría de las personas no hablaban inglés como idioma principal. Yo sabía que ella se imaginaba lo que todos decían cuando hablaban en italiano. Yo también me lo imaginé. Ahora hablaban en italiano en el salón de Lucille.

De repente, el tío Louis dijo en inglés:
—Esto no debería haberle pasado a Frank. Dios no debería haber permitido que pase esto. Me imaginé lo que Dios habría pensado de la declaración del tío Louis.

Todos en la familia de papá creían en Dios, pero solamente el tío Louis decía lo que Dios debía y no debía hacer. Si papá hubiera estado coherente, lo hubiera corregido a Louis, pero papá no estaba coherente. No había ninguna manera de saber qué diría, especialmente en italiano.

Lucille se quedó cerca y parecía proteger a mamá. Papá tenía a todos sus hermanos. Yo tenía un hermano y pensé que mejor fuera a ver qué estaba haciendo.

* * *

Nunca había sabido cómo un recuerdo podía llenar una lenta subida por la escalera. Este recuerdo era de mis mejores momentos en mi papel de ser una terrible hermana mayor. También había subido con un plan para aterrorizar a mis hermanos.

Cada verano, desde que yo era bebé, fui a Maine a visitar a los papás de mamá, a quien llamábamos abuela y abuelo. Después de que cumpliera diez años, me alquilaban un pony durante el verano. Mis amigos en Maine tenían caballos de la misma manera que mis amigos en Nueva Jersey tenían bicicletas. Una vez que el dueño del pony vio que nosotros nos ocupábamos de cuidar bien al animal, podíamos tener el mismo pony el año siguiente. Por un par de veranos, tuve un pony llamado King.

Gracia entrelazada

Verano 1964

King tenía color marrón rojizo y era un pony indio, o sea que parecía un caballo pinto. King tenía la energía de un cohete. Me hizo caer varias veces al comienzo de cada verano, pero cuando persistí en volver a montarlo, eventualmente me aceptó.

Los niños no podían montarlo solos. Mamá y papá me hacían llevarlos a dar vueltas por el ruedo sobre King. Observaba al pony cuidadosamente y tenía firmes las riendas. A pesar de que Mark y Andy me volvieran loca, no quería que sufrieran daños.

A King no le gustaban los ruidos, pero Mark decidió ser su cowboy favorito, usando palabras que había escuchado decir en *Bonanza* y *Gunsmoke*. Andy gritaba, luego decía que era un jefe indio. King movía sus orejas hacia adelante y atrás cuando Mark y Andy hacían ruido. Lo lamentaba por King.

Cada vez que los sacaba a dar la vuelta por el granero o

por el campo más cercano, los niños sonreían y se divertían. Mis padres y abuelos parecían contentos porque yo era capaz de lograr que los niños sonrieran hasta la hora de cenar. Entonces, lo único que había que decir era que la cena estaba lista para que Mark y Andy saltaran desde la montura.

La cena se atrasaba cuando el dueño venía con su acoplado para llevarse a King. Esto era más divertido para los niños porque King no quería entrar al acoplado. Mostraba su resistencia al brincar, pisotear y tirar, algo que era muy entretenido para los niños.

En la cena, Mark preguntó si me sentía triste que se habían llevado a King. Dije que me sentía triste, pero un poquito. La abuela y el abuelo no querían tener un pony todo el año y no había manera de tener un animal como King en nuestro patio en Nueva Jersey.

El día siguiente fue peor. No había un pony para distraer a Mark y Andy e impedir que me siguieran y demandaran mi atención. Cualquier cosa que trataba de hacer, los niños me interrumpían con ruido, necesidades y quejas. Mamá y papá dijeron que yo debía jugar con ellos.

Los llevé afuera. No tenían idea sobre a qué jugar. Se tiraban por las colinas, hicieron un pozo en la arena, treparon manzanos y se tiraron manzanas entre ellos.

Yo disfrutaba los manzanos todo el verano. Me llevaba una pila de libros que había elegido en la biblioteca de Waldoboro, me trepaba a uno de los árboles y leía todo el día. Cuando tenía hambre, agarraba y comía una manzana fresca. Podía pasar todo el día por mi cuenta viajando a otros lugares y tiempos con los libros.

Ahora tenía que seguir a los niños y observar sus estupideces. No recuerdo haberme comportado como ellos. Me gustaba estar sola y leer.

Gracia entrelazada

Cuando cayó el sol, y ellos todavía estaban corriendo y gritando y riendo, comencé a pensar en una sala secreta que había descubierto debajo de los aleros el verano anterior. Detrás de una biblioteca que parecía estar construida en la pared, había una larga sala en el altillo que Mark y Andy nunca habían visto. Ni sabían que existía.

Oculta debajo de los aleros con un frente de biblioteca incorporada, la sala era invisible para todos los que no sabían de ella. A principios de los 1800, cuando se había construido la granja, la gente todavía tenía miedo a las tribus locales. Había un sótano con paredes de piedra donde esconderse, pero algunas casas, como esta larga casa de campo, también tenían un escondite en otro piso.

Cada estante de la biblioteca que tapaba la entrada estaba lleno de libros. Yo había leído la mitad. La sala afuera de la sala secreta tenía dos camas de una plaza. Yo dormí en una de esas camas cuando estaba sola en la casa con mis abuelos durante el verano. Cuando mis padres llegaban con Mark y Andy, los niños dormían en la habitación con las dos camas. Mis padres dormían en la cama de dos plazas en el dormitorio para visitas y la abuela me preparaba el diván en la sala donde cosía como cama para mí.

La mayoría de las noches después de cenar, los adultos miraban televisión o leían libros o mamá y mi abuela se turnaban para tocar el piano. Las dos podían tocar de oído. Nosotros compartíamos juegos y hacíamos manualidades hasta que un adulto decía:

—Es hora de irse a dormir. Mark y Andy tenían que irse a dormir antes que yo.

Yo podía ir a la planta alta y prepararme para dormir mientras ellos comían el refrigerio a la hora de acostarse, un vaso de leche, una galletita o un trozo de pastel. Luego se iban al dormitorio. Usaban el baño grande de arriba entre la sala con las dos camas y el dormitorio de la abuela y el abuelo. Se cepillaban los dientes, se ponían el piyama, se iban a dormir y esperaban que un adulto subiera y rezara con ellos. El único momento en que cambiaba esta rutina era si los niños estaban tan sucios que necesitaban un baño. Desparramaban la misma cantidad de agua en el piso cuando jugaban que la cantidad que cubrían los cuerpos de los dos, pero nunca tenían que limpiarlo. Eso era algo que hacíamos mamá y yo.

Me fui arriba ni bien los niños entraron a la cocina para comer su refrigerio. Tuve tiempo de agarrar los grandes guantes de cuero negro del abuelo y un pasamontaña negro y luego ponerme mi propio piyama y entrar a la sala secreta antes de que los niños estuvieran arriba. Sabía dónde poner la mano entre los libros para abrir la puerta de la biblioteca. Había una ventana al final de la sala secreta por lo que esta noche de verano tenía mucha luz.

Un cajón que había pertenecido al hermano de mi mamá tenía la altura correcta para convertirse en asiento cerca de la puerta. Me podía sentar en el cajón mientras escuchaba y esperaba que los niños estuvieran acostados. En un estante, un espacio con la altura de un libro y una pulgada de ancho permitía que la gente en la sala secreta pudiera mirar afuera.

Mark y Andy no tenían que dormirse inmediatamente en el verano, y nunca lo hacían. Hablaban, hacían sonidos raros con sus axilas, competían para ver quién podía eructar con más volumen, contaban chistes estúpidos y cantaban canciones ridículas hasta que aparecía un adulto. Después de eso, si lograban quedarse quietos durante cinco minutos, se quedaban dormidos.

Al caer la tarde, nubes lluviosas llegaron y cubrieron el

Gracia entrelazada

cielo. Las nubes fuera de las ventanas hicieron que la habitación tuviera un color gris oscuro, leve y misterioso, que era perfecto para mis planes.

Quería que la biblioteca se mantuviera en silencio excepto un ruido que yo sabía podía hacer si presionaba a la manija interior hacia abajo mientras abría la puerta. Esperando, me senté en el cajón y escuché a mis hermanos hablar como pequeños cachorritos tontos. Entonces escuché la descarga del inodoro y el movimiento del agua. Por último, después de darse contra las paredes, estaban listos para entrar al dormitorio.

Mark abrió la puerta del baño y corrió hacia su cama. Se acostó en la cama de una plaza que estaba al lado de la biblioteca. Cuando Mark estaba solo con Andy, se comportaba casi igual de tonto que Andy. Se daba vueltas como una galleta humana en la cama, riéndose y conversando con Andy. A veces golpeaba rítmicamente los libros. Mark a menudo trataba muy mal a los libros. No le gustaba leer.

Andy corrió hacia la sala y saltó a su cama. Saltaba como un acróbata en un trampolín. Se reían el uno del otro y a veces por cualquier motivo. Hablaban sobre lo que iban a hacer el día siguiente y lentamente ponían los pies debajo de las sábanas. Pero todavía estaban sentados. Mark daba su espalda contra la biblioteca mientras miraba a Andy y Andy estaba sentado en su cama mirando a Mark.

Yo me había puesto el pasamontaña negro antes de los guantes de cuero negro. A los guantes me los puse por mis brazos casi hasta el codo. La luz del atardecer había desaparecido. El atardecer llenó las ventanas de manera tal que todo estaba lleno de tonos grises. Lentamente, como un vampiro que surge de una cripta, moví la puerta de la biblioteca.

El primer ruido de las bisagras llamó la atención de Andy. Estaba mirando la biblioteca y vio que la pared se movía lentamente. Mark probablemente la escuchó, pero prestó más atención al cambio en la expresión de su hermano de juguetón a congelado.

Seguí moviendo la puerta de la biblioteca debido a que de esa manera hacía más ruido. Ni bien el espacio era lo suficientemente ancho, moví mi mano derecha muy lentamente hasta que la vieron. Había doblado la mano con el guante para que tuviera la forma de una pinza. Entonces tuve que perder los ojos sorprendido de Andy porque me moví hasta el borde de la abertura para sacar mi cabeza.

Los ojos marrones de Andy se mantuvieron sobre mí y no podían estar más abiertos ni volverse más redondos. Levantó una mano y apuntó a la biblioteca como un personaje de Shakespeare apuntando a un fantasma. Su dedo índice y su mano se movieron hacia mi pinza elevada. Con los ojos redondos y la boca abierta, Andy no dijo nada.

Mark saltó más rápido que un picaflor. Al usar el pasamontaña, solamente podían ver mis ojos. Vio la mano con la pinza levantada sobre mi cabeza. Mark se convirtió en un cohete rojo que voló de la habitación detrás de su hermano menor que gritó todo el camino por la escalera. Los escuché gritar por el corredor, el comedor, y luego la sala de estar, donde se quejaron a los adultos sobre un monstruo que aparecía de la pared.

Las voces adultas parecían confundidas, pero yo no podía entender lo que decían. Tonos y palabras combinadas de sorpresa y enojo. Los escuché subir las escaleras. Me reí, a pesar de que sabía que mejor que no porque iba a tener problemas. Igual, me reí. Mi plan había funcionado.

Si hubiéramos estado en casa, hubiera recibido una

nalgada e impedido participar en las diversiones familiares durante por lo menos un par de semanas. Aquí en Maine, la reacción de papá sería más suave. No iba a querer molestar a la abuela y el abuelo, a pesar de que él pensaba que me mimaban. No era su decisión que yo pasara todos los veranos en Maine con los padres de mamá, pero lo había permitido desde que yo era pequeña.

La abuela y el abuelo nunca habían nalgueado a ninguno de sus hijos. Papá decía que cualquiera podía darse cuenta de tal cosa. Yo no estaba segura sobre cómo sabía que nunca habían nalgueado a ninguno de sus tres hijos, pero él parecía pensar que cualquier persona lo sabía.

Me tocaría algún otro tipo de castigo. Lo sabía cuándo decidí asustar a los niños. Todo el plan, todo el efecto, los simples disfraces y movimiento habían asustado totalmente a mis hermanos. Lo vi como un chiste malo pero exitoso.

Papá me dio una nalgueada. Usó su cinturón, la parte blanda, ya que lo tenía agarrado de la hebilla. También dijo que tenía que irme a dormir temprano esa noche y que durante los últimos dos días que íbamos a estar en Maine, no tenía permitido mirar televisión ni leer.

Mamá y la abuela parecieron sorprendidas y tristes. Encontraron difícil de creer que yo tratara de aterrorizar a los dos pequeños que me querían y me admiraban. El abuelo no expresó ninguna opinión, pero a la mañana siguiente me llevó con él hacia el pueblo a las ocho para tomar café y rosquitas frescas en su tienda favorita de Waldoboro. Ya que había sido un alguacil, pensé que tendría mucho que decir sobre mi conducta, pero no dijo nada. Sentí como que me tenía pena, a pesar de que todos los demás parecían enojados y decepcionados por mi conducta.

Desde esa noche en adelante, Andy se protegía con la

música, como creyendo que cantar en voz alta le brindaría protección contra cualquier cosa que le causara miedo. Cuando él y Mark tenían que ir a acostarse, Andy cantaba canciones cristianas a todo volumen. Su favorito era «We Shall See the King» (Veremos al Rey).

Andy cantaba muy alto mientras él y Mark pasaban por el corredor y subían la escalera. Seguía cantando mientras se cepillaba los dientes, se ponía el piyama y se metía en la cama y se tapaba la cabeza con las frazadas. Así era como el resto de nosotros sabíamos que los niños no solamente estaban acostados sino también debajo de las frazadas esperando que un adulto subiera para rezar junto con ellos.

* * *

Estos recuerdos afectaban ahora a mi corazón. Eso era lo que pensaba antes de abrir la puerta del dormitorio de los hermanos Clauss para ver qué hacía el único hermano que me quedaba.

* * *

Lecciones aprendidas después: Celos y resentimiento

¿Por qué hermanos que se quieren y quienes comparten las experiencias de la vida son tan malos entre ellos? Me lo pregunté a los doce años. Al llegar a la universidad, entendí que sentía celos hacia los niños porque ellos parecían ser más valiosos para papá. La resolución de conflictos en nuestra casa era una amenaza de mamá de contarle a papá o un castigo rápido de algún tipo de papá. La frustración o el enojo

Gracia entrelazada

que no puede expresarse hacia los adultos pueden aparecer como maldad hacia los hermanos. Los consejeros en el siglo veintiuno sugieren demostrar empatía al hermano mayor que es malo hacia sus hermanos menores. También recomiendan que uno de los padres se comunique individualmente con cada niño. Establecer relaciones personales con cada niño puede crear una sensación de seguridad y apoyo. Nadie nunca nos explicó que algunas peleas o argumentos es normal entre hermanos y que es una manera de que los niños solucionen problemas o descubran estrategias para superar los conflictos.

Capítulo 6

Ayudantes y aborrecedores

Mark jugaba con los juguetes de Ray y Ed. Me pregunté si realmente se sentía contento y libre de malos recuerdos mientras jugaba con juguetes que eran todos nuevos para él. No había sido pegajoso desde que Lucille lo había llevado a dormir al dormitorio de sus hijos.

Yo sabía que a Mark no le importaba faltar a la escuela. Le encantaba su maestra y tenía amigos, pero no le gustaba hacer deberes y casi nunca hablaba sobre la escuela en casa.

Levantó la vista cuando yo entré a la habitación.

—Hola. Vine a ver cómo estabas.

—Hola. Estoy jugando.

Yo lo podía ver. También era obvio que no quería conversar. Desde que lo desperté para sacarlo de la cama, lejos del fuego, no había hablado mucho.

—Ray y Eddie tienen muchos juguetes. Dijeron que yo podía jugar con cualquiera.

—¿Te dijeron eso antes de ir a la escuela?

—Sí.

Gracia entrelazada

No podía recordar la última vez en que Mark había tenido una sala llena de juguetes con los que jugar solo. Ray y Eddie tenían juguetes que aparecían en los avisos comerciales con frecuencia, pero también tenían juguetes hechos por su papá. Ed había hecho para sus hijos una versión casera de los Lincoln Logs, y su juego hecho a mano tenía muchos más troncos y conexiones que la versión comercial.

¿En qué pensaba Mark? ¿Era capaz de ignorar todo y jugar?

Mark todavía no entendía cuánto habíamos perdido. Sabía que Andy había desaparecido, muerto, pero no había hecho ninguna pregunta al respecto.

Mark me miró y sonrió. Todavía podía sonreír. Yo no sabía si yo hubiera podido. Nadie esperaba que nosotros sonriéramos. Cuando miré su cabeza, pude ver que todo el cabello parecía blanqueado, pero no era verdad. Estaba chamuscado por estar tan cerca de la pared de fuego. ¿Cómo es posible que haya estado tan cerca de las llamas como que su cabello había quedado chamuscado por el calor y no se había despertado hasta que yo lo saqué de mi cama?

—Los tíos Joey, Sammy, Gerry, Louis y Sal están abajo.

Mark no dijo nada.

—¿Quieres bajar y comer el desayuno?

—No.

—¿Quieres que yo me quede aquí jugando un rato contigo?

—Bueno. —Giró y me sonrió como si yo le hubiera dado algo rico.

—Eres realmente un buen chico al jugar aquí. ¿Vino alguno de los tíos a hablar contigo?

El tío Sammy y el tío Sal subieron para traerlo a papá a tomar el desayuno.

—Nadie entró aquí.

—Posiblemente ni sabían que estabas aquí jugando. Abajo todos están muy tristes.

—Porque Andy está muerto.

—Sí. —Me estiré para alcanzar algunos de los troncos que podían ir juntos. Pensé que podía construir una cabaña o una cerca para agregarla a lo que Mark ya había construido.

—Andy está en el cielo. —habló sin mirarme. Me senté a su lado.

—Sí.

—Probablemente el ángel lo llevó hasta allí.

—¿El ángel?

—El que nos ayudó a nosotros.

—¿Un ángel nos ayudó a nosotros?

—Ajá.

—¿Dónde estaba el ángel?

—Adentro, y luego afuera.

—¿Qué ángel?

—El muchacho.

—¿Quién? ¿El muchacho que apareció en el porche?

—Quizás.

—¿Qué quieres decir, quizás?

—Parecía diferente en el porche.

—¿Diferente de qué?

—Diferente de cómo parecía adentro de la casa.

—¿Tú lo viste en la casa antes de que lo viéramos en el porche?

—Ajá. Arriba. Su ropa era diferente arriba cuando me levantó y me llevó abajo.

—¿Qué? ¿El mismo muchacho?

—Sí.

—¿Estaba arriba? ¿Y te llevó abajo?

—Sí, en el dormitorio. Yo estaba gritándole a Andy. El muchacho estaba atrás mío. Luego se puso al lado mío.
—¿Cuándo estabas en tu dormitorio?
—Sí. El humo afectaba a mis ojos. Me levantó.
—¿Tú le permitiste que te levantara?
—Tenía fuerza. Me abrazó. Tenía buen aroma.
—¿Tenía buen aroma? ¿No tenía olor a humo?
—No cuando mi cara estaba cerca de él. Me llevó abajo.
—Mark, ¿tú piensas que el mismo muchacho que habló conmigo en el porche estuvo adentro de nuestra casa?
—Sí. Estuvo.
—¿Te llevó abajo cuando tú estabas tratando de despertar a Andy?
—Sí.
—No me lo dijiste antes. ¿Estás seguro?
Mark me miró directamente. —El muchacho en el porche tenía la misma cara, pero su ropa era diferente.
—¿Es por eso que piensas que era un ángel? —Puse los pedazos de tronco en el piso y miré fijamente a Mark.
Mark puso dos puñados de Lincoln Logs en el piso. Me miró y respondió tan cuidadosamente que parecía que pensaba que yo debía ser estúpida al no entender lo que me había dicho. —El ángel me trajo abajo por la escalera. No tenía olor a humo. Era un ángel y arriba tenía ropa blanca. Tenía ropa blanca cuando me dejó al pie de la escalera. Cuando tú me agarraste en la escalera, no lo vi más. Había desaparecido. Desaparecido.
—¿Estás seguro de que era el mismo muchacho que el del porche?
—Sí. Vi su cara de cerca cuando me levantó.
—¿En la casa?

—Sí, con ropa blanca y en la escalera y cuando me dejó al pie de la escalera.
—No dijiste nada sobre él.
—Tú me sacaste afuera. Tú me pusiste en el porche y me pediste que agarrara a Daniel. Entonces vi al ángel en el porche. Tenía ropa diferente.
—¿Pero arriba en la casa tenía ropa blanca?
—Sí. Yo estaba gritándole a Andy. Le grité a Andy que se despertara, como tú me dijiste. Yo lloraba. Me dolían los ojos. Me dolía la nariz. Fui a la cama. Iba a trepar para sacudir a Andy. Pero el ángel me levantó y me llevó al pasillo. Yo lo podía ver. Su ropa era blanca. Tenía buen aroma. Le vi la cara. Lo vi de cerca cuando me levantó.
—¿Te dijo algo?
—No. No le escuché decir nada hasta que te habló.
—¿El mismo muchacho?
—Sí, con ropa diferente en el porche.
—O sea, ¿un ángel?
—Los ángeles pueden cambiar su apariencia. Los ángeles rescatan a la gente.
—Sí.
—Nos rescató a nosotros. —No había nada de confusión en la voz de Mark.

Comencé a construir de nuevo con los troncos. Me imaginé ese muchacho joven en el porche. Nunca lo había visto antes, pero parecía una persona común. Mark parecía seguro de haber visto al mismo muchacho en la casa, arriba, un ángel de blanco. ¿Habría llevado a Mark abajo? ¿Qué podría decir?

Debería sentirme agradecida. Si era realmente un ángel, debería sentirme asombrada. La Biblia tenía muchas historias

Gracia entrelazada

sobre ángeles que ayudaban a la gente y entregaban mensajes. Pero ahora no me sentía agradecida.

Mi mente estaba llena de enojo y confusión.

Si Mark era mayor, le hubiera preguntado si había subido a ayudarnos, ¿por qué el ángel no rescató a Andy? ¿Por qué un ángel podía estar allí y no salvar a todos los niños? ¿Por qué pudo llevar a Mark abajo y no fue capaz de agarrar a Andy también?

Mark parecía no tener ninguna pregunta. Él estaba seguro de que era un ángel y no cuestionó por qué el ángel no había podido rescatar a Andy también. No ayudaría nada expresar mis preguntas a Mark, por lo tanto, no lo hice.

Había leído historias de otras personas que habían recibido ayuda de ángeles, pero nunca esperé ver a uno. ¿Podría realmente haber aparecido con ropa blanca a Mark en la casa y luego aparecer en el porche vestido como un muchacho común?

Mark parecía seguro de que el hombre en el porche era el mismo que estuvo en la casa, solamente con ropa diferente. En ningún lugar tuvo alas visibles, pero no todos los ángeles en la Biblia tenían alas.

Ahora tenía algo raro e increíble para pensar sobre todo este asunto. Algo más había creado más preguntas que eran imposibles de responder. Me dolía tanto la cabeza como el corazón. Por un breve período, Mark y yo silenciosamente armamos casas, cercas y un granero. Me pregunté si debía contarle a los mayores sobre el muchacho que Mark pensaba era un ángel. Antes de que pudiera decidir, sonó el timbre.

Me levanté, segura de que habían llegado más familiares de papá. Apoyar a la familia requiere todo tipo de apoyo. Exclamaciones, abrazos, comida, trabajar juntos, dinero, artículos… cualquier cosa que pudiera ayudar a alguien de la familia. El tío Gerry había ido a su automóvil para hablar con su seccional, y la puerta se había trabado.

Mark y yo parados abajo en la escalera veíamos como nuestros tíos venían a la sala del frente. El tío Sammy llevaba a papá del brazo.

—Lo llevo a Frank arriba para que se acueste —dijo.

Mark y yo nos movimos rápidamente hacia el pasillo. Todos los tíos juntos cerca de las escaleras, pero se abrieron como el Mar Rojo para Moisés cuando Lucille trajo a mamá desde la cocina a la sala de estar.

Lucille y mamá se sentaron en el sofá. Mark y yo nos movimos para sentarnos cerca de ellas. Mark se apoyó en mamá. Yo me senté en un almohadón de cuero cerca del sofá. El tío Louis estaba parado al frente de los otros hermanos.

—Sal va a llevarlos a ustedes chicos o comprar algo de ropa, cosas que no trajimos, ropa para el funeral y zapatos. El tío Sal hizo dos pasos hacia el frente.

El tío Louis continuó:

—Gerry y yo y Joe vamos a llamar a la compañía de seguros. Sammy se va a ocupar de planear el velatorio después de las horas de visita del viernes. ¿Está todo bien, Katherine? ¿Quieres que las horas de visita sean el jueves y el viernes?

—Sí. —mamá habló tan suavemente que no podíamos escucharla, pero podíamos leer sus labios.

La hermana de mamá, mi tía Beverly, ni siquiera debía haberse enterado de las noticias todavía. La tía Pauline, la cuñada de mamá, tampoco. Estarían trabajando. Alguien necesitaba llamarlas, así como también a la abuela y el abuelo en Maine. Pensé sobre si alguno de mis tíos le había contado a su madre, la abuela Riposta, sobre el incendio y la muerte de Andy.

La red para compartir noticias era mucho más rápida en

Gracia entrelazada

la familia de papá. Siempre parecían estar listos para apoyarse mutuamente con lo que fuera necesario. Eran personas cálidas.

Pasó por mi mente que vivir en Maine parecía hacer que la gente fuera fría comparada con los parientes de Nueva Jersey. Pero yo sabía que no se trataba solamente del lugar. Los momentos con la familia de papá, comparados con los momentos en Maine, eran como estar en dos países diferentes.

El tío Louis se acercó a mamá para darle un beso y sugerirle

—Debes descansar.

Joe, Gerry y Sal lo siguieron, besando y abrazando a mamá y a Lucille. Lucille estaba parada sin moverse como un árbol delgado mientras recibía estas demostraciones de afecto. El tío Sammy llegó abajo, y se fueron, todos excepto el tío Sal.

El tío Sal se quedó esperándonos a Mark y a mí. Nos dijo:

—Pónganse algo de la ropa que trajimos. No hay zapatos entre todas las cosas por lo que tendrán que usar las pantuflas, pero vamos a comprar zapatos.

—Las bolsas de ropa están en la cocina. Se pueden cambiar en el baño pequeño —dijo Lucille mientras se paraba para ir con nosotros. Mamá se quedó en el sofá. El tío Sal se sentó a su lado.

—Todo estará bien, Katherine. Lo vamos a superar.

Mark y yo hicimos lo que nos dijeron. Mientras me cambiaba del piyama prestado de Lucille a ropa enviada por mis primos, sabía que la familia de papá nos ayudaría. Creía en las palabras del tío Sal y sabía que mamá también. En la familia de papá, los hombres protegen a sus familias.

El tío Sal no nos apuró. Sabía esperar mejor que papá. El tío Sal nos llevó a la tienda de departamentos más grandes de Union. Él siempre parecía espléndido con cualquier vestimenta. La tía Rosalie, su esposa, también. Todos decían que se parecía a Elizabeth Taylor cuando era joven. Ella y Sal eran una pareja hermosa y la tía Rosalie era judía. El tío dijo que después de que Frank se casara con una mujer protestante, él sabía que podía proponer matrimonio a Rosalie.

Sal tenía un nuevo automóvil con San Antonio en el tablero y dados colgados en el espejo retrovisor. Cuando encendió la radio, era rock and roll, algo que nuestro papá nunca escuchaba y que nos decía era el latido del corazón del diablo.

Mi mente se orientó a otra fuente de culpa. Quizás el incendio era mi culpa por ser una hija desobediente. Dios tenía castigos terribles para niños desobedientes. Lo había leído en el Antiguo Testamento y había escuchado sermones sobre lo que había que hacer con niños desobedientes. En el Antiguo Testamento, los padres o la comunidad podían matar a los niños desobedientes.

Escuché la música que papá prohibía en nuestra casa. La había escuchado en las casas de mis amigos y en la radio de nuestra casa cuando mamá y papá no estaban en casa. Había recibido discos de los Beatles como regalo, y los tenía escondidos en el piso abajo de mi cama. Si mamá alguna vez los vio cuando pasaba la aspiradora, nunca dijo nada.

Una vez, mamá me contó que Elvis era su cantante favorito cuando era adolescente. En nuestros largos viajes a Maine mientras mamá manejaba, escuchaba rock and roll en la radio. También le escuché tocar algunas de las canciones de Elvis más famosas en el piano cuando papá no estaba en casa. También las cantaba y yo cantaba con ella.

¿Incendiaría Dios una casa porque una hija desobediente y rebelde escondía discos prohibidos de los Beatles debajo de la cama? El incendio había comenzado en mi dormitorio. ¿Era culpa mía?

La tienda de departamentos acababa de abrir por lo que no vimos a ningún otro cliente. Sal nos dijo que eligiéramos lo que necesitáramos: ropa interior, calcetines, pantuflas, zapatillas, zapatos, y también que íbamos a necesitar dos vestimentas oscuras y buenas para las horas de visita y el funeral de Andy.

Cuando mencionó el funeral de Andy, mi mente quedó en blanco.

—¿Necesitan que lo diga de nuevo? —preguntó el tío Sal.

Respondí que no con la cabeza y me fui a ver la sección para niñas. Entonces lo miré a Mark. Con ocho años y medio, Mark parecía tener menos estatura y peso que Andy. La gente usualmente pensaba que Andy era el hijo mayor. Mark se apoyó contra el tío Sal.

—Mark necesita ayuda —le dije al tío Sal.

—Bueno. —Se agachó para darle un abrazo a Mark, luego puso la mano en la espalda de Mark y lo llevó a la sección para niños. Los miré por unos pocos momentos y luego me fui a comenzar a buscar todo lo que el tío Sal había dicho que necesitábamos. Parecía raro volver a la casa de Lucille y Ed como que habíamos estado de grandes compras. ¿Quién hacía tal cosa después de una muerte en la familia?

El tío Sal no manejó hacia la casa de Lucille y Ed por la ruta más directa, la que pasaba por nuestra casa incendiada en Magie Avenue. Quería protegernos de ver las ruinas quemadas y ahora inundadas. La casa estaba cerca de una intersección de tres pueblos.

A un costado había un par de casas con vecinos normales. En el otro lado, una casa era de una pareja que casi nunca estaban y que vivían con una mujer anciana que causaba miedo. Después de esa casa había una gasolinera y luego otra calle principal, Galloping Hill Road. Pensé sobre cómo reaccionaría la anciana loca cuando mirara a las desastrosas ruinas de nuestra casa. Al evitar nuestra calle, el tío Sal me hizo pensar más sobre la vecina que una vez nos había amenazado con agredirnos a Mark, Andy y a mí.

Tenía el aspecto de una estalagmita que terminaba en un casco de cabello gris y blanco bien espeso. Fue Andy a quien se le ocurrió la comparación con la estalagmita. Había visto fotos de estalactitas y estalagmitas en mi libro de ciencias. Con una mirada había descubierto una estalagmita particularmente abultada y dijo el nombre de nuestra vecina irrazonable.

En el otoño, cuando la vecina maldita salía, levantaba las hojas que habían volado a su patio y las tiraba una por una hacia la calle o nuestro patio. —Estas no son mías —gritaba a quien la escuchara. Habíamos visto a transeúntes apartarse de la vereda hacia la calle cuando ella les gritaba.

Su cara tenía la apariencia cuadrada y tallada de un tótem. Su piel, marrón claro, tenía pelos visibles a pesar de que nunca nos acercamos a ella. Era posible verlos desde lejos en el mentón y en el costado de su cara. Con sus anteojos grandes y expresiones enojadas, parecía un personaje nefasto de historieta.

A menudo caminaba por su patio trasero hablando en italiano. Papá sabía lo que decía, pero ninguno de todos nosotros lo entendíamos. Había visto a papá fruncir el ceño cuando la escuchaba hablar. Nos dijo que no nos acercáramos y que entráramos adentro y jugáramos si parecía que ella iba a quedarse en el patio.

Gracia entrelazada

Papá no quería que estuviéramos en nuestro patio incluso si estaba sentada en los escalones del porche de atrás y nos miraba mientras jugábamos. Él conversaba con ella en italiano. Pensé que parecía respetuoso y amable, pero ella le gritaba enojada a cualquier persona que le hablara. Le gritó a papá, pero como lo hacía en italiano, no sabíamos lo que decía.

Traté de ignorar a la mujer anciana y sentí pena por la pareja que vivía con ella. Si yo estaba sola, nunca debía tener contacto con ella. Leer o escuchar música en la casa me parecía mucho más atractivo que jugar en el patio, pero Mark y Andy preferían estar afuera. Mi tarea era observarlos y llevarlos adentro cuando la estalagmita loca aparecía afuera, caminando y quejándose.

Un día primaveral que parecía como de verano, Mark y Andy jugaban al béisbol en el patio. La anciana apareció y se quedó inmóvil como una estatua en los escalones de atrás. Yo podía ver que decía cosas, pero a diferencia de su conducta normal, no lo hacía en voz alta.

Parecía mirar a los niños con más intensidad que la usual. Murmurando, se acercó a la entrada al garaje de su casa, que era el límite entre su propiedad y la nuestra. Mark y Andy estaban sin duda en nuestro patio, pero cerca de la entrada de ella.

Si hubiera tenido poderes especiales, podía haber usado rayos láseres desde sus ojos para destruir a los niños. Sólida como una boca de incendio, se quedó parada con las manos en sus labios. De repente, sorprendió a los niños y a mí al gritar:

—Ustedes creen que no sé lo que están haciendo. Piensan que no lo sé. Voy a echarlos con la manguera. Voy a echarlos con la manguera.

Corrió lo más rápido que podía hacia el grifo que estaba en los bloques de cemento abajo de los escalones del porche. El grifo tenía conectada una manguera. Mark se movió rápidamente para ocultarse atrás mío, pero no dijo nada.

Andy corrió hacia nuestro garaje. ¿Por qué? ¿Qué estaba haciendo Andy?

Entonces pude ver la manguera perfectamente enrollada debajo del grifo en el costado de nuestro garaje. Andy abrió el grifo con un rápido movimiento y agarró la manguera con la facilidad de un adolescente. Yo no podía creer lo que estaba viendo cuando su pequeño cuerpo se dio vuelta con la manguera en la mano.

—Voy a usar la manguera en contra suyo —le gritó. Rápido como un rayo, corrió hasta el borde de la entrada al garaje. La anciana solamente había levantado la punta de su manguera.

Se enfrentaron como gallos entrenados para luchar. Corrí para sacarle la manguera a Andy con fuerza, tanto que Andy se cayó. Luego corrí a cerrar el grifo. Mark esperaba en el mismo lugar donde estaba.

Dejando el arma de goma, agarré a Andy. —Adentro —le indiqué a Mark. Él escuchó inmediatamente. En nuestra casa, con nuestro papá, uno debía escuchar inmediatamente a la autoridad o tendría problemas.

Andy no se movió de la entrada tan fácilmente. Tenía los ojos pardos inmensos clavados en la anciana que todavía tenía la manguera en la mano. No se le había ocurrido abrir el grifo, pero seguía murmurando su palabrerío, así como otras cosas.

—Le voy a contar a sus padres lo malo que son. —Todavía más palabras, pero en inglés. Siguieron las sorpresas.

Gracia entrelazada

—¿Usar la manguera en contra mía? ¿Usar la manguera en contra mía? ¿Piensan en usar la manguera en contra mía?

Lo agarré a Andy lo más fuerte que pude y me lo llevé del patio. Pasamos por el costado hacia la entrada. Nos detuvimos. Escuchamos a la estalagmita gritar algunos momentos más. Cuando ya no podía vernos, dejó de gritar, como si alguien hubiera apagado el volumen.

—Nos vamos adentro —dije como la jefa de mis hermanos que era. Mark, antes que yo, abrió la puerta. La tuvo abierta para Andy y para mí.

La puerta lateral de nuestra casa daba a un pasillo. A la derecha, subiendo cinco escalones, estaba la cocina. A la izquierda, bajando diez escalones, estaba el sótano, que papá y mamá habían convertido en una sala de estar. Mark entró y subió hacia la cocina. No estaba a mi alcance, pero se dio vuelta como preguntándome, ¿y ahora qué?

Me quedé en el descanso y Andy se me acercó. No tenía cara de enojado.

—¿Qué pensabas que estabas haciendo, Andy? No puedes usar una manguera contra una anciana loca.

—Sí que puedo. Ella dijo que la iba a usar contra nosotros. ¿Por qué no podía usarla yo con ella?

* * *

¿Por qué no podía? ¿Deseaba que le hubiera permitido a Andy usar la manguera en nuestra vecina estalagmita italiana? Ahora sí. No era ni respetuoso ni cristiano. A pesar de sentirme triste por su familia y de tenerle miedo, le hubiera permitido a él que hiciera eso y mucho más si solamente pudiera tenerlo vivo de nuevo.

Capítulo 7

El relato

Cuando el tío Sal nos dejó, fue a ver a papá, le dio un beso a mamá y a Lucille y dijo que volvería a la mañana. Momentos después de que se fuera, un vehículo del cuartel de bomberos estacionó al frente de la casa de los Clauss.

—Mi querida, tu pobre madre está tan cansada —dijo Lucille con voz baja.

Dudé que mamá pudiera haber dormido mucho por las sombras oscuras debajo de sus ojos, pero el medicamento parecía funcionar mejor para ella que para papá. Volví a mirar hacia afuera. Caminando hacia la puerta estaban los dos mismos funcionarios que habían venido a la casa a medianoche, el jefe y el subjefe de bomberos.

Lucille los invitó a pasar. Sabía que eran buenas personas cumpliendo sus obligaciones, pero hubiera preferido no tener que volver a hablar de nuevo. Quería contar todo lo que recordaba, pero al mismo tiempo, dolía pensar en el incendio.

Los oficiales pidieron disculpas por tener que venir a

hacer preguntas en este momento. Lucille nos acompañó a todos hasta la oficina de Ed. Mamá se paró, y esperé que ella llegara a mi lado antes de entrar a la oficina. Me alegré por haber doblado la sábana y frazada que Lucille había usado para prepararme una cama en el sofá. El señor que había tomado notas la noche anterior sacó su cuaderno y lápiz.

—Virginia, ¿puedes contarnos de nuevo lo que recuerdas del lunes a la noche? Tómate el tiempo necesario. No tenemos apuro. Comienza dónde quieras. Los dos oficiales parecían ser amables conmigo.

Comencé de nuevo desde el momento en que llevé a los niños a acostarse. Traté de recordar todo, especialmente desde el momento en que se cortó la electricidad en toda la casa. Necesitaba contarlo todo de nuevo para mí, para mamá y hasta para Lucille. Les conté sobre tratar de que los niños se durmieran, sobre la cantidad de veces que tuve que subir la escalera para decirles que se callaran.

Les conté sobre gritarle a Mark y Andy para que terminaran con sus payasadas, sobre darle más peluches a Daniel y tener la seguridad de que tenía la luz nocturna. Era una pequeña bombilla en un pequeño tubo que hacía de lámpara. Lo podía enchufar en la pared de atrás, la que estaba cubierta con largas cortinas. El tomacorriente estaba atrás de las cortinas.

Mark se había movido como un sonámbulo cuando logré que pasara desde su cama de abajo a mi propia cama. La luz, los peluches extra y que Mark durmiera en la cama más cercana habían logrado calmar a Daniel. Cuando llegué arriba y descubrí el fuego, el llanto de Daniel parecían gritos.

—La luz del fuego hizo que brillara la pared de atrás de mi dormitorio. El humo era gris oscuro y llegaba del piso al techo. Tenía olor a nilón quemado. Daniel estaba parado llorando en la cuna. Mark todavía dormía tapado con las frazadas con la cabeza hacia la pared de fuego.

Agarré a Daniel de la cuna y me lo puse en el hombro como una bolsa de papas. El siguió llorando mientras lo tenía apretado con un brazo. Sacudí a Mark con fuerza. Agarrando a Daniel con la mayor fuerza posible, empujé y golpeé a Mark hasta despertarlo. Lo tuve que arrancar de la cama. Finalmente, se paró por su cuenta.

—¿Qué? ¿Qué? —dijo mientras lo empujaba adelante mío hacia el pasillo. Ni siquiera volví a ver a las cortinas en llamas o el techo que había desaparecido por el humo oscuro. Con Daniel en mi hombro y agarrando a Mark del brazo, fui a la puerta del dormitorio que él y Andy compartían.

—¡Despiértate! ¡Andy! ¡Levántate! ¡Andy! —grité. Tenía que apurarme para pedir ayuda. El teléfono estaba en una pared prácticamente debajo de mi dormitorio. Debido a que tenía que llamar a la operadora para comunicarme con el cuartel de bomberos, le pedí a Mark que despertara a Andy y viniera abajo. Mark apenas entraba a su dormitorio cuando pude verlo por última vez. Corrí en la oscuridad hacia abajo para llamar y pedir ayuda desde la cocina. Daniel era pesado, pero había dejado de llorar.

El teléfono de la pared tenía un cordón de diez pies. Mamá quería poder hablar por teléfono desde habitaciones diferentes. El cordón era tan largo que cualquiera podía conversar por teléfono en el pasillo de atrás, la cocina, el dormitorio de mis padres hasta el borde de la sala de estar.

La operadora atendió. El teléfono amarillo de plástico duro parecía estar tibio. Estaba instalado en la pared de la cocina abajo de la pared de mi dormitorio. Le dije a la operadora que había un gran incendio en la casa y le di la dirección. Me pidió que repitiera la dirección dos veces.

Gracia entrelazada

Entonces colgué y volví a la sala de estar. Mark estaba parado solo al pie de la escalera. Parecía confundido. Mark me miró a mí y a la escalera varias veces, pareciendo no saber dónde estaba y qué hacer.

Lloraba:

—Andy no se despertó. Hay demasiado humo. Le grité, pero entonces.... —Dejó de hablar y miró a la escalera de nuevo como esperando ver a Andy.

Me detuve. Pensé si ahora era el momento de contar lo que Mark me había dicho sobre ver al muchacho de blanco arriba, el que lo había traído por la escalera. Todos esperaban que yo continuara.

¿Podía contarles sobre un ángel, si eso era lo que era el muchacho? No me creerían. Yo quería creerlo, ¿pero no hubiera un ángel rescatado a todos los niños? No lo iba a contar ahora.

—Agarré a Mark y dije: — Ahora vamos al porche de adelante. ¡Mark! ¡Escucha! Tú y Daniel se sientan en la esquina cerca de los arbustos. Yo voy a buscar a Andy. Cuando abrí la puerta del frente, llevé a Daniel y a Mark hasta la esquina más lejana de nuestro porche de adelante de cemento y piedra. —Nadie podía verlos desde la calle porque los arbustos altos creaban privacidad en el porche.

—Abraza a Daniel y no te muevas. —le dije a Mark. Entonces volví a entrar. Un muchacho joven estaba parado en la puerta del frente. Se parecía a mis primos que tenían veinte años, pero yo no lo conocía. Me dijo —¿vas a volver a entrar?

Respondí:

—Tengo un hermano arriba. —Pasé a su lado, entré y corrí hacia arriba por la escalera. El muchacho joven estaba inmediatamente atrás mío. Tosí en el pasillo arriba de la escalera. Respirar era muy difícil.

Humo agrio, arenoso, casi penetrante llenaba el pasillo. Recordé un programa favorito de televisión, *Fury*. Un incendio se desató en la caballeriza donde vivía Fury. La gente se ponía trapos húmedos en la nariz y la boca para poder entrar a la caballeriza. Esos trapos húmedos los ayudaron a entrar más y agarrar los caballos y sacarlos.

Pensé «podría hacer eso». Mi piel estaba casi toda cubierta con ceniza y arenilla. Entré al baño y mojé una toallita hasta que estaba empapada. Entonces me puse la toallita fría sobre mi cara para cruzar el vestíbulo hacia el dormitorio de los niños. Solamente llegué hasta la puerta del dormitorio antes de que la toallita se secara. El humo causó quemazón en mis ojos. Respirar era muy difícil.

Miré a la derecha. Mi dormitorio era una caja de llamas. Traté de mirar el dormitorio de los niños, pero ni siquiera pude ver las camas. Volví al baño y empapé la toallita de nuevo. Quería gritar el nombre de Andy, pero no pude. Hice unos pasos hacia el dormitorio de los niños antes de comenzar a ahogarme. El calor y el humo me causaron mareos. El trapo sobre mi cara no ayudaba para nada.

Entonces, el muchacho joven me agarró del brazo. Me sacó del dormitorio de los niños y dijo:

—Tienes que irte ahora. —Me llevó por la escalera. Era lo suficientemente fuerte como para levantarme, pero no lo hizo. Me agarró y me llevó abajo. Yo no quería ir con él. Quería tratar de buscar a Andy, pero no pude separarme del muchacho.

Al pie de la escalera, dije:

—Tengo que volver a llamar a los bomberos. Ya deberían estar aquí. —Me dejó ir. Corrí hacia la cocina y

Gracia entrelazada

busqué el teléfono de la pared, pero antes de tocarlo, el muchacho joven hizo bajar mi brazo. El teléfono era un montón de plástico amarillo derretido. Me agarró de nuevo y me tiró hacia la puerta del frente, afuera y hacia el porche.

Miré la esquina donde había dejado a Mark y Daniel. Mark tenía a Daniel en su falda y lo abrazaba apretadamente. Daniel no lloraba ni se resistía. —Salgan del porche— nos indicó el muchacho joven. Puso su mano en mi espalda para empujarme hacia los niños. No lo miré a él sino a Mark y Daniel. Agarré a Daniel con mis brazos. Mark se agarró de mí. Salimos rápidamente por los escalones del porche del frente entre los arbustos altos. Pensé que el muchacho joven estaba atrás mío, pero no. No sabía si había vuelto a entrar. Había desaparecido.

¿Dónde estaba el cuartel de bomberos? ¿Dónde estaba el muchacho? Le dije la dirección a la operadora un total de tres veces cuando llamé por primera vez. ¿Cuánto tiempo había pasado?

Entre nuestra casa y Magie Avenue había un árbol muy grande. Puse a Mark y a Daniel contra el tronco de ese árbol. Mark podía sentarse en una raíz grande y sostener a Daniel como lo había hecho en el porche. Me preocupó que el muchacho joven hubiera vuelto a entrar a la casa. Me pregunté dónde estaban las autobombas. —¡Quédate aquí! En este árbol. Igual que en porche. No se muevan —les dije. Mark hizo un gesto y agarró a Daniel.

Dejé de hablar. Pensé sobre cómo tuve que dejar a Mark agarrando a Daniel de nuevo mientras traté de conseguir ayuda. ¿Me creían todas las personas que estaban en la sala? Cada persona sentada como maniquíes excepto por las lágrimas en la cara de mamá y de Lucille.

En dicho momento, hice la pregunta que creo todos se preguntaban.

Pedí ayuda de nuevo desde la casa de nuestro vecino. Cuando las autobombas llegaron, eran muchísimas. Llenaban la calle. El fuego ya aparecía por el techo de atrás, con llamas hacia el cielo. ¿Qué hizo que las autobombas tardaran tanto en llegar?

Los oficiales del cuartel de bomberos se miraron mutuamente. No parecía que querían responder. ¿Había hecho algo mal en la manera en que traté de sacarnos de la casa o llamar a la operadora?

Tenía miedo de escuchar la respuesta, porque podría ser mi culpa. Igual, quería saber por qué las autobombas tardaron tanto en llegar. Nadie dijo nada.

Me llevó solamente un segundo de espera en silencio para que mi mente recordara cuando la velocidad llamó la atención de un hombre con uniforme. Ese hombre con uniforme había asustado a Andy hasta las lágrimas.

* * *

La velocidad importaba. En 1963, cuando mamá nos llevaba a Marine, los niños dormían profundamente en la parte de atrás de la camioneta. Mamá escuchaba la estación de rock and roll con bajo volumen, porque pasaban muchas canciones de Elvis, el favorito de mamá. Seguimos adelante y en poco tiempo estábamos en Connecticut.

Casi a las tres de la mañana, Mark y Andy roncaban un poquito. No sé quién descubrió las luces destellantes atrás nuestro. Mamá probablemente las vio en el espejo retrovisor. Yo vi el resplandor en el costado izquierdo de mi visión periférica debido a que estaba sentada mirando a mamá.

Gracia entrelazada

Mamá iba demasiado rápido. No había casi ningún automóvil en el camino. Papá algunas veces viajaba a alta velocidad, pero nunca le habían hecho una boleta. Me pregunté si mamá se preocupaba de tener que contarle a papá que le habían hecho una boleta porque se enojaría.

Un automóvil de la tropa del estado con las luces destellantes en el techo nos llevó hacia el costado del camino. Mamá estacionó bien a la derecha del borde de la ruta interestatal 95. La combinación del cambio de velocidad, los saltos sobre el borde más áspera y las luces del policía despertó a los niños.

Se sentaron en la parte plana donde mamá había preparado una cama con cojines y frazadas. Mark y Andy miraron hacia el automóvil con las luces destellantes atrás nuestro. Se frotaron los ojos y volvieron a mirar. El automóvil del policía se había detenido atrás del nuestro y las luces en el techo seguían encendidas y destellantes.

El policía era alto. Se ajustó su sombrero oficial con alas anchas antes de caminar hacia nuestro automóvil. Todos podíamos ver su silueta con claridad por las luces delanteras de su automóvil mientras caminaba hacia nosotros.

Antes de que estuviera al lado del automóvil, Andy saltó desde la parte de atrás al asiento del medio. A pesar de que el asiento del medio estaba lleno de maletas, había espacio suficiente para que él se parara justo atrás del conductor. Miró hacia afuera y tenía la altura suficiente para ver el cinturón de cuero negro con la pistola en la cadera derecha del policía.

Mamá bajó su ventanilla. No sabía qué miraba el policía, pero por unos segundos miró el interior del automóvil. El cinturón de su pistola contra el uniforme gris causaba más miedo de lo que parecía en programas de televisión. Entonces se agachó para ver más el interior del automóvil.

En ese momento, Andy se puso entre mamá y la ventanilla baja. Andy dijo en una voz tan alta que parecía un grito: —¿Va a disparar contra mi madre?

Comenzó a llorar. Todos nosotros, incluyendo el policía, sentíamos el miedo de Andy. El policía se sacó el sombrero y se agachó para poder mirar directamente a Andy.

Habló con una voz profunda pero tranquilizadora. —Solamente hice parar a tu automóvil para decirle a tu madre que necesita ir más despacio. Es peligroso manejar demasiado rápido.

Andy respiró profundamente, entre sollozos. Dejó de llorar. El policía causaba menos miedo sin su sombrero y a la altura de nuestra vista. Habló un poco más con una voz muy calma sobre el límite de velocidad. Nos contó una historia de personas que iban demasiado rápido y chocaron a un ciervo que cruzaba la autopista. Dijo que queríamos que tuviéramos seguridad.

Entonces le preguntó a mamá de dónde éramos y hacia dónde íbamos. Le pidió su licencia y el registro del automóvil. Ella le entregó la licencia y yo saqué el registro de la guantera y se la entregué.

El policía agarró ambos documentos, los estudió y los devolvió. Andy seguía en el mismo lugar a la izquierda de mamá, mirando al policía. Yo me quedé sin moverme. Mark estaba entre las frazadas en la parte de atrás de la camioneta.

Entonces el policía repitió su advertencia. —Viaje a una velocidad segura, señora. Que tenga un buen viaje. Entonces se apartó del automóvil, se puso el sombrero y nos saludó a todos nosotros.

Lo observé volver a su automóvil. Los ojos de mamá estaban en el espejo retrovisor. Nosotros nos dimos vuelta para mirarlo. Entonces Andy abrazó el cuello de mamá.

Gracia entrelazada

Parecía casi un estrangulamiento, pero ella suspiró y se sonrió. Andy volvió a la parte de atrás donde Mark estaba sentado con el mejor panorama del patrullero.

Mientras mamá regresaba lentamente a la autopista vacía, lo llamó a Andy. El acababa de llegar a la parte de atrás de la camioneta.

—¿Qué mamá? —preguntó.

Pensé que le iba a decir a él y a Mark que se acostaran y volvieran a dormir. Pero estaba equivocada. A veces, mamá me sorprendía porque no era una persona que cumplía todas las reglas como papá.

—Andy, si alguna vez me detiene otro policía, yo quiero que vengas a mi ventanilla lo más rápido que puedas y le hagas al policía la misma pregunta.

* * *

Los eventos de esa noche pasaron por mi mente, pero mirando a los bomberos, todavía quería la respuesta a mi pregunta. ¿No querían todos los que estaban en la sala saber por qué las autobombas tardaron tanto en llegar? ¿Había pasado un minuto desde que les hice la pregunta? ¿Qué me dirían?

Capítulo 8

Detalles necesarios

—Virginia, Magie Avenue es larga y el lugar donde está tu casa está cerca de tres pueblos diferentes, Elizabeth, Roselle Park y Union. La operadora no estaba segura a qué cuartel de bomberos llamar. Tú le diste una dirección, pero la operadora no conocía el pueblo. No quería llamar al cuartel equivocado.

Cuando se dio cuenta de que el atraso en llamar al cuartel era demasiado largo, llamó a todos los cuarteles que podían cubrir tu dirección. Esa es la razón por la que tantas autobombas y patrulleros llegaron: bomberos, ambulancia y policía. Encontraron a Mark y Daniel inmediatamente en el árbol donde los dejaste. No te vieron, pero Mark dijo que estabas afuera.

—Yo estaba en la pared del costado de la casa de nuestro vecino —le dije al jefe, que había respondido mi pregunta—. Yo no podía ver a los niños ni a toda nuestra casa. Había gente amontonada. Los escuché. No podía ver lo que pasaba. Rezaba para que los bomberos pudieran rescatar a Andy.

Todos los adultos me miraron hasta que el subjefe dijo:

—¿No sabías que te estaban buscando?
—No lo sabía. Simplemente seguí rezando para que Andy pudiera salir.
—¿Y te quedaste sentada en la casa del vecino?
—Sí.
—¿Volviste a ver al muchacho joven otra vez, el que te ayudó a tratar de sacar a Andy y luego te sacó a ti? —preguntó el jefe.
—No.
—¿Puedes describirlo más que apenas decir que se parecía a algunos de tus primos?
¿Podría describirlo? Cerré mis ojos para tratar de recordarlo en el porche. —Tenía cabello ondulado oscuro y ojos marrones. Una cara común, quizás una nariz un poco grande. Tenía una remera de ejercicios oscura y vaqueros; no pude ver qué clase de zapatos. Eso es todo lo que recuerdo.
—Cuándo mojaste la toallita y te la pusiste en la cara para tratar de entrar al dormitorio de los niños, ¿hizo el muchacho joven lo mismo?
—Creo que no. No. Él no entró al baño. Lo podía escuchar con claridad cuando me habló.
—¿Se quedó a tu lado?
—Sí. Sentí que estaba muy cerca mío todo el tiempo.
—¿No trató de apartarse de ti para llegar a las camas dobles?
—No. No se lo pedí. No podía hablar. Había demasiado humo.
—¿Pero él te habló a ti? Te dijo que tenías que irte.
—Sí.
—¿Y no tenía nada sobre su cara?
—No.
—¿Lo escuchaste claramente?

—Sí.
—¿Entonces te llevó por la escalera?
—Sí.
—¿Y luego impidió que te quemaras la mano en el teléfono derretido?
—Sí.
—No hay duda de que le escuchaste decir que te tenías que ir.
—Sí.
—¿Y te ayudó a salir de la casa? ¿Te dijo que sacaras a los niños del porche?
—Sí. Me sacó de la casa agarrándome. Y yo hice lo que me dijo. Le iba a pedir que se quedara con los niños mientras yo iba a hacer otra llamada sobre el incendio, pero él simplemente desapareció.

Los dos bomberos se miraron mutuamente. El jefe suspiró. El que anotaba me miró como si yo tuviera algo más que decir. Todos nos quedamos inmóviles.

Entonces el subjefe cerró su cuaderno y guardó su lapicera. Todos se pararon.

—Lamentamos tu pérdida y haberte molestado con tantas preguntas. —El jefe habló con una clara sinceridad.

Lucille también se paró, pero mamá y yo no, no inmediatamente.

El jefe dijo:

—Lamento que haya ocurrido todo esto, Virginia, pero lo que nos contaste nos ayuda a entender más detalles sobre el incendio. Sra. Riposta, le enviaremos a usted y al Sr. Riposta dos copias de nuestro reporte. Entregue uno a su compañía de seguros. Ellos enviarán a su propio investigador, pero no con rapidez. Espero que usted sepa que todo el cuartel siente tristeza por su pérdida.

Mamá se paró. No dijo nada, pero se dieron la mano. Entonces mamá y yo vimos que Lucille los acompañaba hasta la puerta del frente. Nosotras nos quedamos en el estudio de Ed. No dijimos nada. Tampoco me abrazó. Mamá parecía agotada.

Cuando Lucille volvió, abrazó a mamá inmediatamente.

—Katherine, necesitas ir arriba y descansar. Sé que más miembros de tu familia están por venir. Podrían llegar en cualquier momento. Por favor, trata de descansar hasta que lleguen. Llamó tu hermana Beverly y tu cuñada Pauline. También llamó Ethel. Por favor, descansa un rato. Mark está contento jugando con los juguetes de Eddie y Raymond. Virginia puede quedarse conmigo.

Mamá estuvo de acuerdo y dejó que Lucille la llevara arriba. Pensé si habría más problemas debido al reporte oficial del incendio. ¿Me echaría la culpa a mí la compañía de seguros? Si el reporte decía que era mi culpa de alguna manera, quizás la compañía de seguros no le daría nada a mamá y papá.

¿Debería haberles dicho que Mark pensó que el muchacho era un ángel? Yo no sabía qué pensar sobre ese muchacho joven. Sin duda, parecía que Mark decía la verdad sobre él. Me senté pensando sobre cuánto dolor había causado a mi familia al no poder sacar a Andy de la casa.

¿Cuándo me había hecho el mayor daño mi familia? No pensé en argumentos, nalgueadas, que me enviaran a mi dormitorio o que me sacaran otros privilegios. Traté de pensar si había algún momento realmente serio cuando me sentí profundamente herida por las personas a quienes amaba y en quienes confiaba. Pensé en una que incluía una muerte.

* * *

El verano anterior a que Mark y Andy y yo fuéramos todos a la escuela, yo en quinto grado, Mark en primer grado y Andy en jardín de infantes, comenzó con una sorpresa especial. Cuando llegó mi cumpleaños en junio, la abuela y el abuelo hicieron que un regalo especial fuera entregado en la granja en Waldoboro, un cordero. Era hermoso, pero tenía manchas de materia fecal, lana enredada y garrapatas.

El abuelo y yo pasamos horas limpiándolo. Le sacamos todas las garrapatas y usamos baldes de agua caliente y un jabón fuerte y tuvimos que cortar las peores partes de lana enredada. Al final, le dimos un enjuague blanqueador y usamos un cepillo y peine de metal para perros para peinar la hermosa lana blanca limpia. La abuela trajo una cinta azul para que la pusiéramos en el cuello del cordero.

—Ahora parece un regalo de cumpleaños. —La abuela sonrió y acarició al cordero. A él parecía no importarle. —¿Qué clase de cordero es, Earl?

—Un Dorset. Es una raza originaria de Inglaterra. Este pequeño será una mascota perfecta para el verano. Cuando Virginia se vaya al final del verano, el cordero puede ir a una granja. —El abuelo le hizo un guiño a la abuela. Ella lo ignoró y se dirigió a mí.

Preguntó:

—¿Le has puesto nombre?

Miré al pequeño cordero con la lana en la cabeza, cuerpo y patas y la energía que lo hacía parecer muy saltarín. Era hermoso, pero había requerido mucho esfuerzo limpiarlo.

—Trouble. ¿Podemos llamarlo Troubles?

—Por supuesto. Es tuyo. Puedes limpiar la caballeriza del

Gracia entrelazada

frente en el granero para él —respondió el abuelo, con un sonido de felicidad.

—Pero es tan pequeño y estaba con otros corderos antes de que lo trajeran aquí. ¿No va a tener miedo?

—Es un animal, Virginia, y es tu mascota para el verano. Aprenderá. —El abuelo hablaba con tranquilidad y la abuela estuvo de acuerdo.

Troubles respondía a la atención. Hasta me seguía como el cordero en la canción infantil. No lo podía sacar de la propiedad, pero la granja de nuestra familia tenía suficientes acres para correr, caminar y jugar.

Papá nunca estuvo de acuerdo con tener una mascota más grande que hámsteres o jerbos y tampoco le gustaban esos. Mamá prevalecía explicándole por qué los niños necesitan mascotas. Estuvo de acuerdo, pero agregó que no podíamos pagar altas facturas del veterinario por lo que mejor que los animalitos se mantuvieran sanos.

Nadie se sorprendió cuando mis padres y los niños llegaron al final del verano y Andy pidió montar a Troubles. El abuelo no estuvo de acuerdo, pero cuando los adultos no estaban presentes, los niños trataron de montar a Troubles. Aprendieron que un cordero casi mayor podía comportarse como un bronco. Después de caerse varias veces, dejaron de intentar montarlo.

Durante una de las últimas noches de verano, cuando todos disfrutamos un helado, mamá y papá vinieron con una gran noticia. Cuando volviéramos a Nueva Jersey, sería a Union en una nueva casa. Union estaba más cerca de los pueblos donde vivía la familia de papá y tenía buenas escuelas.

El abuelo dijo:

—Cuando se vayan a su nueva casa, Troubles también se

irá. Así como ustedes van a una nueva casa, Troubles también. Tendrán que decirle adiós mañana porque estaremos muy ocupados durante el fin de semana con la visita de muchos familiares. No sería una buena idea decirle adiós a Troubles con tanta gente alrededor.

—¿Adónde irá Troubles? —preguntó Andy.

—Lo conseguimos en una granja muy cerca. Miré a mi abuelo para escuchar detalles.

El abuelo agregó:

—Voy a llevar a Troubles a un lugar donde hay muchos corderos. No se preocupen por él. Ha disfrutado un hermoso verano aquí.

Mark y Andy y yo no dijimos nada sobre atrasar la partida de Troubles. Como vivíamos en un suburbio metropolitano, solamente podíamos experimentar momentos con animales como Troubles en zoológicos o en Maine. En la última noche que Troubles estuvo con nosotros, llevamos bolsas de dormir al granero y dormimos en la paja al lado de él.

El día siguiente, el abuelo abrió la puerta de atrás de su Cadillac y puso a Troubles en el piso del asiento trasero.

—¿Podemos ir nosotros también? —pregunté.

—Mejor que la despedida sea aquí —respondió el abuelo.

Miramos al automóvil mientras desaparecía por la larga entrada y doblaba hacia la izquierda por Bremen Road. Me sorprendió que mis hermanos pudieran quedarse quietos tanto tiempo como yo para ver cómo el automóvil se llevaba a Troubles. Cuando ya no lo podíamos ver, Andy dijo:

—Vamos a jugar al croquet.

Primos, tías y tíos de lugares en Maine y Massachusetts comenzaron a llegar la mañana siguiente para estar con nosotros antes de que volviéramos a Nueva Jersey. La abuela

Gracia entrelazada

había preparado muchos postres. Mamá la había ayudado siguiendo sus instrucciones. Mamá no era una gran cocinera.

Algunos de los parientes se hospedaron en la granja por lo que todos los lugares para dormir estaban llenos. Otros se quedarían cerca en la casa de la tía Winnie y el tío Neville o en la casa de la tía Caroline y el tío Bob en Damariscotta. Todos se juntarían en distintos momentos del sábado. El domingo, todos se reunirían en la granja del abuelo y la abuela para compartir una gran comida.

La abuela usó sus mejores vajillas de Inglaterra y me pidió que pusiera los vasos y utensilios en cada lugar. Muchas flores crecían en la granja, algunas silvestres y otras cultivadas. Mamá cortó y las organizó como si estuviera pintando un cuadro. Luego puso floreros llenos de ramos naranja, blancos y amarillos en el comedor.

A la una de la tarde del domingo, todos se reunieron en el comedor. Estábamos apretados, codo a codo, pero a nadie le importaba. Levantar mi tenedor y pasar platos requería movimientos cuidadosos para no molestar a los que estaban sentados a mi lado en la mesa larga. Los niños teníamos sillas angostas de caña colocadas entre las sillas del comedor más grandes para los adultos. Mark y Andy estaban sentados al frente mío.

Después de que la abuela rezara una oración de agradecimiento, todos comenzaron a comer y a pasar los platos por la mesa. Conversar y reír creaba sonidos y sensación de alegría. La persona más anciana en la mesa, la tía Winnie, habló para elogiar a su hermana menor, mi abuela.

—Idalene —dijo la tía Winnie, hablando en voz alta como muchas personas ancianas que tienen problemas para oír —esta es una comida maravillosa. Es el mejor cordero al horno que he comido en mi vida. No podría ser más tierno.

Miré mi plato, luego a la tía Winnie, a mi abuela y me di cuenta enseguida. Puse mi tenedor en la mesa y tuve que esforzarme para no vomitar en ese mismo momento. Me sentí como que me habían engañado con el canibalismo. Mis ojos se llenaron de lágrimas.

Podía ver mi plato: verduras, jalea de menta, puré de papas, ensalada de Jell-O y una rodaja de cordero al horno. A la rodaja le faltaba el pedazo que ya había comido. Ni siquiera había pensado sobre qué era la carne cuando papá la puso en mi plato. Nosotros sabíamos que teníamos que comer lo que papá ponía en nuestro plato.

Todos manifestaron su acuerdo y felicitaron a la abuela por el cordero. La miré y noté más incomodidad que alegría. ¿Qué había dicho el abuelo? «Troubles va a ir a un lugar con muchos corderos. No se preocupen por él. Ha disfrutado un hermoso verano».

Puse mis manos en mi falda. Cuando miré a mi abuela y mi abuelo, quería gritar, estallar y llorar, pero lo único que hice fue quedarme quieta. No podía parar las lágrimas que caían por mi cara. Solamente me moví para secarlas. La gente siguió conversando sobre la deliciosa comida.

Si hubiera hecho comentarios negativos o gritado sobre Troubles, papá me castigaría. Arruinaría la comida de todos. Sería el terrible final de un hermoso verano, por lo que me quedé sentada mirando a mi plato, tratando de no llorar.

—¿Qué? ¿Qué pasa? —La pregunta de Mark cruzó la mesa hasta mí. Mark usualmente quería saber qué pensaba o hacía yo.

Me incliné hacia adelante todo lo posible hacia Mark y le dije:

—Es Troubles. El cordero al horno es Troubles. No lo llevaron a otra granja. Lo llevaron a un carnicero. —Mark me entendió. Ver que lágrimas llenaron inmediatamente sus ojos, hizo que lo quisiera y apreciara más que nunca.

Mark puso su tenedor en la mesa. Los dos miramos a la mesa de los adultos comiendo, conversando, probando más platos, incluyendo el cordero al horno. Pasando el plato de Troubles, conversaban y sonreían.

Andy no se había dado cuenta. Estaba por ponerse un pedazo de cordero en la boca cuando Mark usó su codo derecho para pegarle a Andy en las costillas.

—¿Qué? —preguntó Andy, y era lo suficientemente ruidoso que hizo que todos en la mesa pensaran que Andy les hablaba a ellos.

La conversación se apagó mientras la familia miraba a los niños cuando Mark dijo:

—Es Troubles.

—¿Qué es Troubles? —preguntó Andy con su voz de micrófono. Ahora la mesa quedó en silencio. La abuela parecía a punto de llorar.

—La carne es Troubles. Llevaron a Troubles a un carnicero, no a una granja. ¿Cierto? —Mark me miró a mí mientras se secaba las lágrimas de la cara. Andy me miró a mí para tener confirmación.

Yo hice un gesto y dije:

—Es Troubles. La carne es Troubles. —Ningún adulto me contradijo. Todos sabían que el abuelo y la abuela me habían regalado un cordero durante el verano. La tía Winnie y el tío Neville y muchos otros parientes hasta me habían visto jugar con él ese verano.

Andy miró la carne en su tenedor, a Mark, a mí y luego al resto de la mesa. No parecía horrorizado. Preguntó a todos y a nadie:

—¿Es realmente Troubles?

Nadie respondió inmediatamente, pero el abuelo finalmente dijo con una voz muy clara:
—Sí.
Andy miró desde el abuelo, que estaba sentado en la cabecera de la mesa, hasta mí. Le gustaba que todos lo miraran a él. Cuando tenía la atención de todos mientras levantó el tenedor hacia su nariz. Olfateó la carne. Luego se puso la carne en la boca y masticó entusiasmado.
Hizo un ruido como una gaviota que muere. Mark exclamó. Vimos a Andy disfrutar que la audiencia lo observaba masticar, masticar, masticar y tragar. Entonces anunció
—Troubles está muy rico.

* * *

Ahora me pregunté cuándo tendría el próximo problema. Mi estómago y mis pies parecían hechos de hierro. Seguí a Lucille hacia la cocina cuando mamá se fue arriba a descansar. Apenas acabamos de mezclar el té dulce que prefería ella y su familia cuando sonó el timbre. Miré a Lucille. Su expresión indicaba que no tenía idea de a quién encontraría en la puerta del frente.

Capítulo 9

Un amigo íntimo y un hermoso día por enfermedad

No era un pariente en la puerta; era Ethel, la mamá de Harvey y Barry, los mejores amigos de Andrew y Mark. Ethel también era la mejor amiga de mamá. No alcanzaba a llegar a los cinco pies, pero su voz y su conducta demostraban poder. Me abrazó por un largo momento, un abrazo tan fuerte como para dificultar mi respiración.

Ni bien se apartó de mí, comenzó a llorar y agarró a Lucille con las dos manos. La expresión de Lucille demostró que Ethel debe haber apretado sus manos tanto como me abrazó a mí.

—¿Katherine está aquí?

—Sí. Pero está durmiendo,

—Estoy levantada —dijo mamá mientras bajaba por la escalera. No sonrió, pero yo estaba segura de que la presencia de Ethel le ayudaría. Ethel hacía sentir mejor a las personas cuando estaba seria o no, excepto a su esposo, Herman. Se reía de sus chistes, pero también lo retaba.

Lucille se apartó, y Ethel, una mujer muy activa con pelo

rubio, puso sus brazos alrededor de mamá y la abrazó mientras iban al sofá de la sala de estar. Ethel tenía menos altura que mamá, pero fue capaz de mover a mamá con la facilidad de una pluma en el viento. Se sentaron en el sofá. Ethel puso su cara en el hombro de mi mamá y sollozó —ay, Katherine, ay, Katherine. —Las dos se quedaron sentadas envueltas en llanto.

Entendí que yo podía sentarme o quedarme parada en silencio en la sala y sentirme invisible. Me volví a sentar, todavía en la pequeña silla cercana a la puerta de la cocina.

Lucille se secó los ojos y volvió a la cocina. El sofá miraba a la pared del frente con una amplia ventana y la puerta del frente. Ni Ethel ni mamá me notaron mientras sacaban pañuelitos de papel de una caja de Kleenex que estaba en la mesita más cercana y se quedaron sentadas agarradas de las manos.

—Katherine, Katherine, tengo que contarte lo que pasó.

Usualmente, Ethel le decía Kathy a mi mamá. Como había dicho Katherine, yo sabía que estaba muy afectada. ¿Qué era de tanta urgencia que tenía que contarle a mamá? No era Ethel quien había perdido a un hijo, una casa y todo su contenido. ¿Qué podría pensar Ethel que era más grande o importante que el incendio que nos llevó a Andrew de nosotros?

—¿Qué? —preguntó mi mamá—. ¿Qué pasó Ethel? —Lo dijo como si esperaba que Ethel ya supiera todo lo que había ocurrido en nuestra casa, como si las noticias de Ethel tenían la misma importancia. Ethel siguió agarrando con fuerza las manos de mamá.

—Anoche los niños se fueron a dormir a las ocho. Sabes, desde que tenemos el apartamento más grande y tienen sus propios dormitorios, se van a dormir sin problemas.

Gracia entrelazada

Duermen profundamente después de leer un rato, y a veces juegan un poco. Herman tiene que decirles que apaguen las luces y se duerman.

Los dos niños de Ethel venían a menudo a nuestra casa a jugar con Mark y Andy. Harvey tenía la misma edad que Mark y Barry la misma edad que Andy. Harvey y Mark se divertían juntos, pero a Harvey le gustaba leer más que a Mark y se tomaba las tareas escolares con más seriedad, por lo que a veces no venía a jugar. Barry parecía tímido para la mayoría, pero no lo demostraba con Andy. Podían jugar juntos por horas sin crear problemas.

Andy y Barry eran como chocolate y caramelo. Andy tenía cabello oscuro y ojos marrones grandes en su cuerpo sólido y robusto. Barry tenía cabello rubio y ojos azules y un cuerpo delgado. Andy se reía a menudo y Barry tanto como Andy. Eran los dos amiguitos más íntimos que yo había visto.

Yo había decidido que mi vida hubiera sido mucho más fácil si hubiera tenido a Harvey y Mark como hermanos o a Andy y Barry como hermanos. Cada par jugaban juntos, nunca se peleaban, ni siquiera discutían. Yo observaba a los cuatro niños y los escuchaba. Harvey y Mark se llevaban bien, pero Barry y Andy parecían comunicarse sin decir una palabra. Barry y Andy eran tan diferentes como la lasaña y el plato judío de albóndiga de pescado, pero tenían una conexión instantánea.

—Kathy, anoche escuchamos las autobombas de los bomberos. Era después de las diez. Herman y yo estábamos mirando televisión. Las autobombas de los bomberos eran ruidosas, porque nuestro apartamento está cerca de la avenida. Escuché a Barry gritar, un llanto en voz alta. Herman fue conmigo al dormitorio de los niños. Harvey todavía estaba dormido. Barry estaba sentado, y no paraba de llorar. «¿Qué te pasa»? le preguntamos varias veces. No podía hablar. Solamente llorar. —Ethel agarró las manos de mi madre y se movió más cerca de ella.

—Kathy, fueron minutos, pero Barry dijo «hay un incendio en la casa de Andy. Las autobombas de los bomberos van a la casa de Andy». Le dije «No, no. Tuviste una pesadilla. Las autobombas de los bomberos no van a la casa de Andy». —Abracé a Barry y se lo murmuré en el oído. No queríamos despertar a Harvey.

Mamá parecía tan blanca como las cortinas de seda de la sala de estar de Lucille. Ethel siguió hablando. Parecía como que no podía hacer una pausa para respirar antes de continuar.

Yo le dije:

—Barry, estás equivocado. Ponte las pantuflas. Yo te llevo a la casa de Andy. Barry siguió sacudiendo la cabeza y no paró de llorar. Dijo «no, las autobombas de los bomberos están en la casa de Andy. Es verdad». Herman dijo «muy bien. Buena idea. Vayan». Él se quedaría en casa con Harvey que había seguido durmiendo sin problemas. Barry se levantó y se puso las pantuflas. Fuimos a buscar las camperas, Barry se puso la suya y nos fuimos al auto. Barry se movió en el asiento delantero hasta estar bien cerca mío. Salimos del complejo de apartamentos. No había tránsito a esa hora de la noche. Nos llevó un par de minutos hasta que pudimos ver tu casa en Magie Avenue. Cuanto más cerca llegamos, vimos más autobombas de los bomberos, ambulancias y patrulleros y me di cuenta de que estábamos al frente de tu casa.

Entré a la entrada más cercana para dar la vuelta y volver. Le dije a Barry que teníamos que irnos a casa porque muchos autobombas y automóviles bloqueaban Magie

Avenue y no podíamos llegar hasta la casa de Andy. Le dije «tendrás que verlo a Andy en la escuela y podrán conversar sobre las autobombas de los bomberos». Hizo un gesto con su cabeza, Kathy. Me dijo «No. Andy ya no está». Lloró todo el camino hacia casa. Lo llevé al apartamento. Herman nos estaba esperando. Vio mi cara. Se dio cuenta.

Los ojos de Barry estaban inflamados como que había perdido una pelea de boxeo. Herman y yo nos sentamos con él en la cama hasta que se durmió. Fue beneficioso que se durmiera porque ni bien lo hizo, nosotros también lloramos. Le conté a Herman lo que Barry había dicho sobre Andy. Los chicos no fueron a la escuela hoy.

Ahora había movido las manos a los brazos de mamá. Ethel agarró a mamá como alguien tratando de proteger la vida y lloró.

Lucille parecía pálida. —Tu pequeño debe haber querido mucho a Andy. —Lucille se fue de la sala. Yo me quedé donde estaba para ver si Ethel iba a contar algo más.

—Herman llegó a la cocina temprano. Sabes que tenemos un pequeño televisor allí. Lo vio en el noticiero de la mañana. Vio el reporte. Su taza de café se cayó al suelo. Y se rompió. Escuché el ruido y fui a la cocina. Me contó lo que había visto en el noticiero.

Le contamos a Harvey y Barry juntos. Herman no fue a trabajar hoy. Nunca falta a su trabajo. Lo conoces. Se quedó en casa con los niños para que yo pudiera venir a contarte todo esto. Harvey no quería ir a la escuela y creo que Barry no hubiera podido apartarse de nosotros hoy. Ay, mi Dios, Kathy.

Ethel y mi mamá se abrazaron como si fueran almas en el *Titanic*. Las miré abrazadas y llorando y pensé que Barry y Andy realmente tenían una conexión especial. ¿Podía Barry haber querido a Andy más que Mark o yo queríamos a Andy? ¿Cómo podía estar tan seguro de que las autobombas de los bomberos iban a la casa de Andy? ¿Cómo sabía que Andy ya no estaba en este mundo?

Ethel se hubiera quedado un rato más, pero sonó el timbre. La tía Beverly y la tía Pauline entraron a la sala de estar. Nadie dijo nada. Lucille, Beverly y Pauline se quedaron paradas mirando a mamá y a Ethel.

Me quedé inmóvil al saber que Bevy y Pauline podían ver la cara hinchada de Ethel marcada con lágrimas. Ethel nunca se había presentado sin maquillaje en todos los años que la había conocido. Lo que podrían haber dicho o hecho no tuvo lugar porque papá nos sorprendió a todos al bajar por la escalera a la sala de estar.

Mamá y Lucille se levantaron inmediatamente para seguir a papá hacia la cocina. Se ocuparon de servirle comida de la misma manera que los adultos a menudo tientan a niños para que coman algo. Esta versión de papá no parecía ser real. Siempre había asumido el control. Cuando no tenía que trabajar los fines de semana, siempre nos llevó a algún lugar interesante para divertirnos.

El último sábado, habíamos tenido un día muy inusual comparado con los que habíamos tenido. Se suponía que era un día especial para la familia, pero Andy se sintió enfermo y eso cambió todo. Mis padres habían planeado durante mucho tiempo que el sábado, 8 de mayo, sería uno de nuestros mejores días en familia.

* * *

La Feria Mundial había tenido lugar en Nueva York durante más de un año. Finalmente podíamos ir a ver el famoso evento internacional como familia. Lo habíamos esperado durante meses porque el año anterior no pudimos ir y cerraría en octubre.

Mamá y papá no gastaban mucho dinero en vacaciones para la familia, pero el viaje a la Feria Mundial sería un evento en la historia que nuestra familia podía disfrutar juntas. Parecía ser más especial porque sería parte del fin de semana del Día de la Madre.

El sábado a la mañana antes de nuestra salida, Andy se despertó antes del amanecer. Vomitó al costado de la cama de arriba. El derrame no llegó al tarro de plástico para la basura que estaba cerca de la cama.

Como mi dormitorio estaba en diagonal al de mis hermanos y la puerta de ellos y la mía estaban abiertas, escuché a Andy. Corrí hacia el dormitorio y encontré que Mark todavía dormía profundamente en la cama de abajo. Ni el ruido ni el olor lo despertaron. Andy estaba agarrado de la baranda de la cama de arriba con las dos manos, su mentón descansando en ella, como que estaba por vomitar de nuevo.

Corrí al baño y traje un basurero de plástico más grande para Andy. Lo sostuve adelante de él mientras vomitó por segunda vez. El terrible olor y apariencia no me molestaron tanto como el hecho de que sabía que ahora mis padres no iban a querer viajar.

Cuando conseguí una toallita húmeda para Andy, también busqué debajo del fregadero. Trapos y el limpiador en aerosol me ayudarían a empezar a limpiar la alfombra. Quizás ahora que había vomitado, Andy se sentiría mejor y todavía podríamos ir a la Feria Mundial.

—Lo siento —dijo Andy mientras le alcanzaba la toallita cálida para que se limpie la cara.

—No hay problema. No lo hiciste a propósito.

Nunca supe qué fue lo que mis padres escucharon para despertarse, pero de repente estaban parados en la puerta atrás mío. Papá se acercó a las camas y bajó a Andy. Mark se despertó, miró a todos, y frunció la nariz ante el aroma de Pine-Sol mezclado con vómito.

—¿Qué? —preguntó.

Mamá se acercó a la cama de abajo y se sentó al lado de Mark. —Andy está enfermo.

—¿Vamos a poder ir a la Feria Mundial? —preguntó Mark mientras yo lo pensaba.

Papá y mamá intercambiaron un mensaje con sus ojos. Y papá dijo —Andy y mamá se quedarán en casa. Tú y Virginia y yo podemos ir. Debemos salir en una hora para poder llegar justo cuando abre. ¿De acuerdo?

Andy derramó algunas lágrimas, pero no dijo nada mientras papá lo llevaba abajo.

—Mark, puedes levantarte y vestirte ahora. Tus cosas están todas allí en la silla. Virginia, gracias por limpiar todo esto. Yo lo voy a terminar. Ustedes dos vayan abajo ni bien estén vestidos.

Minutos después de las ocho, Andy dormía profundamente y mamá nos decía adiós con la mano. Mark estaba sentado en el asiento de adelante con papá. Los asientos no habían sido creados para permitir que el más pequeño y menos alto de los niños vea mejor. Mark estaba sentado adelante porque era el único hijo que viajaba. No teníamos cinturones de seguridad o asientos moldeados, por lo que Mark se corrió y se apoyó en papá. Yo me daba cuenta de que disfrutaba estar tan cerca.

En uno de sus trabajos, papá trabajaba como chofer. Nos iba mostrando lugares en la ruta. Dijo que la gente debería conocer los caminos que usan y los lugares por los que pasan para ir a trabajar, ir de vacaciones o disfrutar un día especial como nosotros. Parecía contento, pero yo lo había escuchado decirle a mamá que estaba algo decepcionado antes de salir.

Papá conocía los caminos de nuestro estado y las ciudades. Manejó muchas veces la limusina para los clientes. A Mark le gustaba pasar por el Lincoln Tunnel. También le hubiera gustado a Andy porque para él los túneles eran pequeñas aventuras.

Después de algunos minutos en el túnel, pasamos por Nueva York. Finalmente podíamos ver Corona Park, y Flushing Meadows. Alto arriba de la arquitectura local usual había imponentes arcos, edificios de ciencia ficción espaciales y la torre tal como el lugar donde vivían los Jetson. Nosotros mirábamos a *Los Jetsons* todas las semanas. Cuando estábamos con papá, Mark y yo no expresábamos la excitación que sentíamos. Según él, conductas estúpidas demostraban una falta de apreciación.

Pensé en mamá y Andy todo el día. Ellos hubieran disfrutado todo: *It's a Small World*, *Moments with Mr. Lincoln* de Disney, una escultura hecha con acero que mostraba el mundo en anillos, la casa de los Jetsons arriba de una alta aguja con sus increíbles artículos hogareños del futuro, como un pequeño robot redondo que pasaba la aspiradora por su cuenta.

Vimos a una persona volar con una mochila; un hombre mayor en vivo moviéndose por el aire impulsado por una mochila. Lo habíamos visto en televisión y en películas, pero verlo en persona, un hombre simplemente volando por el aire con una mochila en la espalda era capaz de hacer que cualquier cosa pareciera posible.

Virginia Heslinga

Tarjeta postal de la Feria Mundial de 1965/65

Mark y yo sabíamos que astronautas podían usar mochilas y muchos otros nuevos equipos interesantes. Como familia, habíamos visto reportes de los viajes de los astronautas Shepard y Glenn hacia el espacio.

Papá eligió los lugares para visitar. Debido a que su familia estaba orgullosa de sus antepasados italianos y la iglesia católica, visitamos la contribución del Vaticano, con guardias y hasta vidrio impenetrable en su alrededor. Era *La Pieta* hecha por Miguel Ángel. La espera era larga por lo que papá hizo pasar el tiempo hablando de algún día ir a Italia, a Roma, y ver el resto del arte del Vaticano, especialmente la Capilla Sixtina.

Por último, pudimos ir a uno de los lugares donde vendían comida. Papá compró wafles belgas. Él las había comido pero nosotros no. Eran wafles grandes con crema, frutillas y chocolate. Supe que mamá y Andy las hubieran disfrutado.

A pesar de que papá no quería que llevemos nada con nosotros, buscó algo para Andy. Le compró un pequeño modelo de un Ford Mustang. A papá y a sus hermanos le

Gracia entrelazada

gustaban los automóviles y sabían cómo arreglar los problemas y las necesidades más comunes.

Papá eligió un Mustang rojo para Andy y un pequeño modelo amarillo para Mark. Luego me dijo que eligiera algo, de modo que elegí una bandera de tamaño mediano con imágenes de la Feria Mundial.

No teníamos ni el tiempo ni la energía de caminar por toda la feria, pero entramos al pabellón de RCA para ver televisores en color y Futurama. Pudimos viajar hacia el futuro. Vimos un teléfono con imágenes. No me podía imaginar cuándo la gente común iba a tener la posibilidad de ver a la persona con la que hablaban por teléfono, pero Futurama dijo que sería común en el futuro.

Lo opuesto al futuro apareció en el pabellón de los dinosaurios. Movían sus cuerpos y mandíbulas. Hasta papá pensó que eran tan increíbles que compró tres pequeños dinosaurios hechos de goma, uno para cada uno de nosotros. Mark quería un *Triceratops*. Yo elegí un *Apatosaurus* y papá compró un *Tyrannosaurus rex* para Andy.

En el pabellón del África, vimos gorilas, jirafas y leones. Florida también tenía animales, pero eran del mar, delfines y lobos. Vimos el lugar donde llegaban los helicópteros desde el helipuerto del Port Authority y nos quedamos hasta que vimos a uno salir y a uno llegar. A Andy le hubiera encantado eso.

Había muchos lugares para caminar, pero nuestros pasos eran ahora más lentos. Papá levantó a Mark con una sola movida y lo llevó sobre sus hombros. Mark sonría deleitado mirándome hacia abajo. Esto era algo que Mark no había disfrutado en mucho tiempo. Papá usualmente llevaba al niño más pequeño en sus hombros. Andy era más grande y fuerte que Mark, pero papá seguía llevando al niño más pequeño en cualquier viaje. A veces era uno de nuestros primos.

Mark y yo nos quedamos dormidos en el viaje de regreso. Nos despertamos cuando papá paró en White Castle. Le dimos nuestros pedidos y compró el pedido típico de Andy, el número cinco, para llevar a casa. Papá dijo que no sabía si Andy ya tendría hambre, pero mamá estaría contenta de no tener que cocinar. Además, todos podíamos compartir las hamburguesas de Andy si él no las quería comer.

Comimos las hamburguesas cuando llegamos a casa porque Andy estaba dormido. Mamá dijo que se sentía mejor pero que nunca hubiera podido comer todas esas hamburguesas. La cena de Andy había sido sopa de fideos con pollo y galletitas. Mamá dijo que cuando lo llevó a dormir, quería acurrucarse en ella mientras le leía. A pesar de haber estado enfermo, dijo que había sido un buen día con él descansando y compartiendo. Dijo:

—Terminó siendo un día muy dulce.

—¿De veras? — preguntó papá mientras le frotaba la espalda.

—Sí, diferente a lo que habíamos planeado, pero fue bueno pasar un día acurrucados con Andy. Está de acuerdo con el Día de la Madre. ¿No te parece?

* * *

Miré a mis padres ahora sentados en la mesa de Lucille y Ed. Parecían envejecidos. No parecían envejecidos el sábado pasado, o el domingo o hasta el lunes cuando salieron para ir a la reunión del Comité Republicano. Eran adultos atractivos y vivaces cuando salieron de casa el último lunes a la noche.

Mark se mudó a mi lado cuando me recosté contra el

costado del refrigerador. Pensé sobre qué pensaba él que mamá y papá actuaran de manera tan diferente, sobre quedarnos con la familia Clauss, no tener casa, no ir a la escuela y familiares que iban y venían en cantidad. ¿Pensaba Mark en Andy? ¿Pensaba sobre el incendio o el muchacho que él estaba seguro era un ángel?

Mark me agarró la mano, pero no dijo nada. Miré a su cabello rojo y espeso chamuscado, casi rubio arriba. Podría haberse incinerado. Todos hubiéramos podido. Traté de impedir que mi cara y mi cuerpo mostraran la tristeza, la preocupación y la rabia que aparecía y desaparecía durante todo el día. Agarré la mano de Mark con fuerza mientras pensé si el día siguiente sería mejor o peor.

Capítulo 10

Gánster o evangelista y planes funerarios

¿Lograría la ayuda del pastor mejorar a papá? Lo dudé. Mamá y papá nos habían enseñado a confiar y respetar a Dios y a las personas que eran pastores. Papá sugería a todos a que respetaran a los ministros y sacerdotes, pero decía que todas las personas tenían fallas. Solamente debíamos mirar a Jesús para encontrar la perfección. Papá decía que, si una persona confiaba en un pastor o sacerdote en lugar de Dios, se sentirían defraudados.

El nombre de nuestro pastor comenzaba con una J, pero su segundo nombre era un nombre a la antigua como Oliver. No parecía tan a la antigua por sus costumbres e intereses, como quedarse levantado hasta muy tarde los sábados a la noche con sus amigos y presentarse algunos domingos sin un sermón. Entonces les decía a todos que el Señor le había indicado que el servicio fuera sobre oración y alabanza. Había logrado el apodo de Jolly Olly por lo contento que parecía al anunciar la noticia de que no había preparado el sermón. El apodo Jolly Olly no parecía ser muy respetuoso.

Tal como lo esperaba, el pastor llegó a media mañana del

miércoles. Lucille le abrió la puerta. Vio a mi madre inmediatamente, junto con mis tías Beverly, Pauline y Marie. Marie no era tía por relación sanguínea, pero no había dudas de que era una. Había una mesa ratonera entre ellos. Miró a su alrededor como preguntándose si mi papá sería parte de la conversación, pero no dijo nada. Todos estaban sentados en silencio sabiendo que papá raramente estaba abajo.

La tía Marie había llegado temprano. Era católica, pero nunca parecía sentirse intimidada ni tenerle miedo a nadie. Pensé que era porque solamente unas pocas personas administrativas la separaban de Jimmy Hoffa en la oficina de los Teamsters. La tía Marie miró al pastor como diciendo, «mejor que planear este funeral no sea difícil». La tía Marie sabía cómo leer a las personas con rapidez.

El pastor miró a mamá todo el tiempo mientras hablaba, no a las tías y tampoco a mí. Le dijo a mamá cuánto apreciaba a su hijo y cuánto lamentaba que tuviera que sufrir la pérdida de Andrew. Entonces comenzó una conversación reconfortante sobre saber dónde estaba Andy y cómo podíamos esperar verlo de nuevo un día cuando todos llegáramos al cielo.

Yo estaba sentada en la pequeña silla al lado de la puerta de la cocina. Mientras hablaba, pensé, «¿cómo puede saber tal cosa? ¿Cómo podíamos nosotros saberlo? ¿Por qué estaba tan seguro de que Andy estaba en el cielo? ¿Podía confiar en todo lo que me habían enseñado»? Había tenido dudas en mi mente desde que entendí que Andy no había sobrevivido.

El pastor vio la necesidad de brindar más consuelo en las caras que lo miraban por lo que decidió explicar por qué estaba seguro de que Andy estaba en el cielo. Si todo era cierto, existía certeza sobre dónde estaba Andy. Andy había duplicado la garantía de llegar al cielo.

* * *

El domingo, 2 de mayo, al terminar el sermón de la tarde, el pastor convocó a los presentes a caminar hacia el altar. Cualquier persona que quería que sus pecados quedaran perdonados y estaba dispuesta a ofrecer su vida al Señor Jesús podía caminar hacia el altar. Cualquier persona que se había apartado de lo que sabían era lo correcto podía ahora caminar hacia el altar. Cualquier persona que necesitara oraciones para la curación o por alguna preocupación personal podía caminar hacia el altar. El pastor y los diáconos orarían con ellos.

Cuando Andy pasó por mamá y papá hacia el pasillo central y luego caminó hacia el pastor y el altar, ocurrió un cambio en las palabras y oraciones que se decían en voz alta. Con solamente siete años, Andy, así como nuestra familia, era conocido por toda la congregación. Ayudábamos en la Children's Hour, Missionettes, Boys' Brigade, visitas, comités pastorales, Vacation Bible School, evangelismo, la guardería, la escuela dominical, eventos para el grupo juvenil y comidas y planes especiales de la iglesia durante las fiestas. Mis padres pensaban que los niños aprenden mejor cuando trabajan junto con adultos.

En nuestra iglesia de la Asamblea de Dios, que Andy caminara por el pasillo provocó algunos gritos extáticos. —Aleluya, Jesús. Uno de tus corderos ha escuchado tu voz.

—Te adoramos, Jesús.

—Ama a este niño, Señor.

—Alabado sea Dios.

Cuando Andy llegó al frente, el pastor puso sus manos en el hombro de Andy y se agachó para hablar con él. También indicó a los diáconos que se acercaran. Todos

Gracia entrelazada

pusieron una mano en la cabeza, los hombros o la espalda de Andy, y oraron con él sobre esta decisión para su vida. Oraron con tanta voz que todos pudieron escuchar la alegría y los pedidos que Dios llenara el corazón de este joven con amor, vida y poder. No enfatizaron el perdón de los pecados. Supongo que deben haber pensado que a los siete años Andy no podía haber cometido demasiados pecados serios.

La hermana Dickinson le dijo a Andy:

—Estoy contenta de ver que has entregado tu vida a Jesús, Andy. Podrías ser un gran evangelista algún día.

Cliff, un amigo de mi papá, se acercó a él y le dijo:

—Frank, sé que debes estar feliz esta noche. Aliviado también, ¿no? Tu pequeño Andy, es impredecible. Pensé que iba a crecer para ser un gánster o una llama de fuego para el Señor. Ahora sabemos cuál de las dos. Entonces Cliff y papá sonrieron juntos.

Beverly y Pauline escucharon sin moverse mientras corrían las lágrimas por sus caras. Mamá y papá ya le habían contado sobre la decisión de Andy, pero escuchar al pastor describir la elección de Andy de pedir perdón y seguir al Señor hizo que sea más vívida para ellas.

Mamá parecía pálida e insensible mientras el pastor le decía que debía sentir orgullo y sentirse reconfortada por lo que Andy había hecho. Luego el pastor pasó directamente a poner el énfasis en el 9 de mayo, el último domingo. Andy había vuelto a sorprender a todos otra vez, hasta al pastor.

El Día de la Madre, habíamos ido al apartamento de la abuela Riposta después de la iglesia. Visitábamos a la abuela todos los domingos, no solamente para el Día de la Madre. La abuela nos abrazaba y nos besaba. El tío Sal ya estaba allí y estaba sentado en la mesa. Dijo que sus hijos tenían resfríos, por lo que había venido solo.

La abuela nos servía platos llenos de comida a todos y nos decía:

—Come, come.

A menudo le decía a Andy:

—Dios lo bendiga. —sonreía y comía la comida que le servía, toda la comida. A menudo, Andy pedía más. Eso siempre hacía sonreír a la abuela.

En cualquier visita a la abuela de cualquier domingo tratábamos de irnos antes de las cuatro y media de la tarde. Si el tránsito no nos hacía perder tiempo, podíamos tener una hora en casa antes de tener que salir para el servicio de la tarde en la iglesia. Algunas veces, mamá y yo teníamos responsabilidades programadas de cuidar a los bebés y niños en la guardería, pero no este domingo que era el Día de la Madre.

No esperaba que el día terminara con un evento inusual, pero fue así. La iglesia siempre tenía mucha música y la típica convocatoria de caminar hacia el altar. Igual que el domingo anterior y la mayoría de los otros domingos por la tarde, el pastor comenzaba con su invitación para que la gente caminara hacia el altar si deseaban el perdón de sus pecados y que Jesús sea el Señor de sus vidas. Andy se levantó, pasó por mamá y papá, y caminaba hacia el altar antes de que pudiéramos darnos cuenta de lo que hacía.

Papá agarró el brazo de Andy para tratar de detenerlo.

Mamá se acercó y le dijo:

—Andy, tú fuiste el domingo pasado. Solamente tienes que hacerlo una vez. Dios ya te ha perdonado. Te ama. Eres su hijo. No tienes que volver a ir de nuevo.

—Mamá, quiero estar seguro.

Papá lo dejó ir. Lo observamos mientras volvía a caminar hacia el frente de la iglesia.

Gracia entrelazada

El pastor usualmente hablaba en voz baja a cada persona. Pocas personas lo habían hecho esta tarde. Andy se quedó parado cerca del altar y esperó su turno. El pastor le habló brevemente y puso sus manos en la cabeza de Andy. Un par de diáconos se agregaron y también rezaron con Andy.

En el viaje de regreso a casa, papá preguntó:

—¿Qué te dijo el pastor Andy, cuando fuiste de nuevo?

—Dijo lo que dijo mamá. Que una vez es suficiente.

—Y tú, ¿qué le dijiste?

—Le dije que quería estar seguro.

Ese 9 de mayo, el Día de la Madre, nuestra familia se quedó en la iglesia hasta que era casi la hora de cerrar las puertas. Mamá y papá conversaron tranquilamente con el pastor. Me pidieron que llevara a los niños al automóvil.

Ahora, en la sala de estar de Lucille y Ed, todos habían escuchado toda la historia de Andy pidiendo por segunda vez el perdón y que Jesús viniera a su corazón de nuevo este último domingo, a la tarde del Día de la Madre. Escucharon que Andy dijo que quería estar seguro de que era un niño de Dios. Todos en la sala tenían lágrimas menos el pastor y yo. Yo no era invisible, pero el pastor ni me miró.

Me pregunté si era porque yo era una niña o porque era la niñera que había fracasado. Había rescatado a su hijo, pero no a Andy. Muy probablemente sentía gratitud y pena cuando me miró. Después de rezar, el pastor preguntó si podíamos hablar sobre el funeral. Sería el sábado, 15 de mayo, en la iglesia.

Yo había subido la mitad de las escaleras cuando papá comenzó a bajar. Me moví al costado contra la pared para que papá pudiera pasar a mi lado sin dificultad. No me dijo nada al pasar.

¿Qué diría o haría cuando terminara de bajar la escalera? Vería al pastor mirando a las cuatro mujeres, conversando con ellas, con la Biblia, papel y una lapicera en la mesa ratonera entre ellos. Si yo continuaba hacia arriba para estar con Mark, me iba a perder lo que pasó cuando papá escuchara que estaban planeando el funeral.

Papá podía ser tan estricto sobre compartir y ser generoso para ayudar a los demás, pero a menudo con respecto a nosotros era un dictador. Yo no tenía idea de qué diría a todos los que planeaban el funeral. Debido a los medicamentos, no había hablado mucho.

Decidí quedarme abajo. Lo seguí a papá hacia la sala de estar, pero a cierta distancia. Me senté de nuevo en la pequeña silla que parecía ayudarme a ser invisible. No tenía idea de qué ocurriría ahora. ¿Estaba Dios realmente en medio de nosotros en esta situación?

A mí me parecía que Dios debe medir cuánto lo amamos según cuánta participación teníamos en la iglesia. Mis padres nos llevaban a la iglesia casi siempre que las puertas estaban abiertas. El domingo a la mañana, el domingo a la tarde, estudios bíblicos los miércoles a la tarde, Royal Rangers y Missionettes los jueves, servicios especiales los viernes a la noche y eventos juveniles los sábados. Esto no incluía las veces como casamientos, funerales, visitas de misioneros o reuniones evangélicas de una semana que modificaban el horario normal todas las noches.

Mi padre había arriesgado el rechazo de su familia a los diecinueve años al concurrir a una iglesia pentecostal italiana en lugar de la iglesia católica, pero veía las deficiencias en las iglesias protestantes. Decía que los protestantes eran débiles en la enseñanza y la memorización. Por esa razón, había creado sus propias prácticas del catecismo para nosotros.

Gracia entrelazada

Teníamos un momento de devoción familiar casi todos los días, con oraciones y lecturas de la Biblia. Además de las lecturas, representar historias de la Biblia y conversar sobre versículos, teníamos tareas. Papá elegía poemas, versículos y capítulos para que nosotros los memoricemos y nos ponía limitaciones de fecha. Si no habíamos aprendido la sección asignada, no podíamos ver televisión hasta que la pudiéramos recitar.

Papá admiraba el trabajo duro y la disciplina, la obediencia y la persistencia. Yo podía saber por su tono de voz cuándo pensaba menos de alguien. Usualmente, ellos no podían saberlo porque él seguía siendo amable, pero con un sarcasmo frío subyacente. Lo escuché usar este tono con el pastor antes, pero el pastor no parecía ofenderse.

Papá se sentó en el sofá al lado de mamá. El pastor se levantó, se estiró y le dio la mano a papá. Todos tenían un aspecto miserable. Yo deseaba que mamá y papá se agarraran las manos o pusieran los brazos el uno en el otro, pero no lo hicieron. La tía Bevy y la tía Pauline no dijeron nada, pero se quedaron en la sala de estar. La tía Marie había ido a la cocina a buscar café, pero volvió y se quedó parada en la puerta cerca mío. A pesar de no decirme nada, puso su mano en mi hombro.

Con voz muy suave, el pastor comenzó a explicar los planes del funeral a papá. Después de terminar, papá repentinamente dijo:

—Quiero que usted presente el Evangelio. Con tanta claridad como lo fue para Andy, simple para que todos entiendan la manera en que pueden recibir el perdón de sus pecados y saber que irán al cielo. Habrá gente en el funeral que nunca han escuchado el Evangelio y podrían no tener otra oportunidad de escucharlo.

Pensé si alguien en la sala se sintió sorprendido como yo al escuchar que papá podía expresar frases enteras. No era su voz de siempre. Parecía ronco, pero hablar en frases enteras era una señal de que se sentía mejor.

Cuántas personas sabían que no había hablado con frases completas desde que me había hecho la pregunta «¿si pudiste rescatar a dos, por qué no pudiste rescatar a tres?»

El pastor parecía sorprendido. Preguntó:

—¿Usted quiere decir un mensaje de salvación y convocatoria al altar como parte del servicio?

—Sí. —Papá miró directamente al pastor.

Había escuchado a papá contar la historia de cómo había estado de triste su familia cuando dejó a la iglesia católica. A pesar de que el abuelo raramente fue a la iglesia excepto en Navidad y Pascuas, discutiá con papá sobre qué iglesia era la verdadera. El abuelo había echado a papá y prohibido a todo el resto de la familia que no le permitieran entrar o que ni siquiera hablaran con él hasta que no volviera a la iglesia católica.

Si el abuelo lo sabía o no, los hermanos y hermanas hablaban con papá. La abuela también pero solamente a través de sus hijas. Todos esperaban y rezaban que papá volviera a la fe católica. La esperanza duró hasta que conoció y se enamoró de una mujer protestante cuando visitó una iglesia de la Asamblea de Dios mucho más grande en Newark.

En la familia de papá, el hombre decidía las reglas de la casa y jugaba el papel principal, pero la mujer era el corazón espiritual de la casa. La abuela hacía eso. Ella oraba todos los días por su familia y sus amigos e iba a misa temprano a la mañana casi todos los días. La abuela requería que todos los niños fueran a la iglesia con ella en días especiales.

Gracia entrelazada

La abuela y el abuelo pensaban que, si papá se casaba con una mujer protestante, probablemente nunca volvería a la iglesia católica. El abuelo trató de amenazarlo. Si Frank seguía adelante con esta idea de casarse con una mujer protestante en una iglesia protestante, el abuelo dijo que no iría al casamiento. No prohibió al resto de la familia ir, pero él no vino a la iglesia. Solamente apareció después para las fotografías familiares.

Anthony (abuelo), Katherine, Frank, Angelina (abuela), 21 de julio de 1951

No ocurrió hasta que papá se fue a Corea y mamá estaba embarazada que la familia de papá se tranquilizó y la incluyó. Tener un bebé, especialmente mientras papá estaba en Corea, hizo que se ocuparan de mamá. Eso es lo que me dijo ella. La cuidaron a mamá y la invitaron a sus casas. Las hermanas de papá hicieron lo posible por enseñarle cómo cocinar y mantener una casa al estilo italiano.

El abuelo prohibió conversar sobre religión en la casa. A

pesar de que él y todos en la familia podían darse cuenta de que la fe era más importante para papá espiritual y prácticamente, el abuelo no quería escuchar hablar del tema. Las oraciones estaban permitidas, pero ninguna conversación sobre la fe o la salvación o la Biblia podía tener lugar debido a las diferentes opiniones sobre la relación de Dios con la gente.

Un casamiento era generalmente el único momento en que algunos miembros de la familia de papá concurrirían a una iglesia protestante. Para los funerales de amigos judíos o protestantes, iban a las horas de visita o al servicio si era en una funeraria, pero generalmente no si era en una iglesia o sinagoga.

Yo sabía cuánto todos lo querían a Andy. Toda la familia, desde la abuela hasta todos los primos y amigos de la familia, así como los empleados y compañeros de trabajo de mis tíos, vendría al funeral. Compartir el amor por Andy y el apoyo a la familia era importante para todos ellos.

Papá no expresó ninguna opinión sobre las canciones para el funeral. Una vez que le dijo al pastor lo que quería que dijera durante el servicio, volvió a quedarse sentado sin hablar y con la mirada perdida. Dejó que mamá y el pastor planearan el resto del funeral. Ella eligió las canciones que la ayudarían a pesar de que la hicieran llorar. Papá se mantuvo en silencio e inmóvil.

Yo pasé al lado de la tía Marie y fui a la cocina, donde todos hablaban en voz baja, compartiendo recuerdos de Andy mientras tomaban café y comían. Las voces parecían expresar ciertas palabras, pero la tristeza parecía ocupar el segundo lugar comparado con disfrutar los recuerdos. ¿Por qué no podía ser papá como ellos?

Cuando el pastor se fue, papá volvió a irse arriba a acostarse. No demostró interés en estar con nadie. Miré su espalda y me pregunté si todavía hablaba con Dios, y si lo hacía, qué le decía. O si solamente lloraba, tomaba más medicamentos y dormía.

Todos los que me rodeaban habían derramado lágrimas, pero yo no. Me pregunté qué me pasaba que tenía los ojos secos cuando mi corazón estaba lleno de tanto dolor. Los mayores que me rodeaban lloraban. Me di cuenta de que no había rezado desde que le había pedido a Dios que rescatara a Andy. Pensé sobre Dios. Pensé sobre rezar para que papá y mamá volvieran a ser normales, sobre encontrar un lugar donde vivir, sobre superar todos los problemas que se venían, pero no lo hice.

Papá y nuestra iglesia enseñaban que Dios conocía nuestros pensamientos. Si Dios conocía mis pensamientos, ¿no podían mis pensamientos ser oraciones? Probablemente no. Dios quería que nosotros conversáramos con Él. Dios sabía que yo estaba enojada por la muerte de Andy. Yo no quería conversar con un Dios que había permitido que Andy muriera. Yo quería gritarle a Dios, «¡toda esta situación es horrible!»

Capítulo 11

Apestosos

¿Mal olor? Nunca había escuchado ni pensado en las palabras hedor, apestoso o maloliente sin recordar una ocasión en las que tuve que rescatar a mis hermanos y a mí de algo que tenía un olor terrible. El verano anterior al incendio, el último sábado que estábamos en Maine, el abuelo había puesto todas las sillas y mecedoras en el costado de la casa que miraba hacia el campo, el jardín y el granero. La abuela, su hermana mayor Winnie, su hermana menor Caroline, Janice, la hija de Carolina y mamá, todas se sentaron en las sillas para disfrutar el hermoso día soleado. Con la ropa de verano, las mujeres podrían haber sido una pintura de Monet, el artista preferido de mamá.

Los hombres, el abuelo, el tío Bob y papá, conversaban parados cerca del granero. El abuelo fumaba un cigarro. La abuela nunca le permitía acercarse a la casa cuando fumaba.

Mark y Andy jugaban con una pelota de béisbol cerca de los hombres que les daban sugerencias sobre cómo tirar, pararse y recibir la pelota. Entonces me llamó papá:

Gracia entrelazada

—Lleva a tus hermanos a caminar. Mañana van a tener que estar todo el día en el automóvil.

Las sugerencias de papá eran órdenes. Mark, Andy yo sabíamos que eran órdenes. Papá podía requerir una casa que comparta, pero por sobre todo papá esperaba una obediencia inmediata.

—Vamos a caminar hasta la montaña de arena —anuncié. Mark y Andy le dieron los guantes y la pelota de béisbol a papá con alegría. La montaña de arena creaba oportunidades para subir, rodar, excavar y construir y era miles de veces más grande que cualquier lugar con arena para jugar que teníamos en Nueva Jersey.

Podía sentir la audiencia de los ojos de la familia siguiendo nuestro progreso por nuestra caminata hacia Bremen Road. Los niños nunca podían cruzar la calle solos, pero si estaban conmigo o con un adulto, entonces podían. Esa había sido la regla desde que empezaron a caminar.

Cruzamos la calle y comenzamos a caminar por el camino descuidado de tierra que llevaba a la montaña de arena. Después de una curva, ya nadie nos podía ver desde la granja. A menudo notaba cuánta confianza me tenían los adultos.

Mientras yo caminaba por el viejo camino, los niños corrían entre los árboles que eran grandes muy cerca de la calle. Yo le prestaba atención a la hiedra venenosa. Todos sabíamos de no acercarnos a esos tríos de hojas brillantes en las enredaderas.

De repente, se detuvieron. La montaña adelante de ellos tenía una hendidura que revelaba arena color tostado que parecía increíble. Pensé en quién había sido la primera persona que la había excavado y descubierto que toda la montaña era de arena.

—¿Podemos subir ahora? —preguntó Mark.

—Si quieres. Hasta puedes correr de arriba a abajo si quieres. —Me imaginé que papá y mamá quería que se cansaran para que pudieran dormir bien.

Mark se movió hacia la derecha porque alguien había creado un sendero para llegar a la cima de la montaña en ese costado visible de arena, probablemente varias personas. Andy corrió detrás de él, pero de repente Mark se detuvo. Andy le acercó.

Mark apuntó al pasto verde espeso donde había rocas en la base de la montaña de arena. —Algo se mueve.

Me acerqué a la base de la montaña de arena que tenía una pendiente como la nariz de Bob Hope. Algo se movía. El pasto detrás de un par de rocas de tamaño mediano se movía para uno y otro lado. Algo muy pequeño debe estar corriendo por allí. ¿Un pequeño animal?

Había escuchado hablar de la rabia. Uno de nuestros vecinos en Bremen Road había sufrido una mordedura de un gato rabioso, y fue necesario agarrarlo y matar al gato. El vecino había tenido que recibir numerosas inyecciones con una aguja durante semanas.

Mark se deslizó desde el sendero hacia la arena y el lugar donde se movía el pasto. Andy bajó por el angosto sendero y se quedó parado al frente de las rocas y pasto en movimiento. Con algo de instinto, querían rodear y atrapar a lo que sea que encontraran.

—Apártense ustedes dos. Déjenme mirar primero. Podría ser un animal con rabia.

—Quiero ver a los bebés.

—Rabia, Andy, no son bebés. La rabia es una enfermedad terrible. Si uno tiene rabia tiene que ponerse muchas inyecciones.

Gracia entrelazada

Los dos se apartaron y dejaron de moverse. A ninguno les gustaban las inyecciones. Agarré un palo, parte de una rama que estaba al costado del camino. Mark se quedó dónde estaba en el costado de la montaña de arena. Andy estaba al lado mío.

—¿Qué puedes ver? —preguntó Mark.

—Nada todavía. Quédate en silencio.

Me moví más cerca y usé el palo para separar el pasto. Apareció un agujero, un agujero excavado y profundo como un gran bol para ensaladas. En el agujero lleno de ramas, hojas y pasto, se movían tres criaturas pequeñas. —¡Zorrinos! Zorrinos recién nacidos —dijo Andy en voz alta.

—No hagas ruido. Si se asustan, podrían rociarnos. Sabes que un zorrino puede crear un terrible olor. Además, la madre podría estar muy cerca.

—Son tan pequeños —dijo Andy mientras Mark bajaba de la montaña para estar con nosotros.

Me incliné y pude ver que todavía no habían abierto los ojos. Sabía que los zorrinos rocían al levantar las colas. Si los levantábamos y la cola seguía curva hacia abajo de ellos, podríamos llevarlos.

—Quiero tocar a uno. Quiero tocar a uno —dijo Andy. Mark nos observaba a los dos. Por lo menos, Andy estaba esperando mi respuesta.

En este momento, estuve de acuerdo con Andy. Yo quería tocar uno de esos pequeños bebés negros y blancos moviéndose con sus pequeñas narices rosadas y ojos cerrados. Mark se acercó. —Yo también quiero tocar a uno.

—Bueno, cada uno puede levantar a uno. Son muy pequeños. Debemos tener mucho cuidado. Pongan las colas debajo de ellos cuando los levanten. Si la cola está doblada debajo de ellos, no pueden rociar, y quizás los bebés no pueden rociar tanto.

—¿Qué pasa si vuelve la madre? —preguntó Mark.

—Entonces los dejamos donde están. Va a querer volver a ellos, y nosotros tendremos que salir corriendo de vuelta a la granja. ¿De acuerdo?

Lo aceptaron. Me arrodillé y traté de agarrar al que parecía el más grande. Trató de moverse con los ojos todavía casi cerrados, chocando a los otros y a mis manos. Parecía suave y tibio y tan liviano como una pantufla vellosa cuando lo levanté. Puse la cola debajo de su cuerpo y lo mantuve cerca de mi pecho.

Mark fue el siguiente. No era muy a menudo que Andy no tratara de hacer algo antes que Mark; pero ahora parecía contento con observarme a mí y a Mark hacerlo antes que él. Mark levantó al bebé de zorrino, poniendo la cola debajo del cuerpo y lo mantuvo muy cerca de su pecho. Andy hizo lo mismo.

Volvimos a caminar hacia la granja. Yo caminaba con rapidez. El bebé de zorrino apretado contra mi pecho tenía el olor de cualquier pequeño animal con piel: un gatito, cachorrito, conejo, ardilla, jerbo, hámster, conejillo de indias. Yo había visto bebés de todos.

Cuando llegamos a Bremen Road, Mark dijo:

—Hace cosquillas. —Mark me sonrió y parecía estar cómodo y contento de tener al bebé de zorrino.

Qué extraña procesión hicimos mientras caminábamos hacia arriba por la entrada con las manos plegadas contra el pecho. Cualquier persona que nos hubiera visto con rapidez podría haber pensado que estábamos rezando. Yo sabía que los mayores nos podían ver desde donde estaban sentados o parados.

Gracia entrelazada

Podía escuchar las risas de mamá y Janice. Carolyn, Winnie y la abuela nos miraban. Papá, el abuelo y Bob se apartaron del granero.

—¿Qué es? ¿Qué tienen? —preguntó papá.

Quería responder, pero pensé que no debía gritar. El pequeño zorrino parecía haberse quedado dormido contra mi pecho. Papá hizo algunos pasos más hacia nosotros. El abuelo y Bob lo acompañaron. Estaban parados a sus costados. Ahora todas las mujeres también nos miraban. Mamá, Janice y la tía Winnie se pararon, esperando la respuesta.

—Zorrinos —gritó Andy. Se reía antes de agregar—, tenemos bebés de zorrinos.

El zorrino debe haber sentido la diferencia en su cuerpo cuando gritó. Se movió. Andy tuvo que mover las manos para tratar de mantenerlo cerca de él con la cola abajo.

El abuelo y Bob se rieron, pero no se acercaron. Papá se quedó con la boca abierta justo cuando mamá y Janice gritaron:

—Aléjate. Aléjate. Todas las mujeres corrieron hacia la casa como confeti que volaba ante una fuerte ráfaga de viento.

Abrí mis manos apenas para que los hombres pudieran ver el tamaño del bebé de zorrino. —Abuelo, ¿recuerdas cuando la abuela y yo conocimos a la señora en Camden con un zorrino como mascota?

—Me acuerdo.

—Estos bebés son muy pequeños; podrían ser castrados por un veterinario. Serían buenas mascotas.

—Creo que no. Son tan pequeños que todavía necesitan a su mamá.

—Podemos darles de comer con un pequeño biberón como hace la gente con otros bebés de mascotas.

—No pueden comer leche de vaca ni fórmula. Solamente el veterinario sabe qué tienen que comer para sobrevivir.

—¿Podemos averiguar? No nos tienen miedo. Son demasiado pequeños para tenerle miedo a la gente. Y ahora ya no nos van a rociar.

—Tengo una vieja pajarera en el granero. Voy a poner algunos trapos en el fondo; tienen olor a heno. No creo que les importe. Pueden acurrucarse juntos. Los ponemos cerca del viejo gallinero mientras vamos adentro y conversamos sobre este asunto.

Papá destruyó esa idea con rapidez. —No vamos a tener zorrinos mascotas. —No había lugar para otra opinión cuando papá hablaba con ese tono de voz.

Y eso era todo. Yo sabía que nunca íbamos a tener zorrinos mascotas. Mamá les tenía alergia a los gatos, pero los había tenido cuando era pequeña. Eran sus favoritos, pero cuando aparecieron sus alergias, ya no pudo tener gatos en su casa. Papá había permitido tortugas, jerbos, hámsteres, y conejos. A veces, cuidábamos los perros de amigos cuando se iban de vacaciones.

El abuelo fue hacia el granero y volvió con la pajarera. Tenía trapos en el fondo. Los tres pusimos los bebés de zorrinos en la jaula con el mismo cuidado con el que los habíamos levantado. Todavía parecían dormidos y despreocupados.

—Los voy a llevar a su lugar en la montaña de arena y espero que la madre no esté allí —nos dijo el abuelo.

—Justo abajo hay un agujero, del tamaño de un bol grande y hay cosas como en un nido —le dije. Mark y Andy parecían que estaban por llorar.

—No puedo creer que hayan sido capaces de traer zorrinos aquí —nos dijo papá. Entonces sonrió y les tocó la cabeza a Andy y a Mark. Ellos tenían pelo rapado. Tocarles las cabezas parecía como tocar cerdas de cepillos. Casi todos en la familia les tocaban las cabezas después de haberse cortado el pelo.

El tío Bob dijo:

—Es lo más loco que he visto en mucho tiempo, chicos subiendo por la entrada con bebés de zorrinos.

Nos tuvimos que ir a dormir temprano el sábado a la noche porque papá quería salir hacia casa a las ocho. Realmente quería salir antes, pero la abuela quería cocinarnos el desayuno. Al final, no salimos hasta el domingo a la tarde.

Mark y Andy estaban vestidos y listos apenas después de que saliera el sol. Yo no lo sabía. Nadie lo sabía. Tenían permitido salir a jugar cuando se levantaban. Solamente tenían que quedarse en la propiedad.

Andy quería ver a los bebés de zorrinos una vez más. Mark siguió sus sugerencias. Los dos se fueron hacia la montaña de arena. Eso significaba cruzar la Bremen Road solos, algo que no tenían permitido hacer. No había vereda o ni siquiera una banquina decente de tierra o césped. Los automóviles pasaban a mucha velocidad por la sección larga de la calle. Los niños nunca habían desobedecido esta regla antes, pero el domingo a la mañana temprano, nadie circulaba rápido por Bremen Road.

Debido a que a Andy le gustaba correr, corría adelante de Mark una vez que cruzaron la calle. La madre había vuelto y estaba con los bebés. Roció a Andy, quién se puso a gritar y llorar. Mark se detuvo a suficiente distancia porque podía percibir el olor. El olor no se había desplazado mucho en el aire inmóvil de la mañana, pero era lo suficientemente poderoso que Mark se sintió como que también él había sido afectado.

Lloraban en voz alta mientras subían por el camino a la granja. El abuelo estaba afuera y usó la manguera para limpiar a los niños. Tenían suerte de que esta mañana a fines de agosto era cálida. Tenían que desvestirse antes de entrar a la casa. El abuelo iba a quemar toda la ropa, hasta las zapatillas.

La abuela envió a papá a comprar latas grandes de jugo de tomate. Los niños se tendrán que dar un baño en el jugo. Entonces la abuela preparó una mezcla casera que podían usar después del jugo de tomate. La observé mientras mezclaba peróxido de hidrógeno, bicarbonato de sodio y jabón para lavar los platos. Tenían que usarlo ni bien terminaran de frotarse todo el cuerpo con jugo de tomate.

Todavía tenían olor a zorrino, por lo que la abuela llamó a su hermana mayor, Winnie, que siempre parecía tener ideas sobre qué productos domésticos se podrían usar para solucionar diferentes problemas. Dijo que mezclaran vinagre de sidra de manzana con agua y que se sentaran en ella por un rato. La abuela y mamá hicieron eso y la frotaron especialmente en los cortes de pelo de los niños. Los enjuagaron después de diez minutos. Winnie había dicho que, si todavía tenían olor a zorrino, mezclar una botella de extracto de vainilla en un galón de agua y frotarlos con eso. Mamá y la abuela también cumplieron con este paso.

Papá no los retó ni les pegó. Dijo que el olor y lo que habían vivido era castigo suficiente. Pensé que el olor era un castigo para todos los que estábamos cerca de ellos. Todos nos sentimos muy miserables.

Las horas de visita y el funeral también nos iban a hacer sentir muy miserables. Esta situación no podría ser eliminada con un baño. Sabía que era posiblemente un sacrilegio culpar a Dios por esto, pero lo culpé igual.

Capítulo 12

Horas de visita y saltos mortales

Las horas de visita tendrían lugar dos días, el jueves y el viernes. Solamente una persona vino a la casa de los Clauss el jueves después de que Ray y Ed habían ido a la escuela y Ed se había ido a trabajar. El tío Sal vino para llevarnos a la funeraria. Sabíamos que él podía ayudar a papá a salir de la casa.

Escuché a mamá conversar con Lucille. Se preguntaba si papá iba a poder estar allí esas pocas horas. Había tomado todo el medicamento que el médico le había permitido. Los observaba cada día y me hacía enojar que se preocupara por él. Papá parecía no tener idea de que ella también sufría.

El tío Sal tenía un hijo y una hija. ¿Quedaría el tío Sal tan afectado si muriera uno de sus hijos? El tío Sal iba a la iglesia quizás una vez por año, por lo que, ¿me preguntaba si ser un cristiano activo que leía la Biblia y rezaba todos los días ayudaban a una persona más que no tener ningún hábito de cristiano activo?

Papá hablaba a menudo sobre querer ser un buen testigo cristiano para su familia. ¿Pensaba en todo eso mientras tomaba el medicamento que lo hacía existir como un zombi con el cejo fruncido? ¿Por qué se había deteriorado tanto? Dios no parecía responder a las oraciones de nadie sobre papá.

La funeraria tenía tres lugares para funerales y horas de llamada. Este jueves, solamente nuestra familia tenía horas de llamada. El ataúd estaba cerrado. Papá no quería estar sentado en la misma sala que él. Hasta que llegó la gente, se quedó en una de las otras salas vacías.

Mark y yo nos sentamos atrás en la sala en una alcoba que permitía que dos o tres personas se sentaran juntas. Teníamos una clara visión del ataúd de Andy. Estaba cubierto con un material que parecía brocado de raso blanco con bordados, pero sin tener un diseño específico. Muchas flores y plantas rodeaban al ataúd cerrado y el personal de la funeraria seguía trayendo más para poner alrededor del pequeño ataúd blanco.

—¿Lo van a abrir?

—¿Qué? —Miré a Mark. Había escuchado su pregunta, pero de ninguna manera iba a decirle lo que sabía sobre el cuerpo de Andy.

—¿Van a abrir el ataúd?

—No. No lo van a abrir. Mamá desea que la gente recuerde a Andy tal como la última vez que lo vieron.

Escuché a mamá conversar con la tía Beverly. No había parecido estar tan afectada desde el martes a la mañana cuando papá me había hecho la pregunta y ella había reaccionado «¡Pero Frank!».

Beverly se daba cuenta de que mamá estaba molesta. —¿Qué, Katherine? ¿Qué pasa? ¿Algo nuevo sobre el entierro?

—Tiene que estar cerrado, Beverly. El ataúd tiene que estar cerrado. No te lo dije, pero tuve que identificar a Andy en el hospital. Me dijeron que los padres tienen que identificar al niño. Frank no pudo. Ni siquiera dijo que no podía. Simplemente se sentó en el banco afuera de la sala donde guardan los cuerpos.

Por lo que tuve que entrar sola a la sala para ver el cuerpo de Andy. Lo que dijo el jefe de bomberos era verdad. Andy no murió por el incendio. Murió en la cama de arriba mientras estaba dormido por el humo, pero el fuego finalmente lo alcanzó.

Su pequeño cuerpo estaba... estaba... —Paró para respirar y luego siguió—. Su cuerpo parecía carbón, una escultura en carbón, en la posición que siempre tenía cuando estaba profundamente dormido. El brazo izquierdo sobre el cuerpo, el brazo derecho hacia atrás y arriba de la cabeza. La pierna izquierda recta, con los dedos mirando al techo, la pierna derecha flexionada de manera que su pie estaba plano hacia abajo y la rodilla hacia el techo. Estaba inmóvil en esa posición favorita pero quemado. Mamá lloraba y Bevy también.

Miré al pequeño ataúd para niños y a las flores y los bordados en el brocado de raso blanco. Llegaron otros miembros de la familia. Cuando Sal los trajo a la sala, se detuvieron, impactados por la visión del pequeño ataúd blanco. Abrazaron a mamá. Lloraban juntos y los unos sobre los otros. Mark se sentó más cerca mío mientras mirábamos a los adultos.

La tía Bevy me había dicho que los padres necesitan estar sentados o parados cerca del ataúd para saludar a cualquier persona que venía a las horas de visita. Sal iba a traer a papá para que estuviera cerca de mamá. El director de la funeraria los llevó a los lugares supuestos. Pensé que nadie sabía dónde sentarse o pararse en un funeral excepto cuando realmente tenían que ser la familia en uno.

—Mark, ¿quieres estar cerca de mamá y papá?
—¿Tengo que hacerlo?
—No.
—¿Podemos quedarnos aquí juntos?
—Seguro.

Así lo hicimos y la gente, después de saludar a mamá y papá, venía a conversar con nosotros, pero solamente por un momento. Los mayores no parecían saber qué decirnos. Algunos nos abrazaron, otros lloraban y algunos nos besaban. Solamente pocas personas se sentaron cerca nuestro y nos contaron algún recuerdo que tenían de Andy. La mayoría no dijo nada. Quizás nunca habían estado en horas de visita de un niño antes de venir a la de Andy.

Durante un minuto pensé, «Andy nunca estuvo en un funeral». Entonces recordé una oportunidad cuando había estado. Me pregunté si Mark lo recordaba.

—¡Escucha, Mark!
—¿Sí?
—¿Recuerdas el funeral de nuestras tortugas?

Cada uno de nosotros teníamos una y las hacíamos competir.

—Sí. Andy era el que más jugaba con ella.
—Murió.
—Sí y le hicimos un funeral.

Mamá nos dio una pequeña caja de regalo para usar como ataúd.

Lo cubrimos con papeles. Andy se aseguró que la tapa de la caja estaba bien apretada.

—Y lo enterramos en el patio.
—Andy puso la caja en el agujero.
—Sí y todos pusimos la tierra arriba de la caja hasta que el agujero estaba lleno. Yo la apisoné.

Gracia entrelazada

—Es verdad y luego recitamos el Salmo 23.
Mark hizo un gesto afirmativo y dijo:
—Y nos fuimos a jugar con nuestros G.I. Joe.
—Andy quería jugar.
—Aquí nadie quiere jugar a nada. —Mark parecía pálido. Suspiró y se apoyó levemente en mí. Pensé sobre Andy y con qué facilidad pasaba de enterrar a su mascota a jugar con juguetes. Mark no lograba esa transición de sentimientos con tanta rapidez.

Docenas de personas vinieron a las horas de visita del jueves, quizás cien. En la entrada había un atril con un libro en el que la gente podía firmar. Vimos a gente que no habíamos visitado en años.

Llegaron todos los hermanos y hermanas de papá y sus hijos. Los vimos firmar el libro de visitas y los vimos quedarse y conversar por horas. Beverly y Pauline se quedaron hasta el final. La gente de nuestra iglesia y los amigos de mamá y papá que tenían hijos se quedaron solamente un rato.

Todos los que vinieron tenían algo que contar sobre Andy. Los relatos ayudaron a mamá, pero menos a papá. En algunos momentos, se separó de mamá para sentarse lejos de todos.

Cuando la gente de la iglesia venía a las horas de visita, rezaban con mamá y papá. Mientras los amigos rezaban, papá se quedaba inmóvil, parado o sentado. Me pregunté si ahora podía rezar. Yo todavía no había rezado desde que le pedí a Dios que rescatara a Andy, pero a veces era automático que yo le preguntara algo a Dios. Y me detenía allí.

El tío Sal nos llevó a todos de regreso a la casa de Lucille y Ed. Cuando ayudó a papá a entrar, se quedaron en el porche conversando. Nosotros entramos a la casa, pero no escuchamos qué decían. Sal era el bebé de la familia de papá, pero sin duda ahora se comportaba como un hermano mayor.

Yo había descubierto algo más al escuchar las conversaciones durante las horas de visita. Pensé que Mark no lo había entendido, pero la gente comentaba sobre cómo era de inteligente tener dos funerales. Íbamos a tener el funeral aquí en Nueva Jersey, ya que la mayoría de la familia y los viejos amigos vivían aquí. Felicitaron a mamá por decidir tener otro funeral en Maine para todos los parientes que no podían venir a Nueva Jersey para el funeral.

Íbamos a tener dos funerales para Andy. Nunca había escuchado que alguien tuviera dos funerales, pero debe haber ocurrido si nuestra familia había decidido hacerlo. Nadie parecía sorprendido. Uno era este sábado, aquí en Elizabeth, Nueva Jersey, pero luego el cuerpo sería trasladado a Maine.

Íbamos a tener un funeral en la iglesia de la Asamblea de Dios en Thomaston. El director de la funeraria entonces transportaría el ataúd y las cenizas del cuerpo a Waldoboro. El entierro sería en el cementerio cerca de la vieja casa alemana de reunión, una iglesia protestante que podíamos ver desde la granja de la abuela y el abuelo.

El viaje y el transporte del ataúd probablemente hacía que el funeral fuera más costoso. Sabía que a mamá le preocupaban los gastos. Esa era otra conversación que papá se había perdido por dormir, pero yo había escuchado a mamá conversar con la tía Beverly.

—Beverly, no sé cómo vamos a pagar por todo esto. Son miles y teníamos un presupuesto estrecho antes de perderlo todo. Ni siquiera sabemos dónde vamos a vivir cuando volvamos de Maine. La familia de Frank ha hecho mucho y

Lucille y Ed han sido maravillosos, pero tenemos que planear algo diferente.

—Lo harás. Yo te ayudaré. Otros miembros de la familia ayudarán.

—Bevy, nadie sabe cuándo nos responderá el seguro. Quieren argumentar que la casa no es una pérdida total. Todavía no han enviado al tasador, pero nos dijeron que no es una pérdida total. ¿Cómo lo saben? Cualquier persona puede ver que nadie podría vivir allí.

—No lo saben. Posiblemente dicen eso a las personas que presentan una reclamación alta porque no quieren pagar el dinero. ¿Has ido a la casa?

—No. No he ido, pero...

—Katherine, están equivocados. Es una pérdida total. Voy a conversar con un agente de seguros que conozco para ver si tiene alguna sugerencia sobre cómo lograr todo el monto.

—Lamento ponerte en esta situación. Sabes que Frank apenas puede superar cada día. No sé si estará así por mucho tiempo o solamente mientras toma tranquilizantes.

—Se pondrá mejor. Todos estamos rezando por él. Entonces la tía Bevy rezó con mamá. Lo hacía todos los días antes de irse.

Un verano, la tía Winnie me había llevado a ver dónde tenía su familia lugares en un cementerio en la costa de Maine, Owl's Head, Spruce Head y Waldoboro. Cerca de la granja de la abuela y el abuelo en Waldoboro, apenas a un cuarto de milla de distancia estaba la iglesia protestante alemana, llamada un lugar de reunión, que fue construida en los 1600. Nadie en la familia de mamá había estado enterrado allí hasta después de la guerra civil norteamericana.

Ahora Andy sería enterrado en ese cementerio de

Waldoboro. La antigua parte macabra con árboles oscuros y llena de tumbas de trescientos y cuatrocientos años estaba justo al lado del lugar de reunión. Yo caminé entre ellas para leer nombres y recordatorios. Andy iba a estar bien lejos de ellas, en una colina alta y abierta.

¿Y el funeral? Escuché a Beverly decirle a Pauline que el segundo funeral sería en una semana en la pequeña iglesia de la Asamblea de Dios donde la abuela tocaba el piano los domingos. El abuelo la llevaba cada semana. Él no iba a los servicios, excepto si alguno tenía música especial. Yo ni siquiera sabía qué creía el abuelo sobre Dios y el cielo, pero iba a estar en el funeral de Andy en la iglesia.

Y cuando volviéramos a Nueva Jersey, ¿qué pasaría entonces? Nadie había dicho mucho sobre dónde íbamos a vivir o cuándo podíamos volver a la escuela. Había escuchado lo suficiente como para saber que volveríamos a algún lugar diferente a la casa de Lucille y Ed. No podíamos vivir con ellos para siempre.

Me estiré y abracé a Mark. Pocos momentos después, descansando sobre mí, se quedó dormido. Pensé sobre si dormía bien a la noche o si se despertaba buscando humo como yo.

***

Cuando me despertaba a la noche, me decía que era ridículo preocuparme sobre un incendio en la casa de los Clauss. Cuando estaba despierta, pensaba sobre Andy. A pesar de que me hacía enojar mucho, recordaba momentos cuando Andy me había hecho sonreír.

Mamá y papá a menudo visitaban a las personas ancianas de la iglesia. Los llamaban «encerradas», lo que

Gracia entrelazada

quería decir que no podían salir a hacer mandados ni ir a la iglesia ni nada. Cuidar a personas con necesidades y a las personas ancianas era muy importante en nuestra iglesia.

Yo prefería visitar a las personas encerradas con mamá. Su estilo parecía ser tranquilo y trataba de hacer que todos estuvieran contentos. Papá consideraba a las visitas como una responsabilidad de hacerle saber a las personas encerradas que no habían sido olvidadas. Trataba de darles apoyo con la palabra de Dios y al permitirles vernos a nosotros para mostrarles que éramos chicos buenos.

Si papá nos llevaba, él conversaba con la persona y nosotros nos teníamos que quedar sentados inmóviles, con las manos cruzadas hasta que nos decía que nos teníamos que parar. Entonces, nosotros recitábamos versículos de la Biblia que nos había hecho memorizar o cantar himnos o coros de la iglesia. Habíamos memorizado versículos de las Escrituras desde antes de ir a la escuela y sabíamos de memoria capítulos completos de la Biblia, junto con algunos versículos y una docena de canciones del himnario.

Cuando papá nos pedía que recitáramos o cantáramos algo, Mark se quejaba y cantaba en voz baja. Andy hablaba como que tenía un micrófono en la boca y cantaba en voz alta y fuera de tono. Yo hablaba con claridad, pero no con tanto volumen como Andy. Andy era el que hablaba con voz más alta en nuestra familia.

Si mamá nos llevaba a visitar a los ancianos, no era tanto un espectáculo. Teníamos que ser amigables, establecer conversaciones, contar algunas historias de la escuela, decir un chiste, responder preguntas y por sobre todo hablar en voz alta cuando hablábamos. Mamá nos explicó que muchas de las personas a quienes visitábamos no podían pagar el costo de buenos audífonos. Para hacernos entender la idea, solía bajar el volumen de uno de nuestros programas de televisión favoritos, nos hacía verlo por unos minutos y luego nos preguntaba cuánto lo habíamos disfrutado mientras no podíamos oír lo que decía la gente.

Un día fuimos a la casa de la Sra. R. Su casa estaba siempre bien ordenada porque alguien venía a hacer la limpieza, pero toda la casa tenía el olor como que nos habíamos caído en una pila de talco para bebé. Una vez Andy se lo dijo en voz alta a la Sra. R. Ella simplemente sonrió y dijo que el olor podría ser a cosas peores.

Mamá recordaba a Mark y Andy que contaba con que demostrarían su mejor conducta. Mientras nos guiaba por la escalera a la puerta del frente de la Sra. R., nos dijo:

—Pórtense bien y hablen en voz alta. Recuerden hablar en voz alta y con claridad. La Sra. R es casi completamente sorda.

Mamá tocó el timbre. Sonó tan alto como que indicaba la señal del fin del mundo. Cuando mamá empujó el botón por segunda vez, lo podíamos sentir desde nuestros oídos hasta los dedos del pie, a pesar de no estar parados cerca de la puerta. Escuchamos que la Sra. R tenía dificultad para abrir el cerrojo de la puerta. Había muchos cerrojos. Luego, esforzándose para mantener el equilibrio mientras se apoyaba en su andador, nos abrió la puerta.

—Adelante, adelante. Ha pasado demasiado tiempo desde que los he visto. Mi Dios. Ustedes niños han crecido tanto, especialmente los varones.

La Sra. R nos acompañó hasta su sala de estar. Se sentó en un sillón grande que yo sabía se llamaba un sillón orejero. Tenía color rosado que era igual al maquillaje que tenía en los cachetes. Su cabello blanco estaba peinado al estilo francés. Me pregunté cómo lo haría con brazos tan gruesos como los conos de la autopista y cubiertos por piel tan flácida. Tenía muñecas anchas y dedos inflamados.

Mamá se sentó en el extremo de un sofá. Su simple vestido azul marino y blanco se destacaba en el sofá cubierto con tela con flores. En la casa de la Sra. R había flores en casi todo, hasta en las pantallas de las lámparas. Me senté al lado de mamá. Mark se sentó al lado mío. El sofá estaba todo ocupado, por lo que Andy se apoyó en el extremo.

—Puedo hacer saltos mortales —anunció Andy con una frase que parecía haber gritado.

—Bueno, Andy. Me encantaría ver tus saltos mortales. —La Sra. R le sonrió.

Andy miró a mamá, y ella hizo un gesto de aprobación. Fue a la pequeña entrada hasta que solamente la puerta del frente estaba a sus espaldas. Claramente, tenía la intención de hacer un salto mortal hacia la Sra. R. Con una sonrisa y un movimiento hacia adelante, comenzó sus saltos mortales hacia la Sra. R.

En el primer movimiento, justo cuando sus nalgas miraban al techo, se escuchó un pedo. Una rápida serie de varios pedos surgieron con cada movimiento. Mamá suspiró.

Mark y yo miramos desde Andy a la Sra. R. Ella sonría con calma y miraba a Andy. No se reía ni parecía sorprendida. Nos dimos cuenta de que no había escuchado los estallidos del gas.

Andy siguió saltando y los escapes de gas lo siguieron por toda la habitación. Mark y yo miramos a mamá para ver si podíamos sonreír, pero ella movió la cabeza para indicar que no. Me sentí que podía explotar, pero de alguna manera Mark y yo pudimos mantener una sonrisa respetuosa. Andy se río ante los ruidos que hizo, pero siguió saltando hasta llegar a las rodillas de la Sra. R.

Ella se movió hacia adelante y puso sus manos en los hombros de Andy mientras se sentaba más erguida. —Eso fue maravilloso, Andy.

Por unos pocos momentos antes de volver a quedarme dormida, Andy me hizo sonreír otra vez.

***

Lecciones aprendidas después: Las necesidades de los niños después del trauma
A los doce años, sentí curiosidad y preocupación sobre lo que papá haría y diría. Me molestó que no se hubiera comportado para nada como el padre que tenía antes del incendio. Esperé que volviera a aparecer ese papá.

Estaba a años de aprender que, después de un trauma, los niños necesitan padres y cuidadores que les brinden cariño, respeto y seguridad. Sin ese apoyo de estos adultos cruciales, los niños internalizan conductas y sentimientos negativos como miedo, aislamiento, ansiedad, apatía y depresión.

Después de eventos traumáticos, ayuda a los niños a tener rutinas familiares, pero eso no ocurrió en nuestro caso a pesar de que familiares y amigos nos brindaron ayuda. Conversar sobre el evento traumático o sobre los sentimientos de uno durante y desde el evento también apoya la habilidad de un niño de superar sus emociones. Una persona que se relaciona como un apoyo estable puede reasegurar al niño y ayudarlo a sentirse valorado y creído. Una conversación cariñosa también brindará oportunidades para pensar juntos sobre maneras de enfrentar los miedos y las emociones.

Capítulo 13

Relojes de cumpleaños

El viernes no pareció ser un día que incluyera muchas sonrisas. Mamá y papá habían recibido la notificación de que podían ir a la casa de Magie Avenue y buscar cualquier cosa que pudieran salvar. Papá no quiso ir. Tomó su medicamento y durmió. Lucille dijo que ella me cuidaría a mí y a Mark, pero yo dije que quería ir con mamá y ayudar.

Mamá me permitió que la acompañara. Yo sabía que ella no quería ir a la casa destruida sola. No debería tener que hacerlo. Yo no supe por qué no le pidió a la tía Bevy, Pauline o a otra persona que la acompañe. La casa iba a ser un terrible desastre.

Lucille le dio a mamá una caja de madera antigua y una bolsa de lona y un par de bolsas para la basura grandes y nos fuimos en nuestro automóvil. Al ver la pequeña cantidad de recipientes, sabía que Lucille no esperaba que pudiéramos encontrar mucho que valiera la pena guardar.

Los arbustos alrededor del porche del frente estaban

rotos y destruidos. En la base de la escalera del porche había caballetes amarillos y naranjas con carteles que decían NO PASAR. Mamá los miró y dijo:
—Vamos a usar la puerta del costado.
También había un caballete con cartel en los escalones de la puerta del costado, pero mamá decidió ignorarlos. No tuvo que destrabar la puerta. El vidrio de las ventanas había desaparecido, pero cuando giró la perilla, se abrió. Al mirar a la izquierda podíamos ver que todavía había mucha agua en el sótano.

Mamá giró a la derecha y subió los escalones hacia la cocina. No había techo sobre el lugar donde teníamos la mesa y sillas de la cocina. Podía ver partes del piso del baño, las tuberías y pedazos del piso de mi dormitorio. Espacios y agujeros con bordes irregulares parecían desparramados en las estructuras que estaban arriba de nuestras cabezas. Sobre el viejo lugar donde comíamos en la cocina, secciones negras de la pared de atrás todavía estaban, pero las ventanas habían desaparecido.

Mamá giró a la derecha, hacia el fregadero donde lavábamos los platos. Una vez mamá le había preguntado a papá sobre comprar un lavaplatos. Yo pensé que sería bárbaro para nosotros. Papá se había reído y dijo:
—Ya te conseguí tres lavaplatos.

Ahora mamá miró hacia arriba por encima de la gran ventana rectangular sobre el fregadero. Pensé si recordaba la respuesta de papá sobre el lavaplatos. Casi nunca pedía nada para la casa. ¿Qué podría pensar mientras miraba este desastre?

La ventana había desaparecido pero el reloj con forma de un gato que había comprado cuando nos mudamos a la casa todavía estaba colgado arriba de la ventana desaparecida. A

Gracia entrelazada

mamá le encantaban los gatos. Siempre había tenido un gato como mascota cuando era niña. Todavía le gustaban los gatos, y el reloj de pared con el péndulo con el gato negro de nuestra cocina le indicaba a la gente lo que ella disfrutaba.

El gato negro parecía elegante visto desde atrás de la cabeza, cuello, hombros, cuerpo sentado y cola. La gente veía su espalda. La cabeza del gato, apenas inclinada hacia el costado, mostraba el perfil y un ojo atraía a la gente a ver la hora. La larga cola negra del gato enroscada hacia arriba tenía una punta blanca en el extremo. Unas manecillas blancas de la hora, los minutos y los segundos estaban en el medio de la espalda negra del gato. Los números y pequeñas líneas que marcaban los minutos también eran blancos.

Mis amigos pensaban que el reloj con forma de gato demostraba que mis padres tenían buenas personalidades. Yo sabía que la única razón por la que teníamos el reloj era que a mamá le encantaban los gatos y papá amaba a mamá. Él nunca hubiera elegido un reloj con un gato por su cuenta. A él le gustaban relojes simples y prácticos.

Ahora no se movían ninguna de las manecillas del reloj con forma de gato. El reloj indicaba la hora cuando se había cortado la electricidad el lunes a la noche. Mamá miró al reloj. Yo pensé que estaba más pálida que cuando había entrado a la cocina.

—¿A esa hora se cortó la luz? —preguntó mirando al reloj.

—Sí.

—Dijiste que se había apagado todo al mismo tiempo.

—Sí.

—¿Mientras subías al piso de arriba?

—Sí. —Mamá obviamente me había escuchado y recordaba todo lo que les había dicho a los miembros del cuartel de bomberos, a pesar de que había tomado el mismo medicamento que papá.

—Sube —dijo indicando la mesada al lado del fregadero. Me subí a la mesada con un poco de ayuda de su parte. Pude ver que ella se estiraba hacia la izquierda para desenchufar el reloj.

—Agarra el reloj con mucho cuidado.

—Probablemente ya no funcione.

—Solamente agárralo y pásamelo.

Levanté el reloj del gancho y se lo pasé a mamá. Ella lo agarró, dobló el cordón y se fue hacia la habitación cerca de la cocina que debería haber sido un comedor pero que ella y papá habían convertido en su dormitorio. Abrazó el reloj. Yo la seguí.

La sala tenía grandes daños del incendio, el humo, las hachas de los bomberos y el agua. Mamá agarró el reloj con forma de gato e indicó su alhajero en el largo buró al estilo francés. A mamá le gustaban los estilos franceses. Ella no tenía una joya de mucho valor, pero yo levanté el alhajero.

Ella agarró el reloj con forma de gato con la mano izquierda y abrió el alhajero con la mano derecha. Noté que el alhajero era blanco y dorado. De algún modo, me recordaba el ataúd de Andy. Su ataúd no tenía nada dorado, pero la caja blanca fue suficiente para recordarlo.

Mamá abrió el alhajero. Sacó la pulsera con las piedras grandes y coloridas que Andy le había regalado para el Día de la Madre. No la había usado cuando fue a la reunión del lunes a la noche. Ahora se la puso. Pensé si lo había pensado desde el lunes. Me pregunté si alguna vez se la sacaría.

—Puedes poner el alhajero en la bolsa. —Había otros anillos y un par de collares en el alhajero, además de un pequeño sobre. Yo no sabía que tenía el sobre. La voz de

Gracia entrelazada

mamá parecía entrecortada mientras inspeccionaba la habitación. En la pared opuesta había una cómoda del mismo estilo francés. En el medio había un reloj que tenía un pie de alto. Este reloj tenía tres patas curvas y parecía como el reloj que aparecía en el cuento infantil *Beauty and the Beast*. El reloj estilo francés tenía un simple frente blanco rodeado por imitación de oro ondulado y rizado. Las horas, los minutos, los números y las líneas que indicaban los minutos eran delgadas y negras. La manecilla más delgada que mostraba los segundos parecía una delgada aguja color rojo.

Mamá miró la cómoda y el reloj. Las fotos enmarcadas habían estado al otro lado del reloj, pero ahora estaban en el piso, rotas en pedazos. La gran pintura de lilas que estaba colgada en el medio de la pared del dormitorio entre las ventanas también estaba en el piso. Caminé a su alrededor para poder ver el daño y las roturas.

Cuando mamá me entregó el reloj con forma de gato, me dijo:

—Esto va en la caja. Ten mucho cuidado. —Entonces se acercó a la cómoda y agarró el reloj que ya no funcionaba. Miró que ya no funcionaba y entonces me miró a mí. Esperé.

Parecía que quería decir algo, pero no dijo nada. Quizás no podía. Algo relacionado con el reloj la molestaba. Tiró del cordón que estaba atrás de la cómoda hacia el tomacorriente y levantó el reloj. Lo abrazó.

Entonces fuimos al espacio abierto donde habían estado las puertas plegadizas. En la esquina del dormitorio en la pared que daba a la cocina, miró el cesto de plástico que siempre tenía allí. Ese cesto tenía ropa que necesitaba reparaciones o lavado. Ella no cosía a menudo, pero lavaba la ropa dos veces por semana. Ahora agarró el cesto y removió toda la ropa.

—Virginia, estas cosas también van todas en la bolsa. —Yo las agarré. Vi que era la ropa de Andy: un suéter que una señora de la iglesia le había tejido y que tenía un agujero en el puño, un par de pantalones azul marino de Andy con un agujero en la rodilla, una remera con G.I. Joe, una camisa azul y blanca, y un pantalón de baño con rayas azules, rojas y blancas que necesitaba un nuevo elástico. Puse todo en la bolsa. Mamá seguía adelante y no me miraba.

Yo la seguí hacia la sala de estar. La imagen de los muebles arruinados me causó un dolor de cabeza. Todas las salas tenían un horrible olor y sentí la tensión en el pecho. Comencé a respirar profundamente, pero cambié de idea.

Mamá y yo miramos al televisor y las mesas rotas, el sofá destruido y empapado, el fonógrafo y las sillas y la alfombra. Había dos bibliotecas con libros debajo de las dos ventanas rotas al frente de la casa. La biblioteca más cercana a la esquina tenía un reloj.

La abuela y el abuelo le habían regalado ese viejo reloj, una antigüedad, a mamá y papá. Estaba en un marco de madera oscura sencilla y curva. La cara, un círculo blanco, tenía tres manecillas, las manecillas negras de la hora y los minutos y una que parecía una delgada línea de latón para los segundos. Los padres de la abuela le daban cuerda a ese reloj todos los días. Luego el abuelo lo modificó para que funcionara con electricidad.

En cámara lenta, mamá caminó hacia la biblioteca. Yo podía ver que estaba concentrada totalmente en el reloj. Otro reloj que no funcionaba había llamado su atención. ¿Por qué miraba tanto a estos relojes arruinados?

Puso la mano arriba de la parte curva de madera de arriba que encerraba al reloj. Entonces se dio vuelta y me miró. —Son todos iguales.

Gracia entrelazada

—¿Qué? ¿Los relojes parados?
—Sí. Son todos iguales. Lleva esto. —Me entregó el reloj de su dormitorio y entonces miró con toda su atención al viejo reloj que el abuelo había modificado.

Sentí miedo. ¿Estaba mamá perdiendo el sentido? Los relojes no tenían nada en común en su aspecto excepto que eran relojes. Se habían parado y estaban todos arruinados.

Incluso cuando funcionaban, nunca indicaban la misma hora. Eso hacía enojar a papá. Él quería que los relojes indicaran la misma hora y la hora correcta. Estos tres relojes nunca lo lograron.

El reloj de la cocina usualmente estaba más adelantado que el del dormitorio de nuestros padres. El lujoso reloj del dormitorio se atrasaba minutos cada semana. La última vez que nos fijamos, se atrasaba casi dos minutos por día. A papá le preocupaba llegar tarde a su trabajo si tenía que depender de dicho reloj. Este reloj de la sala de estar siempre estaba de acuerdo con la hora de la televisión y la radio.

Yo sabía sobre las distintas velocidades y las distintas horas de los relojes. También lo sabía mamá. Me miró y debe haber podido darse cuenta de que yo no la entendí. Repitió

—Virginia, todos indican la misma hora.

Todos se pararon cuando se cortó la electricidad. Eso es lo que dijeron los bomberos.

Repitió:

—Virginia, todos indican la misma hora. Míralos.

Moví la bolsa de lona para poder ver al reloj con forma de gato negro: 10:18:57. Miré al lujoso reloj estilo francés que tenía en la mano: 10:18:57. Miré al viejo reloj de la abuela y el abuelo: 10:18:57. ¿Cómo podía haber ocurrido esto? Estos tres relojes nunca indicaban la misma hora.

Deberían indicar horas diferentes cuando se cortó la electricidad.

—Virginia, pienso que es un mensaje de Dios.

—¿De Dios?

—Sí. Andy nació el 18 de octubre de 1957.

Se quedó mirándome, esperando que yo entendiera lo increíble que eran estos relojes que indicaban la fecha del nacimiento de Andy y cómo la hacían sentir. Miré a todos los relojes de nuevo y entonces a ella. Parecía tener paz. Tenía una verdadera sonrisa en la cara.

Miré de nuevo a todos los relojes parados a las 10:18:57, la fecha exacta del nacimiento de Andy. Dado que otra persona podía ver a este grupo de relojes con la misma hora, mamá no lo estaba imaginando. Tenía que ser un mensaje. Mamá probablemente se sintió aliviada. No estaba imaginando este raro grupo de relojes con la misma hora. Todos habían perdido la electricidad en el mismo momento.

—Virginia, creo que Dios me está demostrando que Andy murió a esta hora, justo cuando se cortó la electricidad. Pienso que Dios sabía que yo necesitaba saber que Él es parte de todo esto. Él no quiere que suframos, y Él me recuerda que Él estaba aquí. Se llevó a Andy en un instante. Andy se fue a dormir en esta casa y se despertó en el cielo. No sintió ningún dolor. El Señor nos ayudará a superar todo esto. Dios hizo esto con los relojes para consolarme y lo logra. Lo logra.

La sonrisa de mamá se convirtió en lágrimas. Yo podía ver que no eran lágrimas de tristeza. Desenchufó el reloj más antiguo y lo abrazó.

No fuimos a la planta alta. Mamá tampoco miró el armario de la sala de adelante. Nos llevamos los tres relojes,

Gracia entrelazada

el alhajero, la ropa del cesto de plástico y la pulsera de Andy a la casa de Lucille y Ed.

Lo que mamá me dijo tenía sentido. Yo podía entender cómo los relojes le ayudaban a consolarse. Recibir un mensaje de Dios, la fecha del nacimiento de Andy tres veces en relojes parados que estaban todos enchufados a la electricidad de la casa pero que nunca habían indicado la misma hora realmente parecía increíble.

¿Contaba cómo un milagro? ¿Dirían algunos que era simplemente una coincidencia? ¿Quién más pensaría que estas horas iguales eran realmente un mensaje de Dios?

Mamá le iba a contar a todos sobre los relojes. Yo iba a esperar y ver quién creía que Dios le había enviado una señal de Su ayuda y consuelo a través de los relojes. Si alguien creía que la misma hora en los tres diferentes relojes parados era algo así como un milagro, quizás creerían lo que Mark y yo podríamos contar sobre el muchacho joven que nos ayudó.

Mamá puso los relojes en la mesada de la cocina de Lucille. Lucille estaba impresionada y dijo:

—Katherine, esto no puede ser un accidente, una coincidencia. Debe significar consuelo para ti. ¡Creo que es un milagro! Se abrazaron y lloraron juntas.

—¿Frank está arriba? —preguntó mamá y Lucille asintió—. Le voy a pedir que baje y vea esto.

Lucille no dijo nada. Las dos miramos a mamá que salía de la habitación para ir arriba con más energía de la que había demostrado toda la semana. Si los relojes eran un milagro, quizás la noticia de la misma hora en ellos lograría que papá volviera a recuperar el sentido.

Después de media hora, mamá volvió; tenía otra vestimenta. Tenía el mismo conjunto que había tenido el jueves durante las horas de visita. Mamá no mencionó a papá. No había perdido la imagen de paz que le habían devuelto los relojes, pero no dijo nada sobre la reacción de papá sobre los relojes que todos mostraban la fecha de nacimiento de Andy.

Pensé que papá seguía siendo la persona extraña en silencio. Si los relojes eran un milagro, no lo habían impresionado. ¿Lo ayudaría algo?

Capítulo 14

Pulsera del día de la madre, sin garantía de horas

Mamá usó la pulsera de Andy durante las horas de visita del viernes. Miré a esa pulsera en su muñeca mientras ella estaba parada en la línea saludando a las personas y encontré difícil de creer que hace unos pocos días habíamos disfrutado un hermoso día de la madre. Papá nos ayudó a llevarle el desayuno a la cama.

Después de que comiera el desayuno que le habíamos preparado le entregamos los regalos. Papá le regaló un hermoso suéter suave de color lila, su flor favorita. El suéter era de cachemira. Yo no sabía qué era la cachemira, pero podía ver que el regalo de papá la había hecho sonreír, y lo agradeció con esa mirada especial.

Mark y yo le regalamos una botella de su fragancia favorita, *Arpège*. Mark había ahorrado tres dólares para el regalo y yo pagué el resto ya que tenía dinero de mi trabajo de niñera y los regalos que mi tocaya, la tía Virginia, me había enviado por correo.

Andy le regaló a mamá una pulsera con rectángulos

macizos de diferentes colores de vidrio. Yo no pude resistir contarle a mamá cómo Andy había pagado esa pulsera.

—¿Conoces esa pequeña tienda cerca de Acme?

—Sí.

—Fuimos la semana pasada. Mark y Andy se habían detenido para mirar la vidriera.

—Todo siempre parece alborotado en la vidriera de esa tienda.

—Sí. Había todo tipo de cosas juntas, ardillas de peluche, guantes, un bastón, platos, jarrones, ceniceros y joyas. Andy miró y dijo:

—Quiero esa pulsera para mamá para el día de la madre.

Todos miramos lo que había llamado su atención. La pulsera estaba sobre un paño oscuro. Las joyas ficticias brillaban lo suficiente como para atraer los ojos de un niño o un cuervo. Nada en la vidriera tenía precio. Se lo advertí a Andy.

—Eso probablemente cueste mucho más de lo que tienes, Andy.

—Tengo un dólar y ochenta y tres centavos.

—Creo que va a costar más que eso.

—¿Podemos entrar y preguntar?

Un timbre sonó cuando entramos a la tienda. Mamá lo recordaba.

—Sí, recuerdo que era un timbre, pero casi sonaba como campanadas.

—El anciano del fondo de la tienda, el que usa anteojos que parecen el fondo de jarros, ¿lo recuerdas? ¿Crees que es el dueño?

—Sí. Hablé con él una vez y sus anteojos son realmente espesos.

—Nos dijo —hola, bienvenidos. ¿En qué puedo ayudarles?

—Su voz parecía una tuba —agregó Mark.

Andy dijo:

—Quiero comprar la pulsera en la vidriera para mi mamá.

—Se la quiere regalar para el día de la madre —explicó Mark.

—¿Esa grande con las piedras de diferentes colores? —preguntó el señor mientras salía de atrás del mostrador. Puso una mano en el hombro de cada niño y fue con ellos hacia el frente de la tienda y la vidriera. El señor usó las dos manos para levantar la pulsera y cuando se dio vuelta hacia los niños, la agarró como que era un tesoro. Colgando, con la luz del sol de la tarde brillaba mucho.

Andy explicó:

—Tengo un dólar y ochenta y tres centavos.

—El señor caminó hacia donde yo estaba parada en el mostrador. Giró hacia Andy y dijo:

—¿En serio? ¿un dólar y ochenta y tres centavos?

—Sí. Le dije que sí. —Andy sonrió a mamá. Disfrutaba contar su búsqueda y su compra.

—¿Sabes lo que dijo el señor? —le pregunté a mamá.

Dijo que no con la cabeza.

—Dijo, «¿un dólar y ochenta y tres centavos? Eso es increíble. Es el precio exacto de esta pulsera».

Andy se inclinó para recibir un abrazo de mamá. Luego cada uno de nosotros recibimos uno. Después de eso, era hora de prepararse para la escuela dominical, luego el servicio y luego para ir a almorzar a la casa de la abuela Riposta.

Todos mis felices recuerdos del día de la madre desaparecieron cuando la abuela entró a la sala del brazo del tío Sammy. Él la llevó para que se parara al frente del pequeño ataúd blanco. La abuela se agarró apretadamente del tío Sammy y lloró. Era difícil de observar, pero no tanto como la próxima persona que estaba en la línea y comenzó a llorar.

Había llegado la maestra de Andy. Mamá y papá habían hablado sobre ella porque Andy la quería mucho. Una vez durante la cena nos dijo que se iba a casar con ella cuando fuera grande. Yo me reí. Mark parecía confundido. Mamá me hizo callar.

Papá dijo:

—Eso es lo que piensas ahora, pero te vas a enamorar de alguien de tu propia edad.

La mayoría de las personas durante las horas de visita parecían como oscuros días de invierno. Por las ventanas de la funeraria, podía ver los brotes de mayo en los árboles y las flores en los jardines. Andy dijo que su maestra era hermosa, se había sentido impactado por ella desde el primer día del segundo grado.

Yo la había visto cuando me senté con mis padres a ver a mis hermanos en las presentaciones musicales y teatrales de la escuela. La Srta. M trabajaba con eficiencia para tener un aula organizada, pero tenía una actitud divertida y usualmente se parecía a una modelo.

En el funeral no parecía tan hermosa. Su vestido era común y tan negro como las alas de un cuervo. La Srta. M. tenía un pañuelo con borde tejido en una mano que había arrugado y soltado. Caminó hacia donde estaban mamá y papá como hacia una guillotina.

Su cabello estaba atado atrás como cola de caballo y no creo que tuviera maquillaje o había desaparecido por el llanto. Su cara estaba inflamada alrededor de los ojos y la

Gracia entrelazada

nariz como cuando la gente llora tanto que duele. Lloraba suavemente en la línea que se había formado; las personas se tomaron el turno como en una línea de ensamblaje, caminando hacia adelante para dar el pésame a la tía Beverly y a mis padres.

La maestra de Andy fue la primera persona que no era de la familia que había llegado llorando tanto mientras estaba en la línea que casi no podía hablar. Mi padre estaba parado como una estatua romana con un traje oscuro, camisa blanca, corbata oscura y zapatos negros lustrados. Sus hermanos y hermanas se aseguraron de que él y mamá tuvieran buenas vestimentas oscuras para la semana del funeral.

Papá era la última persona con la que hablaba la gente en la línea de familiares. Él lo quería así. Yo había escuchado a mamá decirle a Beverly que papá esperaba que para cuando las visitas llegaran a él, simplemente abandonaran la línea o le tocaran el brazo o le dieran la mano sin hablarle. Pensé cuántas personas sabían que había tomado muchos medicamentos para poder estar parado allí tan calmo.

Beverly era la primera en la línea porque era la tía mayor y de quién mamá más dependía. Los hermanos y hermanas de papá, con sus cónyuges y niños, llenaron una sección de sillas en cada una de las horas de visita. Vinieron todos sus amigos y se quedaron un largo rato. Abrazaban, lloraban y conversaban tranquilamente.

Mamá era la segunda en la línea y yo sabía que había tomado medicamentos para calmarse antes de venir a la funeraria. Aparecieron algunas lágrimas en las mejillas de mamá cuando la gente le hablaba. Tenía un par de pañuelos en los bolsillos en cada cadera del vestido que se había puesto. Durante las horas, cambiaba el bolsillo del que sacaba un pañuelo.

El vestido azul oscuro que usó mostraba su figura delgada. El vestido tenía un cinturón de cuero. Solamente el cinturón, los zapatos y las lágrimas en la cara eran brillantes. Mamá usualmente no usaba joyas ni maquillaje, pero tenía un hermoso reloj. Lo había usado la noche del incendio. Eso brillaba, igual que la pulsera que Andy le había regalado para el día de la madre. No se la había sacado desde que la sacó del alhajero.

—Srta. M. —dijo mamá— gracias por venir. Andy le amaba.

—Andy era.... Nunca me imaginé que muriera uno de mis estudiantes. Son mucho más jóvenes que yo, que todos los que trabajan en la escuela. Comenzó a llorar desconsoladamente. Apareció rápidamente su pañuelo, empapado, inútil. Habló entre las lágrimas.

—Me he preguntado cada día si le hice perder a Andy el tiempo que tenía. Me pregunto si le brindé lo mejor. ¿Lo ayudé lo suficiente mientras estuvo en mi clase? Siempre pensé que mis estudiantes tenían mucho tiempo por delante.

Se acercó más cerca de mi madre. Su voz entrecortada era lo suficientemente alta como para que todos la escucharan. —Me sigo preguntando, ¿hice lo suficiente para que los días de Andy fueran buenos? Todas esas horas que lo tuve en clase, ¿fueron buenas horas? —Lloraba con tanta intensidad que su cuerpo temblaba.

Mamá abrazó a la Srta. M, y luego la apartó para mirarla en la cara. Esa cara atractiva que ahora estaba inflamada por tanto llorar y una nariz que se descargaba. Mamá la miró y le dijo:

—Andy le amaba. Le encantaba ir a la escuela. Disfrutó todos los días con usted.

Beverly le tocó la espalda a la Srta. M. lo que hizo que

Gracia entrelazada

siguiera hacia mi padre. Tomó su mano para estrecharla y parecía como que iba a decir algo, pero comenzó a llorar de nuevo y no pudo decir nada. Él sacó sus manos de las de ella y miró sobre su cabeza como buscando algo que no estaba. La Srta. M. se apartó y lentamente se acercó hasta quedar parada al frente del pequeño ataúd blanco.

Lloró al frente del ataúd de Andy durante minutos. Entonces, se dio vuelta y se fue de la sala con rapidez. Yo no podía asegurar que iba a volver al funeral.

Mark se me acercó. —La Srta. M. estaba realmente triste.

—Sí.

—Está triste por Andy.

—Sí. Se siente mal.

—¿Porque lo extraña?

—Sí. —Seguí estando de acuerdo con las ideas de Mark. No podía explicarle que tener un estudiante de siete años muerto había hecho pensar a la Srta. M. sobre su trabajo, sobre usar las horas de la vida de una persona. Me imaginé cuántos maestros pasarían sus días de manera diferente si miraban a sus estudiantes y pensaban que cada día podía ser el último. Cualquiera podía morir antes del fin del año escolar o el fin del mes, la semana, el día o la noche.

Las horas usadas de cualquiera no se podían recuperar. ¿Cuántos maestros pensaban sobre eso? La abuela había sido maestra. Le iba a preguntar si alguna vez pensó sobre la muerte de uno de sus estudiantes.

Que Mark o Andy podían morir tampoco se me había ocurrido a mí. Eran una pequeña molestia, mis hermanos menores, eso era todo. ¿Había tenido Andy buenos pensamientos sobre mí antes de quedarse dormido? Yo recordaba que le había gritado en voz alta el lunes a la noche. «Quédate en silencio. Duérmete. Deja de ser un mocoso». Mis palabras corrían en círculo por mi mente. Lo último que había escuchado de mí fueron palabras dichas en un momento de enojo y provocación.

La mayoría de las personas se sentaron o conversaron entre ellas después de hablar con mamá y papá. Todos se quedaron durante períodos diferentes de tiempo para ver el ataúd. Algunas personas parecían mirar detalladamente las tarjetas y cintas que acompañaban a las flores. Yo lo había hecho antes de que llegaran todos.

Mark había estado sentado con el tío Joe y la tía Mary, el tío Jerry y la tía Nora. Desde mi asiento, podía ver a todos en la sala: tías, tíos, primos, vecinos, gente de la iglesia. Mark caminó entre y alrededor de ellos mientras se acercó y sentó al lado mío. Estábamos casi en el mismo lugar donde habíamos estado el jueves a la noche.

Igual que el jueves, se apoyó en mí. Incluso con tantas visitas esta noche, la gente conversaba en grupos a nuestro alrededor, Mark nuevamente se quedó dormido recostado sobre mí. Hubiera deseado poder quedarme dormida con tanta facilidad como él, y me preguntaba si mamá y papá alguna vez podrían dormir de nuevo sin tomar medicamentos.

Capítulo 15

Consuelo y un funeral

Ya habíamos recibido tarjeas de condolencia. Algunas habían sido entregadas personalmente el martes, 11 de mayo. Una tarjeta llegó de la escuela primaria de Mark y Andy firmada por todo el personal y maestros. Luego, Lucille le entregó a mamá un sobre tamaño carta grande. El papel tenía membrete, Township of Union Schools, Kawameeh Junior High School, Principal John R. Berrian, Administrative Assistant, John M. Leese. Esta tarjeta grande era de mi escuela.

La nota firmada por la asesora del consejo estudiantil, Nicholas Wellner, en nombre de todos en Kawameeh, expresaba un profundo pésame a nuestra familia debido a la tragedia. Los estudiantes, maestros, administración, empleados de la cafetería, personal de limpieza y secretarias nos hicieron llegar un cheque para ayudarnos en estas circunstancias. Mamá tenía la nota en una mano y el cheque en la otra, por más de $2,000.

Eso era mucho dinero para nosotros y las caras de los estudiantes, personal y maestros corrieron por mi mente. Me gustaban casi todos mis maestros, hasta la aparentemente desequilibrada maestra de matemáticas, la Srta. Murphy. Se había teñido el pelo verde el Día de San Patricio y le ponía una nota de A para el año a cualquiera que pudiera cantar una canción irlandesa desde el principio hasta el final. Un estudiante, Paul, cantó «Oh Danny Boy» (Oh Danny muchacho). Tenía buena voz y cantó todos los versos. La Srta. Murphy lloró y Paul se sacó una A por el año.

Mi maestra de francés tenía un nombre que sonaba extranjero, Henrietta. Era la única maestra o miembro del personal que no me gustaba. Daba una prueba todos los lunes y quitaba puntos por las respuestas equivocadas, pero parecía hacerlo de manera diferente dependiendo de si le gustaba un estudiante. Mi mejor amiga y yo le habíamos mostrado nuestras pruebas con los mismos errores y dos notas diferentes. Ella dijo que mi amiga se esforzaba más y no cambió ninguna nota.

En Kawameeh, como otras escuelas medias, las peleas ocurrían hasta entre niñas. Había una mujer mayor que había sido contratada para sentarse en una silla plegable en el baño de las mujeres todos los días. Usaba un uniforme y su tarea era asegurarse de que nadie peleara o fumara o vendiera drogas en el baño.

Pensé sobre la escuela y cómo alguien había organizado una colecta para mi familia. La tarjeta estaba firmada solamente por una persona, pero era en nombre de todos. Nunca íbamos a enterarnos sobre todos los que contribuyeron. Quizás Henrietta había contribuido algo a la colecta para mi familia. No había apreciado lo suficiente a todos en mi estadía en Kawameeh. Al volver a la escuela, necesitaba mejorar eso.

Recibir dicho regalo nos recordó que mucha gente sabía

Gracia entrelazada

de nuestro problema y querían ayudarnos. Todos en mi familia decían que era cuidado y consuelo de Dios, pero quizás algunas de las personas que contribuyeron dinero ni siquiera creían en Dios. Tuve dificultades para quedarme dormida porque mi mente estaba llena de dudas, culpa, enojo y miedo.

* * *

Cuando me desperté temprano el sábado 15 de mayo, me quedé un rato en el sofá en el estudio de Ed. Solamente nos quedaba un día más en la casa de Lucille y Ed. Temprano el domingo por la mañana, saldríamos hacia Maine. El segundo funeral no tendría lugar hasta el próximo fin de semana.

Los hijos de Lucille y Ed habían ido a la escuela y a sus tres actividades durante la semana, pero hoy la lamentable situación de nuestra familia también sería la de ellos. Lucille y Ed planeaban llevarlos al funeral. Yo sabía que muchos de mis tíos no iban a traer a sus niños más pequeños. No sabían cómo explicarles la muerte y no querían hablar sobre la muerte de un niño. Los escuché decir tal cosa entre ellos en las horas de visita.

El funeral sería tan largo como el servicio del domingo, un par de horas. En la iglesia a la que concurría la familia Clauss, la gente entraba y salía del servicio en una hora o menos. En nuestra iglesia la gente llegaba antes de tiempo, cantaban un largo rato antes de la lectura de las Escrituras, el sermón, la oración y muchas más canciones antes de partir por lo menos dos horas y media después.

Ningún servicio era predecible en cuanto a tiempo o contenido en nuestra iglesia porque nadie sabía lo que el Espíritu haría que la gente haga, diga o cante. También había gente especialmente llena del Espíritu, como la hermana Dickerson, una mujer que tenía más de setenta años. La hermana Dickerson a menudo sentía que el Espíritu la llevaba a expresarse y alabar al Señor. Había querido a Andy y había sido una de las voces más altas que recitaba «Amén» cuando Andy había caminado hacia el altar.

Me imaginé que Lucille y Ed y sus hijos nunca habían visto tal cosa como gente parada y gritando en la iglesia. La familia de papá ciertamente nunca vio tales cosas en sus iglesias católicas. Se sentirían alarmados y ofendidos si la hermana Dickerson o alguna otra persona irrumpía en uno de estos comportamientos sorprendentes bajo la influencia del Espíritu Santo.

Cuando llegamos a la Trinity Assembly of God en Elizabeth, no había lugares vacíos para estacionar en el estacionamiento de la iglesia ni en ambos lados de la calle. Dentro de la iglesia solamente había espacio para gente de pie. Varios bancos del frente estaban marcados con cintas para la familia y la mayoría de nuestros parientes ya estaban sentados. Fuimos los últimos en llegar.

Mientras el director funerario nos acompañaba al entrar, no miré directamente a la cara de ninguno de los presentes. Agarré la mano de Mark con la mía mientras caminamos hasta el banco del frente reservado para nosotros. Mark se agarró de mi mano con firmeza, pero ni siquiera me miró.

Se cantaron muchos himnos ese día, pero solamente recuerdo cuatro. El servicio comenzó cuando el pastor les pidió a todos que se unieran para cantar «God Leads Us Along» (Dios lleva a sus hijos).

A pesar de que yo sabía que mamá había elegido todas las canciones, el primer verso me hizo estremecer.

Some through the waters, some through the flood (Algunos por las aguas, algunos por la inundación)
Some through the fire, but all through the blood (Algunos por el fuego, pero todos por la sangre)
Some through great sorrow, but God gives a song (Algunos por grandes tristezas, pero Dios Brinda una canción)
In the night season and all the day long (En la estación nocturna y durante todo el día).

Miré hacia la derecha a mamá y papá. Mamá cantaba y le corrían las lágrimas por la cara. Su mano derecha estaba en la espalda de Mark.

Papá no cantaba. Estaba parado y miraba derecho al frente, pero tenía su mano izquierda en la espalda de Mark. Papá estaba sentado más cerca del pasillo. Pensé sobre si saldría en algún momento durante el servicio.

A pesar de que yo miraba al pastor durante el funeral, no escuché muchas de sus palabras, pero le presté atención a las canciones. Evie Tornquist y su madre, Inga, cantaron «Jesus Loves the Little Children» (Jesús ama los niños pequeños). La familia Tornquist había concurrido a la iglesia tanto tiempo como nosotros.

Evie, una hermosa representante de sus antepasados noruegos, era una estrella en ascenso en el circuito del canto cristiano. Desde muy pequeña, había cantado en dúo con su madre. Evie había conocido a Andrew, habían participado en actividades de la escuela dominical y en el grupo juvenil. Ella tenía apenas diez años y se emocionó un par de veces mientras cantaba en dúo. Su madre le tomó la mano. Terminaron el regalo de esa canción para nosotros.

Jesus loves the little children (Jesús ama a los niños pequeños)

All the children of the world (Todos los niños del mundo)
Red, brown, yellow (Rojos, marrones, amarillos)
Black and white (Negros y blancos)
They are precious in His sight (Son preciosos para Él).
Jesus loves the little children (Jesús ama a los niños pequeños)
Of the world (Del mundo).

Cuando Evie y su mamá cantaron la canción sobre Jesús que ama a los niños pequeños, nadie tenía los ojos secos excepto Mark, yo y algunos de mis primos que todavía no eran adolescentes.

Papá no expresó ninguna opinión sobre las canciones. Él quería un sermón sobre la salvación, pero parecía que no había escuchado nada de lo que dijo el pastor o las canciones que se cantaron.

Nunca vi ninguna expresión en su rostro, excepto líneas sombrías y ceños fruncidos. A veces, el ceño fruncido era más profundo, como cuando el pastor nos pidió que cantáramos los versos de «Ivory Palaces» (Palacios de marfil).

Out of the ivory palaces (De los palacios de marfil),
Into a world of woe (Hacia un mundo de penas),
Only His great eternal love (Solamente Su gran eterno amor)
Made my Savior go (Hizo andar a mi Señor).

Cuando el sonido de la voz del pastor cambiaba de tono y ritmo al llegar al final, entendí durante cuánto tiempo había dejado de escuchar. Quizás me había quedado dormida mientras estaba sentada porque no había dormido bien durante la noche.

El pastor repasó la decisión de Andy de creer en la manera en que la Biblia demostró el plan de Dios para

Gracia entrelazada

perdonar los pecados y brindar una manera de que la gente sepa que podían ir al cielo. Una mirada a papá indicó que no había cambiado su ceño y el pastor estaba haciendo justamente lo que él había solicitado.

—Andrew caminó hacia el altar al frente de esta iglesia apenas este domingo pasado

—dijo el pastor mientras se acercaba al borde de la plataforma—. ¿Por qué se acercó Andrew? Andrew se acercó porque había escuchado los mensajes sobre el amor de Dios, sobre el pecado de todos, sobre necesitar el perdón, sobre necesitar una relación personal con Jesús.

Si hay alguien aquí que desea permitir que el Señor les perdone todos los pecados y asuma el control, que desea vivir en esta tierra demostrando el amor de Dios a los demás y sabiendo que van al cielo, ahora mismo extiendo la misma invitación. Dios brinda la misma invitación a cualquier persona que escuche cuánto Él los ama. Caminen ahora hacia el frente. Los diáconos y yo oraremos con ustedes.

El pastor hizo una pausa. Miró hacia el santuario repleto de gente. El peso de la opción ante cada persona ocultó todos los sonidos. Nadie se movió.

El pastor siguió:

—Estoy seguro de que Andrew desea vernos a todos nosotros en el cielo algún día. Así como ustedes lo querían, él los quería a ustedes. La chispa de su vida tan corta llamó nuestra atención y nuestros corazones. Él dejó que brillara su pequeña luz. Eso es lo que Dios quiere que hagamos todos nosotros y podemos con la luz brillante del amor de Dios en nosotros. Igual, nadie se movió.

Con un tono mucho más bajo, el pastor dijo —por favor, conversen conmigo después de concluir si desean saber más sobre el amor de Dios y el perdón y cómo pueden saber con seguridad que irán al cielo. Nadie sabe cuánto tiempo le queda en esta tierra. Todos necesitamos estar listos para encontrarnos con Dios y ser bienvenidos a Su presencia. Andrew Frank Riposta estaba listo para encontrarse con Dios. Ha sido bienvenido y llevado a la presencia del Señor.

Miré a mi padre. Su triste coraza de piedra se había rajado. Puso sus manos sobre la cara y movió la cabeza hacia adelante mientras lágrimas corrían por sus mejillas. Mi madre se inclinó hacia él y puso su mano en su brazo. Mark abrazó el brazo de papá.

Las lágrimas todavía no llenaban mis ojos. Lo que había ocurrido la noche del incendio parecía haber activado un interruptor y creado como una pared contra las lágrimas. Sentí que tenía una dura carcaza de protección alrededor de mi corazón. Miré a mi familia y pensé que debería llorar, pero las lágrimas no aparecieron.

Todos se pararon y el pastor dijo —vamos a cantar otro himno para concluir el servicio, uno de los favoritos de Andy. Andrew cantaba esta canción con voz fuerte y alta a pesar de que solamente sabía la primera estrofa de memoria. Como no sabía todas las otras estrofas, Andy repetía el coro con gran entusiasmo. Él sabía que era parte de la familia de Dios y esperaba una gran celebración en la presencia de Dios algún día. Cantemos.

Y la gente cantó. Casi todas las personas a quienes podía ver trataron de cantar la canción de Andy. Recordé que Andy cantaba esta canción cuando tenía miedo y que yo había sido la causa de algunos de sus miedos, comenzando con mover la biblioteca. Yo canté, pero me dolía la cabeza y el corazón.

La pianista de nuestra iglesia tenía confianza, aptitud y amor a Dios. La música de «We Shall See the King»

Gracia entrelazada

(Veremos al Rey) unió a todos con al entusiasmo juvenil que tenía Andy cuando la cantaba.

*There's a blessed time that's coming, coming soon, (Habrá un tiempo bendito que pronto llegará)
It may be evening, morning, or at noon, (Por la mañana, la noche o el mediodía será)
The wedding of the bride, united with the Groom, (La boda donde la novia al novio se unirá)
We shall see the King when He comes. (Veremos al Rey llegar)
CORO: We shall see the King, we shall see the King, (Veremos al Rey, veremos al Rey)
We shall see the King when He comes; (Veremos al Rey llegar)
He is coming in pow'r, we'll hail the blessed hour, (Viene con poder, a la hora bendita)
We shall see the King when he comes. (Veremos al Rey llegar)*

Andy cantaba esta canción con la confianza de que Dios estaría allí cuidándolo a él. Usualmente, Andy había sonreído y gritaba el coro. Era mejor al gritar que al cantar. Ese recuerdo estuvo en mi mente.

La culpa sobre mi conducta maliciosa, burlas y palabras duras hacia Andy me afectaron. La pregunta de mi padre cuando me vio por primera vez después del incendio nunca me abandonaría. Algo había pasado mientras estaba sentada y le pedía a Dios que salvara a Andy el último lunes a la noche. Algo en mí se había apagado.

Podía pensar sobre emociones y verlas en las personas que me rodeaban, pero me sentía insensible. ¿Iba a llorar en

Maine? ¿Parecería algo más definido al final del segundo funeral?

Los mayores lloraban más sobre la muerte de un niño de siete años de lo que yo los había visto llorar por algunos adultos que habían conocido por muchos años. Había ido a otros funerales, pero ninguno con la iglesia tan llena de gente como ahora. No entendí por qué la muerte de un niño afectaba a los mayores más que la muerte de alguien de su propia edad.

Mamá y papá ahora estaban agarrados de las manos. Mark estaba apretado entre ellos. ¿Haría el segundo funeral que mi familia mejorara o empeorara?

Capítulo 16

Doblar y girar

Maine fue un consuelo. Siempre que llegaba allí, sentía que había llegado a casa. La granja en Waldoboro parecía mi casa más tranquila. Me sentía segura con la abuela, el abuelo y nuestros parientes de Maine, Massachusetts, Nuevo Hampshire y Connecticut.

Había conocido al Pastor Brown de Thomaston durante años y él me brindó algo de consuelo. Lideró el servicio en Maine y no presentó el sermón sobre la salvación. Papá no lo había pedido.

Nuestro pastor de Nueva Jersey leyó las Escrituras en la iglesia y en el servicio al lado de la tumba. Las canciones de este funeral fueron las mismas excepto que Evie y su mamá no estaban para cantar.

Igual no lloré. Ahora pensaba que podría ser algo bueno porque no llorar me hacía sentir que tenía fortaleza. La gente había llorado a mi alrededor por dos semanas y nadie parecía estar mejor por haber derramado lágrimas.

Entierro en el cementerio de la iglesia alemana en Waldoboro

Mamá pareció aliviada cuando Bevy dijo que la piedra que habían elegido para la tumba de Andy estaría en su lugar. Mamá había seleccionado una piedra de mármol blanco con un cordero arriba. Hasta papá había hablado sobre lo que quería inscripto en ella.

¿Un cordero? Recordé con qué facilidad Andy había aceptado a nuestro cordero, Troubles, como comida. No había demostrado ningún afecto especial por Troubles ni sentirse disgustado cuando le sirvieron el cuerpo de Troubles como plato de carne para la familia.

Andy había disfrutado a Snoopy, el perro del abuelo. Hasta la idea de los zorrinos como mascotas le creaban más alegría a Andy que un cordero. También le habían encantado sus pequeñas mascotas. Yo sabía versículos e historias bíblicas sobre los corderos, la razón por la que mamá lo había elegido. Andy era uno de los pequeños corderos de Dios.

Igual parecía algo triste. Ese pequeño cordero era la

Gracia entrelazada

única criatura de piedra en todas las tumbas que podía ver. Andy podía sentir cuando la gente estaba triste. Daba abrazos o hacía algo para que la persona triste sonriera. Andrew Frank Riposta prefería la sonrisa a la seriedad.

Debido a que prefería la sonrisa antes que cualquier cosa triste, y debido al cordero arriba de su tumba, pensé que Andy sonreía sobre otro animal. Mientras estábamos parados en el punto más alto del cementerio escuchando al Pastor Brown hablar sobre Andy, recordé el animal que había sorprendido y deleitado a Andy, un bebé de elefante en un carnaval.

* * *

Andy tenía cinco años y Mark seis cuando una fería vino a un terreno entre Elizabeth y Union. Mamá y papá tenían tiempo y suficiente de dinero para llevarnos a ver el espectáculo, disfrutar atracciones y participar en algunos de los juegos. En la carpa más grande, había un espectáculo con payasos, caballos, un elefante y un tigre. El carnaval parecía un pequeño circo.

Como familia, habíamos visto el gran circo de Ringling Brothers y Barnum y Bailey una vez en Nueva York. Este pequeño carnaval ambulante tenía mucho menos en cuanto a espectáculo y espacio, pero nos divertimos igual. Después del espectáculo en la carpa, papá nos dejó disfrutar algunos de los juegos de habilidad. Yo había ganado otro peluche para agregar a mi colección. Papá siempre ganaba por lo menos un peluche para mí cuando íbamos a un carnaval, a la costanera u otro lugar que los tenían como premios.

Los varones siempre querían comer y en el carnaval podíamos ver y oler refrigerios inusuales. Todos disfrutamos bolsitas individuales de cacahuetes, recién tostados. Podíamos romper la cáscara y comerlos mientras caminábamos frente a los carteles de espectáculos raros y hacia el estacionamiento. Los animales estaban en jaulas o atados con sogas cerca del estacionamiento.

El elefante que habíamos visto en el espectáculo era grande, sin duda adulto. Pero aquí afuera, vimos un bebé de elefante, por lo que me imaginé que el de la carpa grande era la mamá. Caminamos lentamente hacia el pequeño elefante. Mamá dijo que un bebé de elefante se llamaba cría.

A ninguno de los empleados del carnaval le importó que nos acercáramos. Papá pensó que tenía tres pies y medio de altura y probablemente pesaba más que él. Todos pensamos que la cría era amoroso, y no parecía tenernos miedo.

Andy extendió su mano con un par de cacahuetes. Los puso en la palma de la mano con los dedos planos. Lo habíamos aprendido cuando dábamos de comer a los animales en la granja. La trompa parecida a una manguera del pequeño elefante tenía anchas fosas nasales rosadas.

Mark y Andy alimentando al bebé elefante en el carnival

El bebé de elefante dobló y giró la trompa alrededor de la cara y el pecho de Andy. Y entonces agarró los dos cacahue-

Gracia entrelazada

tes. Con un toque rápido y cuidadoso, agarró sin problemas los dos cacahuetes de la palma de Andy.

Solamente observar al bebé de elefante poner los cacahuetes en la boca nos hizo reír a todos. Parecía disfrutar masticarlos. Continuamos sonriendo mientras lo mirábamos masticar. El bebé de elefante se movía de un lado a otro con alegría. Luego su trompa se movió de nuevo por el aire. Le tocó el pecho a Andy. Andy sonrió y acarició la trompa gris con arrugas.

Mark también quería darle de comer al bebé de elefante. Puso un par cacahuetes en su mano derecha. Con la mano izquierda puso los cacahuetes restantes en la bolsa cerca de su pecho. Igual que como había hecho Andy, Mark le ofreció dos cacahuetes en la palma de la mano derecha al bebé gris.

La trompa se volvió a curvar y girar. Luego, con un movimiento muy cuidadoso, la trompa del elefante se estiró y agarró la bolsa que Mark tenía en la mano izquierda. El bebé de elefante se puso toda la bolsa de papel blanco con el resto de los cacahuetes de Mark en la boca. Todos miramos con sorpresa mientras el bebé de elefante se puso la bolsa de cacahuetes entera en la boca y masticó todo.

Andy miró desde la cara sorprendida de Mark y la mano extendida con los dos cacahuetes hasta la bolsa de papel con cacahuetes que masticaba el bebé de elefante. Andy no podía dejar de reír. Durante el resto del día, Andy se reía imaginándose al bebé de elefante sacándole la bolsa de cacahuetes a Mark en lugar de los dos cacahuetes que le había ofrecido. Durante el resto de su breve vida, Andy se reía cuando alguien mencionaba a un elefante o cuando veía a uno.

* * *

Parada allí en la alta colina abierta con césped, casi podía escuchar a Andy decir «no te pongas triste». Pensé sobre qué habría pensado la gente si en lugar de un cordero arriba de la tumba hubieran puesto un bebé de elefante. A Andy le habría encantado.

Me quedé inmóvil mirando la piedra blanca con el cordero y la información sobre Andy. Papá había elegido qué poner en la piedra de Andy. Las palabras estaban talladas en cada costado de la piedra. El pequeño cordero de arriba tenía lana en rulos, una cara dulce y una cola tan larga como sus orejas. El cordero estaba acostado y mirando en una dirección, el frente de la piedra.

La lápida de Andy muestra los versículos bíblicos que conocía.

Si alguien miraba el frente de la tumba blanca que mostraba la cara del cordero, decía, Andrew Frank Riposta, 18 de octubre de 1957 a 10 de mayo de 1965. Del otro lado de la piedra, donde descansaba la espalda del cordero tan tranquilamente, la gente podía leer: el pequeño Andy había memorizado el Salmo 1, 23, 27, 42, 91, el capítulo 13 de la primera carta a los Corintos y muchos otros.

Además de las flores naturales, mamá puso un pequeño

Gracia entrelazada

recipiente con flores artificiales que parecían margaritas rojas, blancas y azules. Pronto llegaría el Día de Recordación de los Caídos, pero nosotros estaríamos viajando de regreso a Nueva Jersey. Mamá también puso algunos juguetes en la tumba en la base de la piedra blanca. Eran algunos de los favoritos de Andy: Dinosaurios de plástico, pequeños soldaditos y vehículos Tonka, un patrullero, la cabina de un camión y una camioneta de reparto.

Nos quedamos en el cementerio después de que todos se fueran excepto la abuela, el abuelo, Beverly y Pauline. Después de un rato, mamá nos dijo a Mark y a mí que volviéramos a la granja con los otros cuatro adultos porque ella y papá se quedarían un rato y luego caminarían juntos de regreso. En una línea recta, sería menos de media milla caminar hacia la granja familiar, pero ellos no iban a cruzar las colinas, por lo que tendrían que caminar una milla.

Mamá y papá pasarían por la nueva sección, la sección del medio, y la más antigua, bajarían la colina, pasarían por una entrada alta de hierro que cerraba al caer el sol y luego descenderían hasta Bremen Road. En su caminata por el cementerio, pasarían frente a las tumbas de parientes de los últimos dos siglos. Cuando Mark y yo nos fuimos del cementerio con la tía Beverly, la tía Pauline, la abuela y el abuelo, me di vuelta para mirar a mamá y papá de espaldas parados mirando la tumba de Andy. Mamá había agarrado la mano de papá.

* * *

De regreso en Nueva Jersey, las cosas transitoriamente se convirtieron en riquezas. Volvimos a una mansión. Los amigos del Comité Municipal que eran dueños de un motel y restaurante dijeron que podíamos quedarnos con ellos hasta que estuvieran disponibles las unidades del motel conectadas al apartamento. Los dueños del motel tenían cinco niños y suficientes dormitorios y baños en su casa para todos, más un par extra para visitas. Los conocía porque había cuidado a sus cinco niños como niñera.

La casa también tenía una piscina techada y orquídeas en grandes recipientes alrededor de un patio techado. Sus cuatro hijos mayores sabían nadar. Cuando yo había cuidado a los niños el día de San Valentín, les pedí que trabaran las puertas a la piscina y corrieran las cortinas para que yo pudiera ver a todos los niños en la sala de juegos.

En la mansión, mamá y papá tenían su propia habitación. Mark compartía una con uno de los hijos que también tenía ocho años. Yo tenía un pequeño dormitorio para mí. Este arreglo parecía maravilloso, pero para mí, la comodidad no duró ni apenas una noche.

La primera noche que dormimos en la casa de estos amables amigos, me desperté y abrí la puerta del pasillo para ir al baño. Los corredores en esta casa tenían mucho espacio, techos altos, eran anchos y tenían arañas colgadas en el techo. Una ventana muy alta con varios paneles estaba en el extremo del corredor de arriba. Debido a que no querían depender de luz de la luna, siempre había una luz nocturna en el pasillo. Estaba baja, colocada en un tomacorriente en la pared opuesta a mi habitación. Con la ventana, la luz de la luna y la araña con muchos pedacitos de vidrio, la luz creaba luces y sombras irregulares.

Parecía humo. Pensé que todo el pasillo parecía estar lleno de humo. No podía oler el humo, pero me parecía que era difícil respirar. Mi corazón latía como agitado por una droga. Tenía la boca seca.

Gracia entrelazada

Logré llegar al baño, pero también estuve sentada el resto de la noche. Libros que llenaban una biblioteca en el pequeño dormitorio ocuparon mi atención durante el resto de la noche. Cuando mamá me vino a ver a la mañana, le dije lo que había visto cuando entré al pasillo. Trató de ayudarme a razonar lo que había sentido. Ella quería que yo me quedara en esta hermosa casa para que la familia estuviera junta.

—Virginia, sabes que no era humo. La araña hace que la luz parezca diferente, incluso una luz muy tenue.

—Sí, pero parecía humo.

—Esta es una hermosa habitación que te han permitido usar. Dijeron que podíamos planear estar aquí cuatro días más.

—Quiero volver a la casa de Lucille y Ed.

—Tú tienes tu propia habitación aquí. Es una hermosa habitación, puedes nadar y...

—Quiero volver a la casa de Lucille y Ed.

—¿Estás segura?

—Sí. No quiero dormir aquí. No puedo dormir aquí.

—Podemos pedirles que saquen la luz nocturna.

—No. La pusieron para sus niños. No quiero que hagan ese cambio por mí.

—Cuando les diga por qué quieres volver a la casa de Lucille y Ed, van a querer sacar la luz nocturna.

—No tienes que decirles nada excepto que yo quiero volver a la casa de Lucille y Ed.

—Muy bien...

—Realmente quiero quedarme en la casa de Lucille y Ed, mamá. ¿Tienes que preguntarle a papá?

—No. No, no tendrá problemas. Voy a llamar a Lucille.

Posiblemente puedas ir hoy más tarde. ¿Sacaste algo de la valija?

—Muy pocas cosas. Estaré lista hoy en cualquier momento.

Luego de varios días, mi familia se mudó al motel, pero sin mí. Me quedé en la casa de los Clauss hasta que el tío Louis encontró un apartamento de dos dormitorios que mamá y papá podían pagar. Él se ocupó del depósito y el alquiler del primer mes. Mark tenía un dormitorio. Yo tenía un dormitorio y mama y papá dormían en un sofá plegable en la sala de estar. Todos los muebles que teníamos en dicho apartamento vinieron de salas extras, sótanos y el almacenamiento de familiares y amigos.

Nos quedamos en ese apartamento hasta septiembre cuando la compañía de seguros nos dio el dinero para comprar una nueva casa, pero yo no estuve en ese apartamento tanto como los demás. Volví a Waldoboro ni bien terminaron las clases en junio. El alivio que sentí al dejar a mi familia y regresar a Maine me generó más culpa.

El abuelo tenía esta actitud práctica de seguir adelante, pero siempre buscaba manera de conseguirme pequeñas cosas, como frutillas, un viaje de un día, o una visita al establo de caballos más grande del Condado de Knox. La abuela me brindaba alivio con todo lo que hacía. Se parecía a una madre. Mi mamá se había convertido en una persona que necesitaba protección y ayuda. Me hablaba como una amiga en lugar de como una madre.

Mis padres no vinieron de viaje a Maine con Mark hasta la última semana del verano. Tenían mucho que hacer con la mudanza a la nueva casa. Beverly vino a Maine por unos días al final del verano, y tomamos el tren de regreso a Nueva Jersey.

Gracia entrelazada

Cuando regresé a Union, teníamos una casa nueva, en una calle muy tranquila en lugar de una avenida con mucho tránsito. Nuestra nueva casa estaba en un lugar done Mark y yo podíamos ir a las mismas escuelas a las que habíamos ido antes del incendio. Familiares y amigos continuaron apoyándonos con muchas oraciones y favores.

Llegaron tarjetas de pésame durante todo el verano y mamá las guardó a todas. Quería mostrarme cada una de ellas cuando volví a casa. Las tenía en una valija negra, y me hacía sentar a su lado mientras las leía. Ponía las tarjetas con cuidado en una pila en esa pequeña caja tan horrible. Las apretaba entre la ropa de Andy que había estado en el cesto de la ropa por lavar que habíamos abierto el 14 de mayo.

La ropa de Andy estaba plegada y enrollada. También estaban allí un par de sus zapatillas. No sabía cuándo las había encontrado. Cerró la tapa lentamente. —Puedes trabarla, Virginia, y ponerla de nuevo en el armario.

Mamá también quería hablar sobre Andy todo el tiempo. Papá se iba si ella o alguien lo mencionaba. Se iba a otra habitación y se quedaba en silencio. A menudo iba al sótano donde rezaba o se quejaba en voz alta al mismo tiempo. A veces le gritaba a Dios. Yo también me sentía como que quería gritarle a Dios, pero nunca lo hice.

Mamá agradeció todas las fotos de Andy que nos regaló la gente. Papá ni las miraba. Con estas fotos que habíamos recibido, mamá llenó álbumes con fotos de Andy por su cuenta o con nosotros o con otros familiares y amigos. También puso estos álbumes en su armario. Álbumes pequeños que cabían en la pequeña valija negra. Los más grandes los guardaba en un estante debajo de la ropa plegada. Yo sabía que los miraba cuando estaba sola en su habitación.

Una tarde, antes de que papá llegara a casa, cuando estábamos solas, mamá me pidió que buscara la valija negra y se la trajera a la sala de estar. Tenía un nuevo pequeño álbum de fotos que había creado Pauline. Entraría en la valija negra con todo lo que ella guardaba como recuerdo.

Abrió la caja sobre un cojín. —Gracias.

Mamá abrió una carpeta que estaba llena de papeles con los renglones grandes de los primeros grados. —La maestra de Andy me entregó todos sus papeles. —Mamá los puso en la valija al lado de la pila de tarjetas de pésame y un libro que nos había dado la funeraria.

—¿Podrías poner ahora la valija en su lugar? Voy a preparar la cena. Sabes que, si alguna vez quieres mirar esto, puedes hacerlo. —Sonrió como que me estaba haciendo un regalo.

Me gustaba recordar a Andy y hablar sobre él, por lo que yo no era como papá. Pero no quería tocar la ropa, los papeles y las fotos de Andy o las tarjetas de pésame, por lo que yo no era como mamá.

Mark seguía pasando los días jugando como siempre, excepto que ahora jugaba solo. Papá le había prestado más atención a Mark ese otoño. Jugaban al béisbol, armaron un autito de madera y compartieron actividades relacionadas con los Royal Rangers, una versión de los Boy Scouts para cristianos. O sea que yo tampoco era como Mark.

Mark había comenzado el cuarto grado y yo estaba en el octavo grado ese otoño después del incendio. Ambos notamos que los maestros tendían a tratarnos de manera diferente que a otros y pensamos que era porque todos en el pueblo sabían sobre el incendio y Andy. Pero nada que ningún maestro dijo o hizo fue peor que lo que pasó en la primera fiesta de pijamas de ese otoño.

Gracia entrelazada

Ocho niñas nos juntamos para festejar un cumpleaños con una fiesta de pijamas. Después de cenar una complicada fondue y un rico bizcocho de cumpleaños, buscamos nuestras bolsas de dormir y almohadas para ver juntas una película que la cumpleañera había elegido, *Mighty Joe Young*.

A pesar de que era en blanco y negro y bastante antigua, nos gustó la historia de la niña que compró un gorila como mascota cuando su familia vivió en el África. Años después cuando estaban de regreso en los Estados Unidos, Joe, un gorila bastante grande, terminó en problemas porque no había sido creado para vivir en los suburbios norteamericanos. Un juez iba a tomar la decisión sobre la suerte de Joe, vida o muerte.

Joe se escapó del lugar donde estaba. La policía lo persiguió, pero mientras se escapaba, vio un orfanato en llamas. Con las llamas que lo amenazaban a él y a los niños, corrió a salvar a los huérfanos del incendio.

Teníamos la intención de ver la película. Me interesaba la historia tanto como a cualquier otra niña que nunca había visto *Mighty Joe Young*. La madre de la cumpleañera había estado sentada en una sala cercana. De repente, entró a la habitación y a la altura en que Joe rescataba a los niños del incendio, apagó el televisor.

—Ustedes ya han visto suficiente televisión. Vayan a jugar con juegos antes de que sea la hora de irse a dormir.

No me había dado cuenta sobre cuánta gente era sensible a los incendios cuando yo estaba con ellos. Las niñas me miraron luego de mirar a la anfitriona. Se levantaron y fuimos a la sala donde podíamos disfrutar juegos de mesa. Así como yo había recordado repentinamente el incendio, ellas también, pero no hablamos del tema. Nadie habló nunca sobre el tema con Mark o conmigo.

Quizás si la gente nos hubiera hablado, hubiéramos compartido la información sobre el muchacho que pensamos era nuestro ángel. La historia que Mark y yo no habíamos contado a nadie surgió el 18 de octubre, el cumpleaños de Andy. Mamá tuvo lágrimas todo el día. Beverly y Pauline vinieron a casa a cenar con nosotros.

Papá estaba de mal humor. No comió mucho. Después de la cena, se fue al sótano. Cuando había gente en la casa, papá no exhibía su duelo usual en voz alta. No sabíamos qué hacía.

Papá no subió antes de que Beverly y Polly se fueran. Se habían acostumbrado a su conducta grosera. Si Mark o yo nos hubiéramos portado de esa manera, nos hubieran castigado.

Mark y yo nos quedamos en la sala de estar. Hasta con el televisor a bajo volumen, podíamos escuchar a las tres mujeres hablar sobre Andy. Mamá decía cuánto la reconfortaban los relojes. Luego, suspiró y se quedó en silencio.

Yo decidí hablar y dije:

—Mark y yo no te contamos todo sobre el muchacho que apareció en el porche del frente y trató de ayudarnos. Sabes, el muchacho que el departamento de bomberos trató de encontrar, pero no pudo. Mark y yo pensamos que era un ángel.

Las tres mujeres nos miraron y se quedaron tan paralizadas como maniquíes.

Yo le dije a Mark:

—Cuéntales sobre el muchacho de la planta alta antes de que estuviera en el porche.

Mark lo hizo. Les contó lo que me había contado a mí. Sus descripciones eran simples, observaciones de un niño.

Les contó cómo el muchacho tenía ropa blanca brillante arriba, pero ropas comunes cuando estábamos en el porche.

Entonces yo tomé la palabra. Volví a contar como el muchacho había ido conmigo hacia arriba, me había observado y se había quedado cerca pero que no tenía nada sobre su cara. El humo parecía no molestarlo. Lo podía escuchar con claridad cuando insistió en que nos fuéramos. Conté cómo me había llevado abajo, me había protegido contra quemarme la mano en el teléfono derretido y me había llevado afuera. Entonces, nos dijo que saliéramos del porche. En el instante en que giré para mover a los niños y luego miré hacia atrás, había desaparecido.

Mamá, Beverly y Pauline nos miraron en silencio por unos pocos momentos. Entonces exclamaron e hicieron preguntas. Solamente podíamos repetir lo que ya les habíamos contado. Mark y yo no teníamos más que contar.

Lloraron de nuevo, pero también con sonrisas. Me di cuenta de que nos creían. Mirar sus sonrisas mientras corrían las lágrimas por las caras hizo que parte de la tensión dolorosa que sentía en mi pecho se aliviara. La tensión no volvió hasta que papá volvió a subir después de que Pauline y Beverly se habían ido.

Capítulo 17
El Sr. Triste y los Ring Dings

El incendio se había llevado a mi hermano menor, nuestra casa y casi todas nuestras pertenencias de los primeros años de nuestra vida familiar. El incendio también se llevó la sonrisa natural y la sensatez sin medicamentos durante más de dos décadas de papá. Siguió tomando el medicamento por años y rehusó consultar a un psicólogo. Mamá preguntó si podían conversar con el pastor. Papá rehusó. Dijo que, si mamá iba al pastor por su cuenta, dejaría de ir a la iglesia.

Cada día, los cambios de humor de papá pasaban desde el silencio al enojo, la depresión a las lágrimas. Yo había suprimido los pensamientos y miedos del incendio, pero no podía hacer lo mismo con el enojo que sentía sobre mi padre. Resentía sus rápidos cambios de humor que nos hicieron a todos aprender maneras de evitar cualquier cosa que pudiera causar una reacción enojada. Podía gritar, pero era cuando hablaba en voz baja que sabíamos que estaba realmente enojado y era capaz de tirar cosas. Si no estaba lo suficiente-

Gracia entrelazada

mente cerca para agarrar a uno de nosotros, nos tiraba algo cuando no le gustaban nuestras conductas o ruido.

Me sentí cada vez más profundamente enojada que afectó mi perspectiva sobre Dios. No podía escuchar la palabra «padre» sin pensar en el mío. A pesar de que todavía rezaba, dejé de decir las primeras dos palabras del Padre Nuestro. Parecía mejor concentrarse en Jesús.

Durante los raros momentos en que me quedaba sola con mamá en la casa, le pedí que considerara dejar a papá. Podríamos vivir con Beverly mientras buscábamos algo. Podríamos vivir en Maine con la abuela y el abuelo. Algunas veces, los ojos de mamá se llenaban de lágrimas, pero usualmente solamente se apartaba. Me dijo —no voy a dejar a tu padre. Necesita que yo me quede. El matrimonio es para bien o para mal.

Me pregunté cuánto más mal. ¿Había algo que papá pudiera decir o hacer que hiciera que mamá lo dejara? No podía saber si ella realmente creía lo que decía o si tenía miedo de dejarlo.

Mamá consiguió un trabajo fuera de nuestra nueva casa. El seguro nos había dado suficiente dinero para la entrega inicial pero no mucho más que eso. Necesitábamos dos ingresos para pagar las facturas. Ahora ella y papá llegaban a casa a la misma hora.

Mark y yo veníamos en el colectivo escolar dos horas antes que nuestros padres. Hacíamos nuestros deberes. Mamá dejaba instrucciones sobre lo que yo tenía que preparar para la cena, y papá una lista de cosas para que haga Mark. El ritmo, las responsabilidades y las relaciones en la vida diaria de nuestra familia cambiaron para todos. Manteníamos el aspecto de vivir juntos como familia.

Mark y yo hacíamos lo que podíamos para ser buenos hijos. Estábamos vivos, pero Andy no. Parecía que lo mínimo que podíamos hacer es tratar de ser obedientes y útiles a una madre que por lo menos notaba cómo nos comportábamos.

Nuestra obediencia tenía límites. Por ejemplo, papá dijo que no podíamos mirar televisión después de la escuela y lo primero que hacía cuando llegaba a casa a las cinco y media era ir al televisor y poner la mano arriba y atrás. Pensé que si yo ponía un trapo húmedo en el congelador cuando llegaba a casa de la escuela y luego ponía el trapo congelado arriba y abajo de la parte trasera del televisor cuando lo apagábamos a las cinco, el televisor debería estar frío y superar la prueba de papá.

Mark y yo esperamos nerviosos la primera vez que probamos esta estrategia. Papá llegó a las cinco y media como siempre y con el ceño fruncido fue directamente al televisor. Puso la mano arriba y en la parte de atrás que sabíamos también se calentaba después de que el televisor estuviera prendido un rato. Como no estaba caliente, nos preguntó:

—¿Terminaron todos los deberes?

La único que papá hacía que pareciera divertido era aprender algunos simples trucos de magia. Los usaba cuando enseñaba lecciones a los niños en la iglesia, una clase de la escuela dominical, los Boy Scouts o un grupo de ancianos. También se aseguraba de no perderse ninguna reunión familiar y practicaba algunos de sus trucos con ellos. Parecían aliviados que el había encontrado algo que mantenía sus contactos sociales.

La mayoría de los días parecían diferentes para Mark. Había crecido y practicar deportes lo había convertido en más fuerte y con más confianza y, además, recibía mucha más atención de papá. A pesar de que papá continuaba con

Gracia entrelazada

sus demandas y su humor, era obvio que sentía orgullo por su hijo. Cuando estábamos con la familia de papá, elogiaba a Mark en los deportes, Mark en los Scouts, Mark en las actividades de la iglesia. Mark ya no era el hijo del medio.

Me dije que yo no tenía problemas al no tener una relación con mi padre porque no era el padre que había tenido. Solamente tenía que terminar la secundaria. Luego me iría a una universidad lejos. Si a papá lo afectaba la fría relación entre nosotros, yo no lo sabía. Parecía que estaba triste la mayoría de los días en casa a pesar de que sonreía cuando estaba con sus hermanos, sus hermanas y su madre.

Papá raramente sonreía en la iglesia. A veces, fruncía el cejo durante todo el servicio, pero seguía yendo. Renunció a sus responsabilidades en la iglesia, pero aceptó más actividades comunitarias que podía compartir con Mark, como los Boy Scouts y la Little League. Lo había escuchado conversar con mamá sobre buscar otra iglesia, pero no hicieron nada para visitar alternativas.

Papá y yo raramente conversábamos, aunque inesperadamente hacía algún tipo de observación. Un día entró a la cocina cuando yo estaba sacando un Ring Ding cubierto de chocolate de una caja de ocho en el refrigerador. Me dijo:

—No deberías comer eso. —No me decía que no lo comiera.

Me quedé parada con la caja en la mano derecha y el que había elegido todavía envuelto en la mano izquierda y lo miré fijamente. Me miró como un láser y expresó un pronunciamiento fulminante —Si los comes, vas a ser gorda y nadie te va a querer. —Entonces se fue de la cocina hacia el sótano para su batalla de la tarde contra sí mismo, o contra Dios o contra los dos.

Agarré la caja de Ring Dings y la llevé al comedor vacío,

abrí el celofán del que había seleccionado y me lo comí con lentitud. Entonces abrí los otros siete y me los comí a todos. Dejé la caja vacía en la mesada de la cocina. Papá siempre buscaba un vaso de agua antes de irse a dormir, por lo que estaba segura de que la iba a ver.

Capítulo 18

La última nalgueada, una escapada y una mudanza

Dos años después del incendio, papá dejó de darnos tareas a mí y a Mark sobre la memorización de pasajes bíblicos. Nunca dijo por qué. Papá raramente explicaba nada sobre lo que hacía o decía. Mark y yo todavía podíamos recordar otro momento cuando papá hablaba con facilidad y nos hacía reír.

También se acabaron las nalgueadas, pero solamente después de que yo casi le quebrara la mano. Un día, apenas después de empezar el noveno grado, papá pensó que yo había usado un tono irrespetuoso por lo que me dijo que me encontrara con él en la sala de estar para una nalgueada. Yo no podía creer que pensaba que todavía podía pegarnos a pesar de lo que la Biblia decía sobre perdonar la vara y malcriar al niño.

Enojada y pensando que tenía que hacer algo, corrí a una habitación y busqué el libro con tapa dura más delgado que tenía. Levanté la pollera tejida que había usado en la escuela y puse el libro en la parte de atrás de mi ropa interior.

Papá se sentó en la mesa de la sala de estar esperándome.

Yo tenía que inclinarme sobre su falda y él me pegaba con la mano. Yo sabía que lo hacía enojar si yo no lloraba cuando me pegaba. Su cara tenía esa expresión severa de sanción disciplinaria y no notó el libro que tenía debajo de mi pollera. Levantó la mano hacia arriba y luego con rapidez hacia abajo. Escuché cuándo le pegó al libro y pensé: «Voy a tener el peor problema de mi vida o se reirá y me castigará de alguna otra manera».

Le pegó tan fuerte al libro que debe haber quedado con la mano enrojecida y dolorida. Hubo un breve silencio. Luego una risa con una mezcla de sorpresa. Me sacó de su falda.

—Eres demasiado grande para las nalgueadas. Puedes irte a tu habitación. —Me miró como si no me hubiera visto por mucho tiempo.

Los castigos pasaron a ser distintos para Mark y para mí. Mamá parecía aliviada. Nunca había estado de acuerdo con papá sobre las nalgueadas, pero como con tantas otras cosas, no decía nada. Me dijo que ella le pedía a Dios que lo hiciera cambiar. Esperé para ver algunos cambios, pero no ocurrieron, por lo tanto, le dije a Dios que interpretara mis pensamientos como oraciones.

Papá seguía siendo el gobernante de la casa. Pensé que me veía más y todavía tenía esa energía poderosamente protectora. Una noche cálida de verano en nuestra casa de Conant Avenue, alguien había tratado de entrar. Mi dormitorio era el único arriba del garaje. Mi ventana estaba medianamente abierta y un hombre entró por la ventana.

Yo todavía no me había dormido, por lo que me senté en la cama y grité con toda mi fuerza:

—¡Papá!

Él y mamá estaban en el piso siguiente. Antes de que el

Gracia entrelazada

hombre sorprendido hiciera dos pasos, papá estaba en la entrada de mi dormitorio con un bate de béisbol en la mano. El hombre se dio vuelta y desapareció por la ventana. Papá lo persiguió, pero no lo alcanzó. Pensé que era beneficioso ya que papá hubiera usado el bate como arma.

Papá entró a la casa por la puerta trasera. Todos sabíamos dónde estaba escondida la llave de esa puerta. Subió la escalera y se detuvo en mi dormitorio. —¿Puedes volver a dormir? —me preguntó.

Le dije que sí. No me acuerdo si lo logré, pero siempre tuve libros que me ayudaron durante noches de insomnio.

Papá siguió aprendiendo más trucos de magia. Incluso hacía algunos con palomas vivas. Esas pobres criaturas estaban en una jaula en el sótano, por lo que raramente estaban con alguna persona que no fuera papá. Usaba la magia cuando enseñaba lecciones a los niños en la iglesia, una clase de la escuela dominical, los Boy Scouts o cuando visitaba a personas encerradas o un grupo de ancianos.

Participaba más en la comunidad y menos en la iglesia. Como no hablaba sobre cuestiones personales, no sabíamos qué o por qué algo había cambiado en él sobre nuestra iglesia de la Asamblea de Dios. Todavía íbamos a la mayoría de las reuniones, pero no a todas.

Dos años después del incendio, comenzamos a visitar otras iglesias. Después de unos meses, mis padres nos sentaron y nos dijeron que íbamos a ir a una iglesia llamada Christian and Missionary Alliance. Habíamos visitado la iglesia y nos gustaban muchas cosas. Los grupos juveniles, uno para los de mi edad y otro para los de la edad de Mark, tenían muchos adolescentes simpáticos. Los sermones del pastor no incluían gritos y saltos, pero sí varias historias interesantes. La música tenía aspectos más tradicionales que la música a la que estábamos acostumbrados, pero era buena.

Mark y yo aceptamos el cambio, a pesar de que no participamos en la decisión. Ni supimos que Christian and Missionary Alliance era una denominación durante años. Pensamos que quería decir que cristianos de todas las otras denominaciones se habían unido.

Yo esperaba que la nueva iglesia y un pastor más tranquilo con buen sentido del humor ayudaran a papá a calmarse. Sus cambios de humor en la casa parecían peores que nunca, pero todavía no expresaba esta conducta en público.

Mark y yo continuamos tratando de proteger a mamá del hombre remoto y malhumorado que ahora era papá. Hacíamos todo lo posible para ayudarla con la casa o con proyectos de la iglesia. Ella realmente no parecía ser la mamá de antes del incendio, solamente alguien a quien amábamos que necesitaba amabilidad.

Lucille, la tía Beverly, la tía Virginia y la abuela fueron madres para nosotros. Yo estaba agradecida que los veranos en Maine continuaron hasta que tuve diecisiete años. El tiempo en nuestra casa parecía como una tortura emocional. No sabía cómo mamá podía soportarlo. ¿Lo podría hacer por el resto de su vida?

Yo no podía o no quería, pero la universidad estaba a apenas un año. ¿Qué podía hacer para escaparme de casa que papá y mamá aprobaran? No quería estar más allí.

Tuve una idea con la que mis padres estarían de acuerdo, pero necesitaba la ayuda del pastor. Le dije al pastor que era mi último verano en el que podía hacer algo que me ayudara a elegir el camino en la universidad. Estaba pensando que quería ser maestra, enfermera o misionera o quizás una combinación de todo eso. Una experiencia con la gente en las misiones me brindaría dirección antes de mi último año y antes de presentar las solicitudes de ingreso a las universidades. ¿Había alguna manera en que pudiera trabajar con misioneros durante el verano? Nuestra iglesia apoyaba a muchos misioneros en el país y el mundo.

—¿Sabes otro idioma? —me preguntó.

—Estudié dos años de español.

—Creo que podría tener algo para ofrecerte, pero necesitaré un par de días para verificar los detalles. Estarías en más de un lugar durante el verano.

—¿Aquí cerca?

—No. Estoy pensando en algunos misioneros que apoyamos en el valle de Río Grande de Tejas y algunos en el norte de México.

Mi mente se sintió aliviada cuando el pastor logró que yo pasara el verano con cuatro familias misioneras diferentes durante un período de dos semanas con cada una. Mis padres lo aceptaron con mucha más facilidad de lo que me hubiera imaginado. Mamá se preocupó de estar tan lejos, pero dijo que los dos estaban entusiasmados que yo elegiría ser misionera después de experimentar el trabajo del verano.

Ni bien terminó la escuela en junio, viajé a Harlingen, Tejas. No regresé a Nueva Jersey hasta después del Día del Trabajo. La familia en Harlingen principalmente ayudaba a trabajadores migrantes. Ellos también trabajaban con ellos levantando lo que estaba en estación. Yo estuve allí cuando había que levantar los pomelos, que fue lo que hice.

Levantando pomelos en el valle del Río Grande

A la noche, la familia misionera alternaba clases de inglés y estudios bíblicos. Toda la familia anglosajona hablaba muy bien el español. Los domingos tenían un servicio a la mañana, la escuela dominical, una comida para quien viniera y un servicio a la noche que principalmente eran cantos con otra comida.

El calor y la humedad hicieron que Maine y Nueva Jersey parecieran estar en otro planeta. Mi español básico se convirtió en apto para la conversación. Mi primer lugar fue una pequeña casa en Harlingen, Tejas con una familia de cinco. Mi segundo lugar fue una cabaña de madera en una municipalidad rural cerca de Monterrey con dos mujeres solteras. Mi tercer lugar fue una cabaña de ladrillos de arcilla al oeste de Saltillo donde tenía que estar atenta a las tarántulas y los escorpiones antes poner de los pies en el piso cada mañana. El cuarto lugar fue un suburbio aislado de Monterrey.

Con la experiencia de vida en estos lugares, descubrí que tenía mucho por lo que agradecer a pesar del incendio y los problemas con mi padre. Los esfuerzos y las actitudes de gente que tiene dificultades con las cosas más básicas de la vida me demostraron que yo había dado las cosas por hecho. Me había imaginado que el verano sería una escapada, pero terminó siendo una educación diaria que me afectó espiritualmente. El sentimiento distante congelado de Dios comenzó a derretirse. Comencé a rezar de nuevo.

Comencé a leer mi Biblia con mis anfitriones y por mi cuenta. Mi atención estaba orientada hacia lograr lo mejor que pudiera con las tareas que me asignaban. Mi meta era hacer que la gente se sintiera valorada en cada interacción.

La excitación y la libertad del verano mi dieron tiempo para pensar y planear como ser mejor en casa durante mi último año de la secundaria. El año mismo no sería difícil. Había planeado y elegido los cursos que disfrutaría en mi último año en la Union High School. Me sentí segura de que la renovación de mi espíritu duraría y recé para que tuviera un efecto positivo en los problemas de mi familia.

Mi vuelo de regreso aterrizó en Newark. Mirando por la ventanilla mientras el avión se acercaba al aeropuerto, sentí que esto también era un país extranjero. Nuestra tranquila calle en Union, cerca de la Reservación Kennedy y a una milla de Kean State University, había sido un buen lugar para nosotros desde que el seguro nos dio suficiente dinero para comprar una casa. Si lograra superar los humores de papá, no tendría problemas este año en casa. Cuando salí de la zona de llegadas hacia el vestíbulo principal, mamá me recibió con una sonrisa y un fuerte abrazo.

No hablamos mucho mientras íbamos al automóvil o salimos del aeropuerto. Sabía que mamá necesitaba concentrarse al salir de la terminal. Cuando llegamos a una autopista conocida, suspiró con alivio.

Miré a mi alrededor y dije:
—Mamá, este no es el camino a casa.
—Nos mudamos.
—¿Qué?
—Nos mudamos el mes pasado a Morristown.
—¿Estás bromeando?
—No, por supuesto que no.
—¿Voy a cursar mi último año en una nueva escuela secundaria?
—Sí, y te irá muy bien.
—Mamá, si hubieras tenido un accidente al venir al aeropuerto, solamente hubiera tenido la vieja dirección y el viejo número de teléfono.
—No ocurrió tal cosa, ¿verdad? Te va a gustar la nueva casa. Es mucho más fácil para que papá viaje a trabajar y estamos al frente del gran parque de Morristown. Nunca construirán casas al frente de nosotros. Union se expande todo el tiempo. Quién sabe si se salvará la Reservación Kennedy. La nueva casa es buena para nuestras necesidades y hemos puesto mucho esfuerzo en ella. Tu padre pintó todo el exterior. Mark ayudó a pesar de que fue un verano caluroso para ese tipo de trabajo. Mientras tú estabas lejos divirtiéndote en México, nosotros rasqueteamos, pintamos, empapelamos y trabajamos en el jardín.
—¿Mark ayudó con todo eso?
—Un poco. También está en una nueva escuela, octavo grado en la escuela media cerca de la nueva casa. Es

miembro del equipo de fútbol americano. Ya hace un mes que están practicando.

Parecía orgullosa del trabajo que habían logrado y esperaba que yo estuviera de acuerdo con este cambio. En la media hora que llevó viajar desde el aeropuerto a nuestra nueva casa, mamá no me hizo ninguna pregunta sobre mi verano ni el vuelo a casa. Escuché detalles sobre la mudanza y sobre la decoración. Hasta parecía entusiasmada que había encontrado papel higiénico con pequeñas flores rosadas que simulaban el empapelado que había elegido para el baño del pasillo.

¿Papel higiénico con flores rosadas? Me pregunté cuándo le contaría que en uno de los lugares existía una letrina comunitaria, ni siquiera letrinas individuales para cada familia. Papel higiénico, blanco común, barato y delgado venía con los suministros que llegaban por Jeep cada dos semanas.

¿Duchas? ¿Bañeras? Nadábamos en un río cercano. Teníamos que usar ropa cuando transpirábamos mucho o estábamos cubiertos con polvo del paisaje. La gente en la comunidad no quería la casi desnudez que significaban los trajes de baño.

No sabía qué se había imaginado mamá que estuve haciendo todo el verano. Probablemente pensó que yo era turista en México. Y saber más sobre mi verano obviamente no era una prioridad en su ocupada mente. Me pregunté si Mark o papá estarían interesados en saber algo sobre mi estadía lejos de casa.

* * *

Lecciones aprendidas después: La zona de comodidad interior

Las infancias poco felices con cuidadores poco fiables y críticas constantes pueden causar una autopercepción insalubre, pero ese no fue mi caso. Sabía quién era incluso cuando era pequeña. Mis padres me habían apoyado, así como otros miembros de la familia y amigos. Me había ido bien en la escuela y me gustaba la atención positiva que eso generaba, especialmente porque Mark no parecía estar interesado en la escuela. Solamente hacía lo que tenía que hacer. La mayoría de sus intereses y energía la gastaba en deportes y chicas. Los dos aprendimos cómo adaptarnos y hacer amigos.

Ni Mark ni papá me hicieron preguntas sobre mi verano trabajando en el valle del Río Grande o en México. El pastor me entrevistó en un servicio de la noche sobre el trabajo que había hecho. Mis padres y Mark lo escucharon. Eso pareció ser suficiente para ellos.

La vida no sería sobre mí o para mí. Pero a pesar de sentirme tan aislada de mi familia nuclear, Dios siempre estaría conmigo. El tiempo y la perspectiva de Dios son diferentes a los nuestros. Yo había decidido confiar que mi perspectiva era como mirar la parte de atrás de un bordado. La perspectiva de Dios veía el producto terminado, el lado que yo no podía ver.

Una leve tensión afectó a nuestra casa de Morristown. Excepto por tratar de ayudar a mamá cuando estábamos en casa, Mark y yo nos esforzamos mucho para no molestar a papá. Por mi cuenta, seguí rezando más que antes del verano, pero el sentimiento de la conexión fluctuó. Tratar de mantener a Dios como una zona de comodidad interior era como tratar de ver con claridad el camino para salir de una sala llena de humo.

Capítulo 19

Crecer a pesar de los chaparrones

Muy cerca de nuestra casa de Morristown, un importante centro de salud me contrató como ayudante de enfermera. La paga era más alta comparada con lo que ganaban la mayoría de los adolescentes. Trabajé en el turno de tres a once. Eso significaba que tenía que hacer mis tareas en la escuela porque cuando volvía a casa, solamente tenía tiempo para ponerme el uniforme e irme a trabajar. Me convertí en una persona nocturna porque después de trabajar estaba tan despierta que me llevaba cierto tiempo relajarme. A menudo, terminaba las tareas escolares entre las 11:15 p.m. y la 1:00 a.m.

Otro mundo, una perspectiva íntima sobre cuidar a los ancianos, los enfermos y las personas lisiadas, se abrió para mí desde el primer día de trabajo. Entusiasmada y determinada a hacer un buen trabajo, saludé a la primera anciana que tenía una dulce sonrisa. Su sonrisa se transformó cuando se inclinó hacia adelante en su silla de ruedas y vomitó sobre mis zapatos blancos de trabajo recién comprados.

Trabajaba de manera alternativa en tres unidades diferentes, una geriátrica, una para gente joven que eran lisiados y una institución de salud mental. Ningún día era igual al anterior y la educación sobre el cuerpo y la mente no tuvo comparación con ningún curso que haya completado. En el año que pasé trabajando en las unidades, fue muy triste verificar cuánta gente casi nunca tiene visitas. Tratando de tratar a cada persona como si fueran miembros de mi familia me ayudó a mantener una actitud positiva y a trabajar con consciencia.

La escuela y el trabajo significaban que no pasaba mucho tiempo con mi familia, excepto los cuatro días entre los turnos. Trabajaba diez días en un edificio, tenía cuatro días de licencia y luego iba a trabajar en otra sección o edificio. Ese fue mi horario durante todo mi último año de la secundaria. Los cuatro días en casa variaban en dificultad, dependiendo de si incluían un fin de semana. Tener un fin de semana en casa significaba pasar más momentos con mi familia.

Cuando se cumplió el primer mes de estar en la nueva casa, entendí que a pesar de que el viaje al trabajo era más fácil para papá, todavía se comportaba de manera remota y hosca. Mark había adaptado mi estrategia de estar ocupado con algo que mis padres aprobarían. Aceptaron que estuviera fuera en las prácticas o con sus amigos. En octavo grado parecía mucho mayor y hasta lo invitaban a salir chicas que tenían la edad para manejar.

A mamá no le gustaba eso, pero papá expresaba su complacencia cada vez que una chica llegaba a buscar a Mark para salir. —Ese es mi hijo —decía en voz alta, a pesar de que solamente mamá y yo lo escuchábamos.

Todos estábamos ocupados con trabajos y actividades que requerían estar fuera de casa o en nuestros dormitorios.

Gracia entrelazada

Los deportes y las salidas hicieron que Mark se atrasara en sus tareas escolares, por lo que cuando tenía tiempo en casa, se ocupaba de ponerse al día con sus deberes. Papá trabajaba en el jardín, leía, miraba televisión o dormía cuando estaba en casa. Mamá a menudo desaparecía en su dormitorio para leer o trabajar en proyectos que no supe hasta que un día llegó un sobre grande por correo de la tía Beverly.

El sobre estaba lleno con fotos que Beverly había encontrado de feriados cuando Mark y Andy y yo éramos muy pequeños. —Son maravillosas —dijo mamá con una de sus sonrisas mezcladas con lágrimas—. Ven conmigo. Me llevó al dormitorio que compartía con papá.

Allí abrió las puertas corredizas de su gran armario y empujó la ropa hacia un extremo. Cuando salió, tenía la vieja valijita negra. Fue como un golpe en el estómago. La última vez que la había visto había sido cuando habíamos ido a buscar pertenencias que habíamos guardado en la casa de los Clauss antes de mudarnos a nuestra nueva casa.

Esta pequeña valija negra estaba hecha de cartón duro y tenía adornos que la hacían parecer de cuero. Un cerrojo de plata en el medio la mantenía cerrada. Todas las esquinas parecían muy deterioradas. Odiaba verla.

Con una sonrisa, mamá puso la valija en la cama, abrió el cerrojo y apareció en su interior todos los papeles, sobres y tarjetas en un lado y la ropa en el otro. Yo había sacado esa ropa de la canasta de ropa para lavar el viernes que habíamos ido a la casa de Magie Avenue. Era toda la ropa de Andy.

Debajo de algunos papeles, mamá sacó un álbum de fotografías. —Estoy llenando un álbum con fotos de Andy, tuyas y de Mark que me ha dado la gente. Puse todo esto en esta valija porque es lo suficientemente pequeña para que no moleste y porque tu padre no quiere ni verla.

Me miró como si yo fuera capaz de entender. Entendí, pero me hizo enfurecer. Ella quería ver esas cosas, y ya habían pasado cinco años desde la muerte de Andy. Entendí querer ver las fotos, pero ¿por qué guardar su ropa? ¿Por qué guardar todas las tarjetas de pésame, el libro de visitas de las horas de visita, las flores prensadas de los ramos que habíamos recibido de la familia y el pequeño sobre blanco que había estado en el alhajero? ¿Por qué guardar y apreciar cosas que habían sobrevivido a Andy?

Ni quise mirar nada ni pensar en el incendio. Había puesto todo fuera de la coraza que rodeaba a mi corazón. Salí del dormitorio.

* * *

A pesar de que era mi último año, Mark y yo escuchamos a mis padres conversar sobre otra mudanza. Yo había esperado graduarme antes de que nos mudáramos a otro lugar. Morristown High School era más grande que la escuela a la que había concurrido en Union. Teníamos 898 estudiantes en nuestra clase de graduación y éramos la clase menos numerosa de toda la escuela secundaria.

Una búsqueda de drogas durante la clase de drama hizo que la policía se llevara a dos estudiantes y nuestro año incluyó protestas sobre Kent State, Sionismo y Vietnam. Días en clases con muchos estudiantes y sentirme como una cabeza de ganado corriendo por los pasillos y las peleas fueron los aspectos negativos de la escuela. Los maestros que encontraban maneras de hacer interesantes los requerimientos lograban mejorar algo los días. No me gustaban las clases de gimnasia y Morristown tenía una variedad de opciones de gimnasia como esgrima, tiro con arco y bowling.

La escuela también tenía una clase sobre educación sexual que salió en el diario porque el contenido era apto para la facultad de medicina y porque creaba miedo entre los interesados en el ejército sobre las enfermedades transmitidas sexualmente. El curso hizo que el programa de estudios de Morristown sea controversial y único.

Como estudiante de último año, estaba automáticamente inscripta en la nueva clase problemática sobre la salud. La gente decía que era demasiado explícita para una clase sobre educación sexual. Los padres que no querían que sus hijos concurrieran podían firmar un pedido y en cambio los estudiantes iban a la biblioteca. A pesar de que mis padres eran mucho más conservadores que los de otros estudiantes, dijeron que podía concurrir a la clase. Según ellos, era lo suficientemente mayor como para aprender cómo veía y pensaba el mundo sobre el sexo comparado con cómo Dios nos indicaba tener relaciones sexuales.

Esa clase y mi clase de honores de inglés que incluyó libros considerados problemáticos, como *Last Exit to Brooklyn, Lord of the Flies, Catcher in the Rye*, y *The Sun Also Rises*, no solamente expandieron mi conocimiento de diferentes perspectivas sino mi capacidad de escuchar, argumentar y discutir. También se usaban los textos clásicos de literatura inglesa. Pasamos tres semanas leyendo *Canterbury Tales* en uno de esos libros.

Nuestra profesora de inglés, la Sra. Grow, fue consistente con su reputación. Nos desafió en la lectura, la escritura y en las conversaciones. Si alguien expresaba una creencia o punto de vista diferente, se concentraba en dicha persona y la cuestionaba con frecuencia. Debido a que yo expresé puntos de vista positivos sobre el cristianismo, especialmente cuando Chaucer hizo que toda la fe pareciera un desastre, la Sra. Grow me hacía preguntas cada vez que una historia o artículos estaban relacionados con la fe cristiana.

Como familia, ya no teníamos momentos de devoción, pero todavía rezábamos juntos antes de salir de casa al principio del día. En realidad, el que rezaba era papá, pero nosotros podíamos hacer sugerencias sobre pedidos. Mencioné que debíamos rezar por la Sra. Grow para que dejara de molestarme sobre las ideas cristianas.

—No —dijo papá—. Necesitamos pedir que Dios te brinde las palabras para expresar tus ideas. Tu profesora te está haciendo un favor al molestarte. El mundo te desafiará todos los días.

—Después de esta respuesta, rezó y todos nos fuimos de casa.

Sabía que había otros cristianos en mi clase de inglés. Un par de ellos iban a la iglesia a la que iba mi familia, pero no hablaban en las clases de la Sra. Grow. Mi única amiga que tenía fe, Brenda, fue mi mejor amiga en el año que pasé en Morristown High School. Era pequeña, mucho más inteligente que yo y tímida. Cuando salíamos de la clase de inglés después de una larga sesión de intercambio con la Sra. Grow, Brenda me tocó el brazo y me dijo —rezo por ti cada vez que la Sra. Grow te hace una pregunta.

Con descortesía, le respondí:
—¿Por qué no dices algo tú también?

* * *

El día de nuestra graduación, luego de que todos estuvieran sentados en las sillas plegables de la cancha, comenzó a llover, primero poco y luego un diluvio. Al tratar de evitar la electrocución por la tormenta, el anunciante indicó:

—Vengan a la escuela durante la semana a recoger el diploma.

Los colores de la escuela eran granate y blancos. El color granate de las togas y birretes se destiñó. Los graduados tenían manchas granates en la ropa especial que tenían debajo de las togas de graduación. Debería haber interpretado ese día de la graduación como un anticipo de un difícil verano. Si llovió durante mi graduación, ¿qué le seguiría?

Además de la corrida empapada desde la graduación hubo un argumento en casa, el peor que había visto entre mis padres. Una persona podía estar parada en el fregadero de la cocina y mirar el patio o, al darse vuelta, mirar directamente hacia la sala de estar y ver la ventana panorámica grande que estaba en el frente de la casa.

Después de llegar a casa del fiasco de la graduación, Mark se fue a su dormitorio a cambiarse. Yo hice una pausa en la cocina para ver el diluvio que todavía seguía. Escuché a mis padres discutir. No era en voz muy alta, pero sí con mucho enojo.

No quería darme vuelta para verlos, pero lo hice. Justo a tiempo para ver que papá le daba una cachetada a mamá en la cara. Mamá me daba la espalda. Retrocedió unos pasos. Vi que se puso la mano en la cara y salió de la sala de estar hacia su dormitorio.

Eso dejó a papá en mi línea directa de visión y yo en la de él. En mis pensamientos, se convirtió en una persona detestable. Mi cara mostraba lo que sentía. Sabía que estaba esperando que yo dijera algo. ¿Qué podría decir? Nunca me hubiera imaginado que fuera capaz de pegarle a mamá. Me pregunté si lo había hecho antes o si era la primera vez.

Me di vuelta y puse una mano en la mesada y una en la manija del cajón. Lentamente abrí el cajón hasta la mitad.

Estaba lleno de cuchillos filosos organizados desde uno para cortar, uno para deshuesar y uno para pan hasta cuchillos más pequeños. Miré a los cuchillos y pensé: «Así es como ocurren los homicidios en las familias». Retrocedí un paso, me di vuelta y miré a papá con lo que esperaba fuera un asco bien visible. Y me fui a mi dormitorio. Suponía que él había cerrado el cajón porque nadie más entró a la cocina por el resto de la tarde.

* * *

Nos mudamos una semana después de la graduación con el diluvio. Tuve la oportunidad de conversar con Mark y contarle lo que había visto. Le pregunté si alguna vez había visto a papá pegarle a mamá. Me dijo que no. Le pedí que me dijera si él veía que pasaba de nuevo. Si mamá no era capaz de dejar a papá luego de que le pegara, tendríamos que presionar más fuerte para que lo hiciera. Podíamos demandar que eligiera entre él o nosotros.

La casa de Morristown ahora tenía un ambiente diferente y mucho peor. Sentirme tan mal hizo que estuviera de acuerdo con otra mudanza. Mark pensó lo mismo. Las mudanzas siempre requieren mucho trabajo, no solamente empaquetar todo. Trabajamos como familia para arreglar la nueva casa, haciendo reparaciones, pintando, empapelando y decorando.

Debido a que mis padres siempre arreglaban cualquier casa que compraban, lograron una ganancia al venderla. La ganancia que obtuvieron de la casa de Morristown les generó suficiente dinero para comprar un negocio que les interesaba, una hostería en la costa de Nueva Jersey.

Compraron una casa construida a principios de los 1900,

ubicada a una cuadra del océano en Bay Head, Nueva Jersey. Tenía dieciséis dormitorios, ocho baños, tres pisos, un sótano y un piso principal con un atractivo vestíbulo antiguo de entrada, sala de estar, comedor, baño, despensa y una cocina grande. El porche envolvía el frente y un costado. Arbustos altos y anchos creaban una cerca verde alrededor en el costado y el patio. El patio del frente tenía arbustos y césped, además miraba hacia la ruta principal a lo largo de la costa.

Como Bay Head no tenía moteles ni hoteles, las pocas hosterías tenían las habitaciones llenas todo el verano. Ni bien compramos la casa, mamá cambió el cartel del frente a Andrew's by the Sea. Íbamos a vivir en la casa, y todavía quedaban dieciséis dormitorios para huéspedes, algunos en suite.

Las habitaciones estaban todas reservadas para el verano por la anciana que les vendió la casa a mis padres. Esta hostería tenía muchas visitas repetidas que alquilaban las mismas habitaciones durante las mismas semanas todos los veranos. Les gustaba esta parte tranquila de la costa, sin moteles o parques de diversiones y solamente otra hostería. Grandes casas antiguas bordeaban la playa en las dos cuadras más cercanas a las dunas y la arena. En la esquina había una pequeña despensa cerca de la casa grande y blanca que mamá había bautizado Andrew's by the Sea.

Mi papá no decía el nombre de nuestra hostería y a veces hacía una mueca cuando veía el cartel en el frente de la casa. Sabíamos que mamá había elegido el nombre. ¿Se lo permitió porque sabía que había sido tan miserable con ella?

Un cine también estaba muy cerca. Jaws fue estrenada ese verano y la gente que pasaba los días en la playa creaba largas filas esperando ver esa película cada vez que la mostraban. Yo la vi dos veces a la noche que no tenía que trabajar, pero lamenté no tener una amiga con quien ir.

En este nuevo lugar con tantas horas de trabajo cada semana, tuve que aceptar hacer cosas por mi cuenta cuando tenía la oportunidad. Mark nuevamente había hecho amigos con rapidez, y había sido aceptado como miembro del equipo de fútbol americano de Point Pleasant Beach High School. En menos de un par de semanas en el nuevo lugar, ya salía con chicas.

Cuando vivíamos allí, Bay Head tenía miles de turistas en el verano y menos de seiscientos residentes el resto del año. Yo terminé siendo la mucama de la hostería, y mamá era la administradora. Papá era el que arreglaba todo y Mark se ocupaba del patio. Trabajé un turno casi todos los días como moza en el Ocean Bay Diner.

Vivir en la costa era algo que mucha gente soñaba, pero para mi familia incluía una constante variedad de trabajo. También experimenté más lecciones sorprendentes de vida, tal como darme cuenta de que la gente tomaba vodka en el desayuno. Un día mientras pasaba la aspiradora, le pedí a mamá que me trajera un vaso de agua. Cuando terminé de limpiar la sala de estar, vi un vaso de lo que pensé era agua en el mueble de la sala del frente.

Corrí para beberlo y mi boca y garganta ardieron ante la presencia del vodka en ese vaso. Mi mamá no lo había puesto allí. Una huésped, una mujer que trabajaba en publicidad en Nueva York, había dejado el vaso allí mientras fue a buscar su traje de baño.

El mejor beneficio de esta nueva mudanza y experiencia de vida fue que papá decidió que el viaje al trabajo era demasiado largo. Alquiló una habitación cerca de su oficina y se quedaba allí las noches del domingo al jueves. Era largo el camino hasta nuestra iglesia, pero continuamos participando los domingos en dos automóviles. Mark viajaba con papá, pero los dos volvíamos con mamá tarde los domingos.

Cuando papá estaba con nosotros desde la noche del viernes hasta el domingo a la mañana, los días eran tensos. Pensé que no le gustaba la independencia que veía crecer en Mark, en mamá y en mí. Mucha de la tensión era debido a las finanzas. Mamá parecía más cómoda administrando un negocio que papá.

A mediados del verano, mamá y papá me llamaron a la cocina y me dijeron que necesitaban una nueva alfombra en los pasillos y las escaleras de la hostería y otras reparaciones y mejoras. No iban a poner darme nada para la universidad. Yo esperaba recibir $1,500 de ellos, pero la alfombra y las reparaciones eran mucho más que eso.

Como si fuera una manera de reconfortarme, papá dijo:

—Si no vas a la universidad, no hay problema. Las mujeres se casan y tienen niños. No necesitas la universidad. Y mucha gente va a la universidad más adelante en la vida.

Con lo que yo había ahorrado de mi trabajo, una pequeña beca y lo que contaba de la promesa original de mis padres, hubiera podido pagar la universidad. ¿Y ahora?

Capítulo 20

El gin de Gordon

Quería ir a Gordon College en Wenham, Massachusetts. Gordon era todo lo opuesto al Morristown High School. Era pequeño, situado en un hermoso lugar, y tenía un alto nivel académico, especializaciones que me interesaban, una perspectiva cristiana y profesores que tenían esa fe. Además, estaba a poca distancia de Boston. Aunque no tuviera automóvil, podía caminar hasta la estación de tren de Beverly Farms y llegar a la ciudad.

Había recibido la aceptación temprana y decidí que podía inscribirme en el primer semestre. Me alcanzaba el dinero para eso y podía conversar con las oficinas de ayuda financiera y de orientación académica sobre opciones. Al final del verano, me fui a Maine a pasar el fin de semana largo del Día del Trabajo. Los años nunca parecían completos si no pasaba unos días con la abuela y el abuelo en Maine. No les hablé sobre el dinero que necesitaba porque sabía que apenas tenían para sobrevivir con el ingreso jubilatorio.

Gracia entrelazada

Ellos siempre habían hecho mucho por mí. Ahora serían los que me llevarían al colegio universitario en Massachusetts. Eran menos de tres horas de viaje desde Waldoboro a Gordon. Estaban entusiasmados de ser los que me llevarían. Los dos tenían confianza en que me iría bien y la abuela me dijo que ella rezaba todos los días sobre mis estudios. No era una persona que solamente decía que iba a rezar. Rezaba todos los días por mucha gente. Yo había visto la lista de oraciones en su Biblia.

El día que teníamos que partir, caminé hasta el buzón del correo. El cielo tenía el azul de una pintura holandesa con casi ninguna nube a la vista. Me di vuelta para mirar hacia la granja que yo sentía más como mi casa que ninguno de los lugares donde había vivido en Nueva Jersey. Saqué el correo del buzón y comencé a caminar de regreso. Mirando el correo, encontré un sobre grande que me habían enviado a mí desde la dirección de Bay Head.

En su interior, había un cheque de una beca de una fundación. Sin que yo lo supiera, una mujer de la iglesia que era lo suficientemente anciana como para haber sido la maestra de mis padres en la escuela dominical había presentado una solicitud a una beca poco conocida en mi nombre. Yo no sabía nada al respecto, pero era el monto exacto que necesitaba para pagar todo el año en Gordon. Exclamé en voz alta y corrí hacia la casa. Estaba sorprendida y encantada. Casi no pude contarle a la abuela y el abuelo lo que tenía en la mano mientras les mostraba el cheque y trataba de hablar.

Como siempre, el abuelo era típicamente reservado como la gente de Nueva Inglaterra; sonrió y expresó su alegría de que yo había recibido esa beca. La abuela me dio un abrazo y susurró en mi oído:

—Le he pedido al Señor que responda a todas tus necesidades si Gordon es realmente el lugar donde debes estar.

La beca parecía como un milagro. ¿Quién recibe una beca a la que no han presentado una solicitud? Con la ayuda de esa beca y mis dos trabajos a tiempo parcial mientras estudiaba, las facturas del año estaban pagadas. Mi tocaya, la tía Virginia, me escribió por lo menos dos veces por mes, y siempre incluía dinero con sus tarjetas, que parecían llegar cuando me quedaban apenas centavos.

Saber pocas semanas antes de salir para Maine que mis padres no me darían el dinero para la universidad que me habían prometido generó un mal recuerdo. Seguí aferrada a la falta de perdón de mi padre por lo que yo consideraba su traición como padre y como esposo. Sabía que papá tomaba todas las decisiones sobre las finanzas. Le había permitido a mamá ponerle el nombre a la hostería, pero él decidía todo lo que tenía que ver con reparaciones, educación y grandes facturas. Realmente pensaba que las mujeres no necesitan una educación universitaria.

*   *   *

Mi compañera de habitación, Beccy, tenía una fe cristiana vibrante y práctica. A medida que nos conocimos mejor, tuvimos conversaciones sobre nuestras vidas del pasado. Beccy extrañaba a sus padres y hermanos desde el momento en que la dejaron en la universidad. Me sorprendió ver que hasta tenía lágrimas en los ojos cuando se fueron.

Cuando me escuchó hablar sobre estar contenta por estar lejos de casa, preguntó sobre mi familia. Le conté parte de por qué vivir en la universidad era un alivio para mí. Traté de ayudarla a ver que la vida en mi casa era como caminar en puntas de pie sobre una cuerda mientras uno prestaba atención a otras personas que necesitaban ayuda para caminar sobre otras cuerdas cercanas. Le dije a Beccy que, durante toda la secundaria, le había pedido a mi madre que se divorciara de mi padre.

Parecía como que nunca iba a superar la depresión en la que había caído. Pensé que mamá tenía ideas ridículas sobre que iba a cambiar. Sus cambios de humor hacían que todos a su alrededor se sintieran mal, a pesar de que solamente lo mostraba en casa. Parecía ridículo y equivocado que pensara que tenía el derecho a vivir con dichos humores como adulto. Yo no pensaba que él quería ser hipócrita, pero se parecía a Jekyll y Hyde.

* * *

Durante mi primer año de estudios, era aterrador que cada día parecía ser el mejor que me podría haber imaginado. Papá nos había enseñado que cualquier cosa que parecía buena tenía fallas. Cuando las cosas iban bien, debíamos esperar problemas.

Los colores otoñales en los árboles que rodeaban a Coy Pond hicieron que cada caminata por el campus fuera un regalo. Frost Hall, como si fuera parte de un castillo medieval, era el edificio más antiguo y parecía mágico; tuve un par de clases allí. La gente de la oficina comercial era atenta y alentadora. La dura coraza que cubría mi corazón y las emociones se volvieron tan flexibles como el cuero.

Mis días universitarios y el ambiente del lugar me sirvieron como una nueva vida y un nuevo comienzo con nuevos amigos, profesores que se preocupaban por los estudiantes y cursos interesantes. Estos cambios positivos hicieron que fuera más fácil lograr que todos los problemas quedarán atrás. Las clases, los trabajos de limpieza dentro y fuera del campus, conocer nuevos amigos, ser parte del grupo de drama, eventos especiales en el campus y viajes a Boston para ver conciertos y eventos deportivos llenaron cada semana con experiencias positivas.

Hasta tenía un nuevo nombre. A pesar de que siempre había sido Virginia para familiares y amigos, pensé que como estaba en Gordon, yo sería el gin de Gordon. El tío Sammy me había regalado un adorno grande para la ventana de su bar sobre el gin seco destilado por Gordon en Londres. Incluía un hombre británico caminando debajo de un paraguas en una calle de Londres y la palabra Gordon. Es cómo los ingleses se mantienen su orgullo. Al día siguiente después de poner el adorno en la ventana de mi dormitorio, era el gin de Gordon, pero la mayoría me llamaban Ginny.

Después de una semana, el presidente de la universidad, el Dr. Okenga, caminando por el campus pudo ver mi dormitorio, Sheppard Hall. Mirando los senderos y el verde estaba mi ventana en el segundo piso con el cartel de Gordon's Gin. Ni bien el presidente llegó a su oficina, llamó a la directora de nuestro dormitorio, Eleanor Vandervort. —El cartel sobre el gin tiene que desaparecer. —A pesar de eso, seguí siendo Ginny para la mayoría de los estudiantes y el gin de Gordon para algunos.

A pesar de la preocupación del Dr. Okenga, el ambiente de Gordon no tenía la tensión o la tristeza que afectaba a mi casa todos los días. A veces me sentía triste de que Mark todavía estaba anclado allí y me preocupaba sobre mamá. Mark me había dicho que me llamaría si papá empeoraba, pero pensé que quizás papá se comportaría mejor sin que yo estuviera allí con mi resentimiento y mi desprecio. Después de que le pegó a mamá, probablemente hasta podía ver odio en mis ojos.

* * *

Vivir con otras mujeres en nuestro dormitorio femenino incluyó mucho tiempo para la conversación. Entendí que todas teníamos razones dramáticamente diferentes por las que venir a Gordon. Algunas chicas dijeron que vinieron a una universidad cristiana para conocer a un hombre cristiano con quien casarse. Algunas dijeron que sus familias solamente pagarían si iban a una universidad cristiana. Algunas eligieron a Gordon por razones similares a la mía: el deseo de una experiencia educativa muy diferente a la escuela secundaria e independencia de sus familias.

Beccy y yo y nuestras vecinas más cercanas, Lynne, Mary y Judy, tuvimos largas conversaciones sobre nuestras esperanzas para el futuro. Como Beccy era mi compañera de cuarto, tuvimos las conversaciones más personales ese primer año. Beccy tenía mucha habilidad para escuchar y era una amiga valiente y honesta. Si bien expresaba simpatía, también tenía el coraje necesario para decirme que ella pensaba que yo necesitaba hacer algo para perdonarme a mí misma y a mis padres.

Le dije a Beccy y a nuestras otras amigas íntimas lo que mi madre había tenido que soportar en su matrimonio y que yo prefería no casarme nunca que vivir con alguien que me hacía sentir miserable a mí y a mis hijos. Mis amigas venían de familias más felices que la que yo había tenido desde el inccndio. Esperaban matrimonios como el de sus padres. A pesar de todo lo que dijeron, el matrimonio no era algo atractivo para mí.

Los hombres trataban de dominar. Las opciones en mi vida serían menos si estuviera casada y sin duda no tenía aspiraciones de tener hijos. Algunas de mis amigas estaban ansiosas por poder casarse y tener una familia. No les dije que tener hijos era el lugar donde se sentiría el peor dolor.

Con mi compañera Beccy, mi vecina Lynne y la encargada del dormitorio Robin, tuvimos muchas conversaciones sobre el amor, las relaciones y las opciones. Todas eran mujeres jóvenes con una sólida fe que trataban cada día aprender no solamente el material de las materias sino también actitudes de vida aptas para tenerle confianza a Dios.

Nuestra directora del dormitorio, Eleanor Vandervort, era amiga de Elisabeth Elliot, autora de Through Gates of Splendor, la historia del homicidio de su esposo y el perdón que ella extendió a quienes lo asesinaron.[1] Elisabeth Elliot vino a nuestro dormitorio un par de veces cada semestre para conversar con nosotros a la noche sobre vivir el amor y el perdón de Dios en el mundo.

Me sentí segura de que podía vivir mejor si era soltera. Cualquiera fuera la carrera que eligiera, no necesitaba tener que responder a un hombre. Quizás algún día, después de tener treinta años, pensaría de manera diferente. Había visto como cristianos y no cristianos eran poco felices en sus matrimonios, por lo que el matrimonio no garantizaba la felicidad incluso si uno era cristiano. Yo tenía mis planes y el matrimonio no era parte de mi futuro previsible.

Capítulo 21

No lo que esperaba

Conocí al hombre con quien me casaría en la primavera de mi primer año en Gordon. Vivía en una casa con cuatro otros hombres jóvenes que eran estudiantes en el Gordon-Conwell Theological Seminary. Robin estaba saliendo con uno de los cinco, Jack, y había prometido ir a hacer galletas en la casa. Se sintió tímida al tener que ir sola y preguntó si alguien quería ir con ella.

Todas tenían algo que hacer o trabajos que escribir por lo que yo le dije que la acompañaría. Me gustaba hacer galletas y sería interesante conocer a un grupo de muchachos que estaban estudiando para ser pastores. Solamente Jack, el amigo de Robin y un muchacho joven de Maine, Fred, tenían la apariencia de ser estudiantes de un seminario. Los otros tres tenían cabello hasta los hombros. Uno también tenía una barba. Dos de los muchachos con cabello largo usaban *dashikis*, vaqueros y sandalias.

Había conocido a muchos pastores, misioneros y evangelistas en toda mi vida, pero ninguno se parecía a estos muchachos. Dijeron hola cuando Robin y yo nos preparamos para hacer las galletas y no aparecieron de nuevo hasta que el aroma de las galletas frescas llenó toda la casa. Robin conversó con Jack y los otros más que yo, a pesar de que Fred y yo disfrutamos una conversación sobre lugares especiales que disfrutábamos en Maine.

Esa noche, de regreso en nuestro dormitorio, recibí una llamada de Jerry, uno de los muchachos que había conocido al hacer las galletas en Beverly Farms. Me invitó a salir el viernes siguiente y yo acepté. Beccy se sorprendió cuando le dije que uno de los muchachos con quien había hablado muy poco me había invitado a salir.

—Tú nunca pareces estar interesada en salir.
—No estoy desesperada.
—¿Pero te parece que vas a disfrutar salir con este muchacho?
—Pienso que es interesante. Tiene más edad que la nuestra y no conozco a nadie de Chicago.
—¿Es por eso por lo que aceptaste salir con él?
—¿La verdad?
—Sí.
—Acepté salir con él porque su cabello largo y apariencia enfurecería a mi papá.
—¿Les vas a contar a tu papá sobre él?
—No. No necesito hacer tal cosa. Solamente salir una noche con un hombre que es tan diferente a mi papá me pondrá contenta.

A Beccy no le gustó la respuesta. Lo demostró con su expresión y postura. Debido a que yo tenía muchas materias y participaba en muchas actividades, más el grupo de drama del campus, la primavera pasó con rapidez. Las salidas con Jerry eran casuales y variaban desde ir al cine a picnics o jugar al bowling o andar en bicicleta. La conversación se mantuvo en la categoría apta para conocernos, con algo de teología y política mezclada en la conversación.

Un sábado, Jerry me preguntó a qué iglesia iba. Yo no iba a ninguna y me sentí un poco defensiva. Le dije que yo estaba segura de que había ido a la iglesia más que él porque mi familia trataba de estar en todos los eventos y servicios en todos mis años antes de venir al colegio universitario. Luego admití que no iba a ninguna iglesia. Desde que había llegado, había disfrutado dormir hasta tarde y disfrutar un domingo tranquilo sin servicios en la iglesia. Él me contó sobre una iglesia a la que iba y habló con tanto entusiasmo sobre ella que acepté visitarla con él.

Antes de que terminara el semestre de la primavera fui varias veces. Esa experiencia me llevó a escuchar al pastor Howard Keely, que también dictaba una materia práctica sobre el ministerio en el Gordon-Conwell Theological Seminary. Sus sermones nunca eran aburridos y yo sabía que Jerry y otros apreciaban las clases de Howard.

La esposa de Howard, Hazel, parecía más simpática que las esposas de otros pastores que había conocido. Ella administraba la casa, compartía con Howard la crianza de sus dos hijos, y tenía un trabajo fuera de la casa en una inmobiliaria. Howard y Hazel invitaban a participar en estudios en su casa y tenían visitas con frecuencia. Parecían mucho más activos y divertidos que las familias de otros pastores que yo había conocido.

Justo antes de dejar el colegio universitario para pasar otro verano como mucama y moza, Jerry vino a visitarme y me dijo que iba a trabajar como pastor juvenil en una iglesia en Kensington, parte de Filadelfia. Me preguntó si podía venir a visitarme en la costa de Jersey y le dije que sí. Era menos de noventa minutos de viaje a menos que una persona viniera un viernes o volviera el domingo. Jerry dijo que solamente podía venir un día de semana. No le dije que eso era bueno porque mi padre no estaría en la casa los días de semana.

* * *

A pesar de que advertí a mamá que Jerry, un muchacho que iba a un seminario, no se parecía a ninguno de los pastores que había conocido, mamá se sintió sorprendida y Mark no ayudó mucho. Él estaba en el porche del costado cuando Jerry estacionó su Vega en el estacionamiento de la hostería. Debido a que había manejado con la ventanilla abierta, había usado una vincha para impedir que su cabello le tapara la cara. Cuando se bajó del automóvil con la misma *dashiki*, vaqueros y sandalias que había usado cuando lo conocí por primera vez, Mark me preguntó —¿este es el muchacho?

Le dije que sí y Mark salió del porche haciendo un sonido extraño mientras se tapaba la boca con la mano, su versión de un sonido tribal. Luego sonrió y entró a la casa a contarle a mamá que esperara una sorpresa.

—Menos mal que papá no está —dijo Mark riéndose mientras me dejaba para que yo saludara a Jerry.

Mamá fue atenta, pero cuando tuve que prepararme para ir a trabajar, se sentó con Jerry en el porche y le preguntó cómo podía estar estudiando para ser pastor y tener el cabello tan largo. ¿No sabía que la Biblia decía en la primera carta a los Corintios 11:14 que es vergonzoso que un hombre tenga el cabello largo?

A pesar de que yo le había indicado a Jerry cómo eran de conservadores mis padres, se sintió sorprendido. Afortunadamente, cuando mamá hizo una pausa después de su pregunta y breve sermón, Jerry no trató de argumentar ni indicar que les dijeron a personas como Sansón, Juan Bautista y los nazareos que nunca debían cortarse el cabello.

Jerry respondió:

—Sra. Riposta, solamente estoy saliendo con su hija. Si nuestra relación llega a ser más seria, con gusto me cortaré el cabello para que usted se sienta más cómoda. Ahora, en mi trabajo con gente joven, muchos de los adolescentes y jóvenes adultos usan el cabello largo.

Ella abandonó el tema, pero me dijo después de tener la seguridad que Jerry viniera de visita solamente cuando papá no estaba con nosotros en Bay Head. Durante la mayor parte del verano, Jerry venía a mediados de semana cuando yo tenía un día libre en el comedor. Cuando llegó a fines de julio, noté que su cabello ya no le llegaba a los hombros. Ahora llegaba a apenas un par de pulgadas debajo de sus oídos.

Jerry y Ginny, 1971

No interpreté el cabello más corto como un intento de

tener una mejor apariencia para satisfacer a mamá. No hubiera servido de nada. A ella solamente le gustaban los cortes de cabello tradicionales en los hombres.

En agosto, Jerry preguntó si podía venir un sábado. Saldría de la ciudad temprano a la mañana y volvería cuando yo tenía que salir para mi trabajo de moza.

—Jerry, mi papá estará en casa el sábado.

—Pensé que me gustaría conocerlo.

—No le va a gustar tu cabello largo.

—Es más corto que antes.

—Está bien, pero debes estar preparado para escuchar que desaparezcas. Papá puede ser grosero e irrespetuoso cuando está enojado y tu apariencia, cabello y ropa no está de acuerdo con su idea de un pastor.

Mark y yo estábamos esperando la llegada de Jerry. Mamá había preparado un gran desayuno como siempre para los huéspedes, pero teníamos una mesa para la familia en una parte de la cocina donde podíamos comer nuestro propio desayuno. Pensó que todos desayunaríamos juntos.

Mark fue el primero en ver el automóvil de Jerry. Lo llamó a papá y observó mientras papá salía al porche y pudo ver a Jerry bajarse del Vega. El cabello de Jerry todavía le llegaba a la pera, pero usaba una camisa estampada de algodón con sus vaqueros y zapatillas. Yo estaba saliendo del porche cuando papá pasó a mi lado con el ceño fruncido y volvió a entrar a la casa.

Jerry nunca vio a papá ese día. Absolutamente furioso sobre la apariencia de Jerry, papá se fue al sótano y rehusó subir hasta que «el tipo» se fuera del lugar. Mamá le llevó el desayuno y el almuerzo a papá al sótano. Allí había un apartamento y una sala de juegos. Un bañero había alquilado el apartamento por todo el verano, pero papá podía quedarse

Gracia entrelazada

cómodamente en la sala de juegos, que también tenía un televisor, un sofá, un sillón, una mesa y luces.

Jerry volvió a visitarnos una vez más cuando papá estaba en casa. Fue en septiembre. Jerry iba a viajar de regreso a Massachusetts para sus clases en el seminario y me había ofrecido llevarme a Gordon College. Lo acepté ya que prefería viajar por horas con Jerry.

Papá también estaba parado en la ventana el día que Jerry iba a llegar. Mark se sentó afuera en el porche y prometió no usar su sonido tribal. Jerry se bajó del automóvil sin una vincha. No la necesitaba. Tenía un corte de cabello tradicional y una camisa azul claro de mangas cortas con vaqueros y zapatillas. Cuando abrí la puerta para ir a recibir a Jerry, papá me dijo:

—Nno tiene nada que ver que se cortó el cabello. No voy a olvidar nunca la vez que lo vi por primera vez.

Tuvimos una breve visita lo suficientemente amable antes de que Jerry y yo saliéramos hacia Massachusetts. Mamá parecía aliviada pero todavía tensa. La tensión de papá y la falta de una conversación amistosa crearon muchos momentos incómodos.

Yo tampoco tenía mi mejor disposición. Pensaba en la primera visita de Jerry y el discurso de mamá en el porche sobre la vergüenza del cabello largo en un hombre y me pregunté si Jerry estaba indicando que deseaba una relación seria. Recordaba claramente su respuesta «Sra. Riposta, solamente estoy saliendo con su hija. Si nuestra relación llega a ser más seria, con gusto me cortaré el cabello para que usted se sienta más cómoda».

* * *

Beccy siempre parecía preocupada sobre mi actitud negativa sobre la familia y el matrimonio.

—¿Vas a salir con Jerry otra vez este fin de semana? ¿Es la primera vez desde que te trajo?

—Sí, pero he decidido decirle que pienso que deberíamos dejar de salir.

—¿Qué? —Beccy dejó de ordenar la ropa que acababa de lavar y me miró.

—Me gusta, pero está listo para una relación seria. Yo no estoy buscando una relación seria ni el matrimonio.

—¿Entonces vas a dejar de salir con él?

—Sí. Es mejor para los dos. Cuanto más tiempo pasan juntos las parejas, más posibilidades tienen de enamorarse o lo que sea que enceguece a una persona sobre todos los problemas del matrimonio.

—¿Has rezado sobre este asunto?

—Dios me dio un cerebro para saber qué hacer. No tengo que rezar sobre todas las cosas.

—Si quieres lo mejor para tu vida, deberías.

—Dice una persona que vino a la universidad abierta a la posibilidad de conocer a un buen hombre cristiano con quien casarse.

—A menudo los planes de Dios son diferentes a los nuestros, pero Dios ve todo de maneras que nosotros no podemos hasta que tengamos muchos años.

—Si vivimos tanto tiempo.

—Muy bien, no voy a decir nada más, pero no estoy segura de que esto es lo correcto. ¿Tiene idea Jerry sobre lo que piensas sobre el matrimonio?

—No hemos conversado sobre eso.

* * *

Gracia entrelazada

Jerry llegó sin planes para nuestra salida. Me pareció bien. Sugerí que podíamos encontrar un lugar tranquilo en el campus para conversar este tibio día de septiembre. Su respuesta generó la posibilidad perfecta. —Pareces molesta, no es el humor apropiado en un día tan hermoso.

Aproveché la oportunidad para decirle que yo pensaba que debíamos dejar de salir. Yo no estaba buscando una relación seria y me parecía que él sí.

* * *

Beccy saltó desde donde estaba sentada en la cama cuando volví a la habitación después de haber salido menos de media hora antes.

—¿Le dijiste?

—Sí. Le dije que era una excelente persona pero que yo no estaba lista para una relación seria. Pensé que debíamos dejar de salir.

—¿Y?

—¿Y qué?

—¿Cómo reaccionó?

—Se mostró sorprendido, pero no hizo muchas preguntas.

—¿Adónde se lo dijiste?

—Caminamos cerca de los bancos de piedra en el camino que rodea a la laguna.

—¿Cómo te sientes?

—Aliviada y triste. Pero sé que es mejor dejar de crear una relación. De cualquier manera, estar casada con un pastor sería más difícil que estar casada con alguien con un trabajo común. Los pastores reciben llamadas a toda hora por buenas y malas razones. Las familias de los pastores viven bajo un microscopio y sus hijos son ángeles o son el demonio. He trabajado como niñera para pastores y misioneros y sus hijos son siempre modelos o desastres.

—Oh. De una persona que no quería considerar el matrimonio, parece que has pensado mucho más que eso hasta sobre las carreras de los pastores y una familia.

* * *

La relación entre Robin y Jack parecía seria. Debido a que ella todavía era nuestra asistente en la residencia, las chicas le preguntaban sobre Jack. Robin respondía de la manera que lo haría una hermana mayor, brindando información, pero sin entrar en detalles. Yo esperaba que Robin dijera algo sobre Jerry o me preguntara qué pasaba, pero no lo hizo nunca.

Jerry llamó un sábado a principios de octubre. Dijo que se preguntaba cómo iba mi semestre y qué pensaba en mí y rezaba por mí. Se lo agradecí y le dije que yo también pensaba en él pero que no estaba preparada para comenzar a salir de nuevo.

Después de escuchar su voz, volví a mi escritorio y comencé a escribir una lista. A favor en una columna, en contra en la otra.

—¿Qué estás haciendo? —preguntó Beccy después de poner todos los libros que había traído de la biblioteca.

—Escribiendo una lista de las cosas a favor y en contra de seguir saliendo con Jerry.

—¿Estás pensando en volver a salir con él?

—Me llamó. Me parece que podría pensar en una seria relación conmigo, pero no puedo determinar si ocurre lo mismo conmigo. No sería justo pasar más meses saliendo y después dejarlo.

—Si estás escribiendo una lista de las cosas a favor y en contra, probablemente no estás enamorada.

—¿Por qué no?

—No creo que la gente es tan racional cuando están enamorados.

—Deberían serlo. Mira, las cosas a favor son fáciles. Hay muchas cosas que me gustan de los momentos que paso con él.

Y es muy guapo.

—Sí. Si a una le gustan los europeos nórdicos, que yo prefiero a los italianos con los que crecí. Sabes, una manera de realmente molestar a mi papá sería anunciar que nunca me casaría con un italiano, pero no era por la apariencia.

—Tú eres italiana.

—La mitad y es diferente para la persona que se casa con una mujer italiana. Aprendemos a servir y hacer que las cosas funcionen lo mejor posible para que el jefe de la casa esté contento. Tener a un marido italiano, especialmente uno de Italia, es completamente diferente. Por lo menos, es lo que he visto. Y no importa si son cristianos o no. Su papel es dominar.

—¿Piensas que hombres de otros grupos étnicos son diferentes?

—Quizás, si vienen de una sociedad donde las responsabilidades de la casa se comparten y los padres se respetan mutuamente.

—¿Incluso si la persona no es cristiana?

—Así es. Lo he pensado. Solamente quiero casarme con alguien que tenga una sólida relación con el Señor, alguien que me inspire a crecer en la fe.

—¿Está eso en el lado a favor de tu lista sobre Jerry?
—Sí.
—¿Y qué has puesto en la columna en contra?
—Algunas cosas, hábitos en su mayoría. Deberían ser cosas que podría aceptar si alguna vez tuviéramos una relación seria.
—La gente cambia.
—Y eso es el problema. La gente se casa pensando que van a cambiar las cosas que no le gustan de su cónyuge. Pienso que necesitamos ver lo que la persona dice y hace, sus humores y tratar de imaginar vivir con ellos sin tratar de cambiarlos.
—Buena suerte con eso —dijo Beccy mientras se sentaba en la cama entre sus libros y cuadernos—. Tengo que entregar un trabajo de investigación al final de la semana, por lo tanto, sigue adelante con tu lista. No te voy a molestar, pero te digo que parece una manera fría de evaluar una relación. ¿Todavía no has rezado al respecto?
—Estoy usando el cerebro que Dios me dio, y, de cualquier manera, Jerry reza por mí y por nosotros.

* * *

Jerry llamó la semana siguiente y dijo que no quería seguir molestándome pero que pensaba si quizás pasar algunos momentos conmigo y otro grupo de mi familia me podría ayudar a ordenar mis sentimientos.
—¿Otro grupo de mi familia?
—Tus abuelos en Maine. Sé cuánto los quieres y cuanto disfrutas visitarlos. Pensé que podíamos ir a pasar el fin de semana. Podrías invitar a Beccy o a un par de amigas para

Gracia entrelazada

que vengan con nosotros así no sientes que es demasiado al ser solamente nosotros dos.

Capítulo 22

No lo puedo decir

Lynne no podía viajar por el fin de semana, pero Beccy sí. A Jerry le pareció bien que nuestro viaje sea para los tres. A pesar de que Beccy se sentó sola en el asiento trasero del Vega, la conversación no tuvo limitaciones. Me preguntaron sobre mis abuelos, mis años de vacaciones de verano y hasta de invierno en Maine y lo que hacía durante los días que pasaba allí. Cuando llegamos a la entrada, estaban más que curiosos por ver los lugares que les había mencionado.

La abuela y el abuelo siempre recibían con placer a las visitas, si bien no era con el entusiasmo afectuoso de besos y abrazos. Fue positivo ver a Jerry recibir la bienvenida de las dos personas en quien más confiaba en el mundo. Tuvimos un rato para salir a caminar antes de la cena, ya que la abuela dijo que no necesitaba ayuda.

Querían ver la casa alemana de reunión, ya que ninguno de ellos había estado en una iglesia del siglo diecisiete. Una vez que pasaron por la alta entrada de hierro y subieron hasta llegar al edificio, podían ver atrás de ella los acres del viejo cementerio. Solamente Beccy sabía algo sobre el incendio y la muerte de mi hermano menor. A Jerry le había contado una versión más abreviada cuando me preguntó por qué la hostería se llamaba Andrew's by the Sea. Ninguno de ellos sabía sobre el funeral o que mi hermano estaba enterrado en la nueva sección de este cementerio.

Hubo silencio cuando dije:

—Podemos caminar por la vieja sección del cementerio y más allá, hasta pasar los árboles nudosos. Luego hay colinas abiertas que tienen vistas de granjas y del pueblo. La abuela tiene hermanos y hermanas enterradas entre la parte vieja y la nueva y mi hermano Andrew está enterrado en la parte más alta de la nueva sección.

Pasamos por la parte vieja, deteniéndonos a veces para leer nombres inusuales y versículos en las tumbas. Hicimos una pausa cerca de la sección donde el cementerio se transforma en campos más abiertos. Mi corazón y mi mente hicieron una pausa allí al mirar las colinas de la nueva sección. Todo estaba cortado con la altura usual debido al cuidado perpetuo.

Nos detuvimos. No quería contarles que esta era la primera vez que había venido al cementerio por mi cuenta desde el entierro de Andy. Caminé hacia adelante. No tenía idea sobre qué decía mi expresión o lenguaje corporal, pero pocos pasos después, sentí que la mano de Jerry tomaba la mía. Él y Beccy y yo mantuvimos el silencio hasta llegar a la piedra con el cordero blanco arriba.

Jerry leyó la inscripción en ambos lados y conversamos sobre cómo es posible que un niño pequeño memorice tanto. Hablamos sobre hermanos y hermanas, ya que todos los teníamos. Volvimos a la granja para disfrutar una típica cena al estilo de Nueva Inglaterra de frijoles al horno y pan negro, casero y delicioso.

El sábado yo brindé las indicaciones desde Waldoboro por Bremen Road. Los del pueblo la llamaban la Jersey Pike debido a toda la gente de Nueva Jersey que habían comprado propiedades en la parte del camino con las mejores vistas del mar. Como ni Jerry ni Beccy habían estado en esta parte de Maine, pasamos todo el día manejando por Muscongus Bay, Round Pond, Pemaquid, Chamberlain, y New Harbor y luego volviendo por la Ruta 130 que nos llevó a Damariscotta, y doblar a la derecha para volver a la Ruta 1 y regresar a Waldoboro. El paisaje era fantástico, emparedados de langosta fresca y almejas hervidas y fritas, vistas del mar, encantadoras villas y los colores del otoño hicieron que el día fuera mucho mejor de lo que me había imaginado.

El domingo, después de visitar la iglesia en Thomaston con la abuela y el abuelo, fuimos a comer a Moody's Diner. Moody tenía los mejores platos caseros de la zona y una gran reputación desde que la familia lo abrió en 1927. Les conté que Moody's Diner había aparecido en la revista *Yankee* y en la mayoría de la información turística sobre el condado de Waldo. La abuela y el abuelo me habían llevado desde el primer verano que estuve con ellos.

Cuando llegó la hora de partir, les di un fuerte abrazo a la abuela y al abuelo. Cada vez que me despedía con un abrazo, pensaba sobre cuántos años más los iba a tener. Ya tenían mucho más que setenta y eran muy activos, pero nadie podía saber cuánto tiempo tenían por delante. Había aprendido esa lección, pero no la recordaba tanto como debería recordarla.

En el automóvil viajando de regreso a Gordon, dejé que Beccy entablara conversación con Jerry. Pensé sobre cuánto

Gracia entrelazada

presuponía la amistad de ellos y resolví ser más agradecida. Me di cuenta de que les había contado más sobre mi vida este fin de semana que lo que sabían el resto de mis amigos.

Con respecto a Jerry, no me había besado, pero en diferentes momentos del fin de semana había tomado mi mano y parecía disfrutar pasar esos momentos juntos. La abuela me había dicho que ella pensaba que Jerry era un excelente joven. Tenía más cosas a favor que agregar a mi lista cuando llegamos al dormitorio.

* * *

Antes de fines de octubre estuve con Jerry algunas veces más. Fuimos a cenar con una pareja casada que él había conocido desde la universidad. Gordon y Caryl habían estado casados algunos años y tenían un bebé. Me pregunté si la estrategia de Jerry era mostrarme más de su vida y también ver a una joven pareja cristiana que tenían una relación sana.

Era casi la luna llena a fines de octubre. En esta noche de Halloween, parecía estar casi llena, a pesar de que no sería así hasta el segundo día de noviembre. En nuestro camino de regreso del cine a la universidad, Jerry se apartó del camino hacia un pintoresco campo bordeado por una cerca de postes de madera. Me abrió la puerta del automóvil y extendió su mano. La tomé y caminamos hacia la cerca de madera. Parados allí con una perfecta vista de la luna sobre el campo parecía demasiado romántico como para ser real.

Pensé, «Señor, no permitas que me proponga matrimonio. Apenas he logrado aceptar una relación seria». Jerry levantó nuestras manos unidas para que estuvieran en la baranda de arriba.

—Sabes Ginny, te amo.

Me pregunté si podía sentir la tensión en mi mano, si parecía más fría porque me aterraba la idea de decir algo que no correspondía. Le creía, pero no podía todavía decirle lo mismo. Esas palabras no podían ser expresadas por mí solamente porque él me las había dicho a mí.

Me di vuelta para mirarlo. Miró directamente a mis ojos con los suyos tan fijamente como siempre. Jerry no engañaba. Admiraba su honestidad, pero al mismo tiempo significaba que a veces tenía dificultades para evitar observaciones francas. Igual, ahora mi lista tenía más cosas a favor que en contra.

—Yo te creo, Jerry, y me encanta pasar momentos contigo, pero no puedo decir lo mismo solamente porque tú me lo dijiste a mí. No puedo decirlo hasta que esté bien segura. No he dicho esas palabras con facilidad desde que era niña.

Él apretó mi mano. —¿Pero tengo la posibilidad de que alguna vez me lo digas?

—Sí.

—Bien. —Me dio un abrazo y se apartó de mí—. Me puse contento cuando dijiste que tu familia me invitó a visitar tu casa durante la Navidad. Pienso que ayudará si tú conoces a mi familia. Yo ya he visitado a la tuya varias veces, pero tú no conoces a nadie de mi familia. ¿Te gustaría visitar a mi familia en Illinois el Día de Acción de Gracias?

* * *

Jerry y yo habíamos pasado momentos juntos durante ocho meses, incluyendo las pocas semanas que habíamos dejado de salir. Jerry sabía que mi familia sentía conflictos sobre él.

Gracia entrelazada

Admiraban su deseo de ser parte del ministerio cristiano, pero no estaban seguros sobre tenerle toda la confianza porque pensaban que tenía ideas liberales.

La segunda vez que había venido a la costa un fin de semana cuando mi padre estaba en casa, yo estaba pasando la aspiradora en la sala del frente con una máquina industrial grande. Comencé a subirla por la escalera. Jerry saltó del asiento y dijo:

—Déjame que la lleve yo.

Mi padre estaba leyendo en la sala de estar. —No la molestes —dijo—. Tiene la fuerza necesaria.

Jerry llevó la aspiradora hasta el primer descanso y sin palabras preguntó: «¿Y ahora qué»?

Le hice una seña hacia la sala de estar como tratando de decir, «trata de ver si puedes conversar con él».

Jerry sonrió y se encaminó hacia la guarida del león en la sala de estar.

Para ir a la casa de Jerry durante el Día de Acción de Gracias, viajamos diecisiete horas desde Wenham, Massachusetts, hasta Wheaton, Illinois. Cuando llegamos, era tarde a la noche. Entramos a la casa por la cocina y caminamos hacia el comedor. Desde allí, podía ver a los padres de Jerry en la sala de estar sentados en el sofá.

Cada uno estaba leyendo un libro, pero se levantaron y exclamaron:

—Oh, llegaron. Pusieron los libros en el sofá, sonrieron y nos saludaron.

La mamá de Jerry preguntó —¿puedo ofrecerles algo para comer o beber?

La diferencia en la recepción fue un gran contraste comparado con mis padres. Era como un extremo o el otro. A pesar de que mi padre hubiera seguido a mi madre en saludar a cualquier hombre interesado en casarse conmigo, los abrazos, besos y bienvenida entusiasta de mamá lograban equilibrar la renuencia de papá. Me pregunté si Jerry y yo podríamos crear un punto medio entre los dos estilos y actitudes tan diferentes de nuestras familias.

* * *

Beccy y Lynne nunca me parecieron entrometidas. Se parecían más a hermanas preocupadas. Cuando llegué de regreso después de las vacaciones de Acción de Gracias, tuvimos una conversación las tres casi inmediatamente.

—¡Cuéntanos sobre cómo te fue con la familia de Jerry!

—¡Cuéntanos todo!

—No tengo tiempo de contarles todo, pero les cuento que lo único que tienen en común con mis padres es que son activos en su iglesia y cristianos devotos.

—¿Fueron amables en la bienvenida?

—No con palabras entusiastas y afecto, pero sí. La mamá de Jerry preparó una pizza rectangular grande la primera noche. Creo que lo hizo para hacer que se sienta cómoda una visita italiana.

—¿Estaba rica?

—Sí, no como la pizza alta de mi tía Vee, pero estaba rica. Y el papá de Jerry me preguntó sobre en qué clase de vecindario vivía. Le dije que era un vecindario suburbano. Me dijo que había crecido en Chicago, que la gente vivía en vecindarios de sus grupos étnicos y que cuando volvía a su casa de la escuela, a veces tenía que pelear con algunos italianos.

—¿Lo decía en serio?

—Sí. Dijo que no ocurría todos los días, pero la gente

quería que todos estuvieran en sus propios vecindarios. Él es cien por cien holandés, pero la mamá de Jerry es croata y húngara. Sus vecindarios no estaban cerca el uno del otro. Se conocieron en una iglesia que incluía a gente con muchos antepasados diferentes.

—¿De qué otras maneras son diferentes? —Lynne quería saber.

—Cuando se reúne la familia, les gusta compartir juegos de mesa y jugar a las cartas, pero no usan cartas comunes. Usan cartas de Rook y Uno y hasta cucharas en muchos de los juegos. Mi familia no comparte juegos, a pesar de que cuando éramos niños, mi papá nos enseñó a jugar a las damas y al ajedrez. La familia de Jerry no jugó a esos juegos mientras estuvimos allí.

—¿Te hicieron muchas preguntas?

—No. Esa es otra gran diferencia con mi familia. Mi mamá puede hacer una docena de preguntas en media hora. La única manera de demostrar que yo podría ser alguien especial para Jerry fue cuando estábamos todos reunidos una noche comiendo un postre y su madre dijo «estamos contentos de que pudiste pasar el Día de Acción de Gracias con nosotros. Cuando vi que Jerry se había cortado el cabello, pensamos que debería haber alguien especial en su vida. Queríamos que se lo corte durante años, pero nunca lo hizo».

—¿Qué dijiste?

—Dije que me gustaba el cabello largo en un hombre siempre que estuviera limpio pero que mis padres pensaban que una persona que iba a ser un pastor no debería parecerse a un hippie. Todos sonrieron. Entonces la conversación pasó a hacer planes para los otros días de mi visita.

—¿Conociste a toda su familia?

—Conocí a sus dos hermanas mayores y a sus esposos. La

mayor de sus hermanas tiene niñas mellizas. Apenas tienen tres años y medio. Conocí a su hermano menor, el único de todos que no fue a Wheaton College, que está a menos de media milla desde la casa, pero Dave eligió ir a Valparaíso. Tiene un año más que yo y estudia ingeniería. Parece ser muy tranquilo. Fue el único que me pudo enseñar cómo jugar Rook. Todos lo intentaron, pero estaban tan excitados cuando yo cometía un error que me tensionaba y cometía más errores. Dave me sacó aparte y en quince minutos me ayudó a entender los elementos básicos.

—¿Es más tranquilo que Jerry?

—Sí. Jerry y Alice son muy competitivos en los juegos. Nancy, la mayor de las hermanas de Jerry, y su esposo Ken, son excelentes y también muy tranquilos, pero sus mellizas requieren mucho tiempo y atención. Ken es director de una escuela. Nancy es maestra primaria pero ahora está muy ocupada con las mellizas. No participaron en los juegos durante toda la tarde. Nancy es la mayor, luego Alice, luego Jerry y luego Dave. Alice y su esposo, Dick, vivieron en Hawái. Creo que ella tiene un empleo en Washington, DC ahora y su esposo es piloto comercial.

—¿Conociste a alguien del resto de la familia de Jerry, como tías o tíos?

—Fuimos a la casa de la hermana de su mamá a comer un día, por lo que conocí a algunas tías y tíos y primos. Después de una gran comida allí, en lugar de juegos, las personas mayores se sentaron e hicieron sobremesa y la mayoría de los que tenían menos de treinta miraron *Willy Wonka*. Prácticamente lo tienen memorizado.

—¿Fuiste a la iglesia de Jerry? Quiero decir la iglesia de su familia.

—Sí. Y un par de mujeres se acercaron y me dijeron que

Gracia entrelazada

habían escuchado decir que Jerry iba a traer a alguien especial el Día de Acción de Gracias. Me preguntaron cómo nos conocimos. Les conté que yo iba a una universidad que estaba cerca del seminario dónde estudiaba Jerry. Se sorprendieron de que él fuera a ser pastor. Me dijeron que trabajaban en la cafetería de la escuela media a la que fue Jerry y que nunca se habrían imaginado que él sería pastor. Era impredecible.

—Vale la pena saberlo. —Lynne reía mientras lo decía.

—Sí, traté de escuchar y conversar con todos los que se me acercaron.

—¿Hizo la familia algo especial debido a tu visita?

—Creo que sí. No tienen mucho dinero. El papá de Jerry trabaja como gerente en una empresa de transporte en Chicago y su mamá trabaja en la oficina de las Conservative Baptist Missions. Nos llevaron a todos a Chicago a ver la nueva película *Fiddler on the Roof* el viernes y las Ice Capades en Chicago el sábado a la tarde. Esas fueron grandes salidas para todos. Estoy seguro de que lo hicieron no solamente porque yo los conocí. Querían que todos sus hijos y nietos disfrutaran un hermoso feriado.

—¿Y entre ustedes dos? —presionó Beccy.

Recuerdo haber hecho una pausa. No tenía mucho tiempo hasta que tenía que ir al ensayo de los Gordon Players, pero sabía que tenía que decirlo. Eran mis mejores amigas y realmente rezaban por mí.

—Me propuso matrimonio.

—¿Qué? —La pregunta fue exclamada al unísono.

—Siempre nos quedamos levantados hasta más tarde que los demás. Su familia no mira mucha televisión, pero a Jerry y a mí nos gusta *Dick Cavett Show*, por lo que mientras lo mirábamos, se dijo algo y Jerry comentó «cuando estemos casados...» y luego algo más. Me sentí sorprendida por la parte cuando estemos casados porque ni siquiera he podido decirle que lo amo. Entonces no dije nada. Miramos un rato más y cuando escuchamos algo más, Jerry lo repitió «Cuando estemos casados...» Entonces le pregunté «¿te das cuenta de que lo has dicho dos veces, pero que nunca me propusiste matrimonio y que yo ni siquiera he podido decirte que te amo, lo que significa el compromiso del amor para siempre»?

Lynne suspiró.

Beccy preguntó:

—¿Y qué dijo entonces?

—Nada. Se quedó en silencio. —Creo que yo parecí un poco enfadada.

No conversamos más, solamente miramos otro segmento y cuando llegaron los próximos avisos comerciales, me miró y me dijo

—¿Te casarías conmigo?— Lo miré como si hubiera dicho una blasfemia.

Y dije:

—¿Qué? ¿me estás proponiendo matrimonio durante un aviso comercial del *Dick Cavett Show*? —Me dijo que quería poder hablar conmigo sobre lo que pensaba era un futuro compartido, y parecía que yo necesitaba que él propusiera matrimonio para poder hacer eso. Yo insistí:

—¿Pero una propuesta durante un aviso comercial?

Me dijo:

—Había planeado llevarte a Pemaquid en la primavera. Te iba a proponer matrimonio y a regalarte un anillo, pero estaba esperando hasta que pudieras aceptarlo. Quería hacer una propuesta más romántica, pero me parece que necesito preguntarte ahora.

Yo pregunté:

Gracia entrelazada

—¿Estás seguro de que, con todas nuestras diferencias, yo soy la persona para ti?
—Dijo que sí.
—Jerry —respondí—, no puedo decirte que sí en este momento.
—No puedo creer que no dijiste que sí —dijo Lynne en voz baja.
—Yo lo puedo creer —expresó Beccy. Su voz era una mezcla de frustración y tristeza.
—Ahora las dos saben sobre qué es lo que tienen que pedir cuando recen. Tengo que irme a la reunión. Podemos conversar más tarde.

Capítulo 23

Navidad, el Año Nuevo y la fe de amigos

Jerry se convirtió en parte de mis días a principios de diciembre. Nunca sentí que él necesitaba que estuviéramos solos. No podría decir si me presionó a tomar una decisión. Pasaba momentos conmigo y conversaba con mis amigas con mucha facilidad. Beccy trataba de no preguntarme sobre la lista final de mis puntos a favor y en contra. Lynne se mostraba incrédula sobre mi proceso de decidir sobre el amor. Me decía que ella sabía que yo estaba enamorada de Jerry.

Se acercaba la ordenación para Jerry y a menudo conversamos sobre lo difícil que era elegir una denominación. Yo me sentía bien identificándome como cristiana o incluso diciendo que era seguidora de Jesús, pero Jerry no quería trabajar solo como pastor de pequeñas iglesias independientes. Siempre encontró fortaleza en una comunidad de creyentes y explicó los beneficios de estar relacionado con una denominación. Hablamos sobre proyectos, exámenes, amigos y nuestras familias. No hablamos sobre el matrimonio excepto decidir rezar sobre ese paso.

Gracia entrelazada

No le dije a Jerry que no esperaba la aprobación de mi padre, ni la necesitaba. Si Jerry era el hombre con quien me debería casar, no dejaría que la opinión de mi padre afectara nuestra relación. Mi confianza en las opiniones de mi padre era prácticamente cero.

Entonces llegó el día de viajar a Nueva Jersey para la Navidad. Llegaríamos a Bay Head muy tarde. Podía ser un viaje de menos de cinco horas, pero no con el tráfico durante las fiestas que ya había comenzado. La gente que tenía casas en la playa también venía a pasar el Día de Acción de Gracias o la Navidad. El paisaje del océano hacía que las reuniones familiares fueran más especiales.

El viaje pasó rápidamente porque los momentos con Jerry usualmente estaban llenos de conversación. Hacía muchas preguntas, algo que sus amigos le hacían notar a menudo. Me daba la impresión de que seguía nervioso sobre mi papá.

Llegamos a Andrew's by the Sea a medianoche. Las luces del porche estaban siempre prendidas en la hostería cuando estaba oscuro. El vestíbulo de la entrada y las escaleras también estaban iluminados.

Mamá vino a la puerta y podía ver a papá pocos pasos detrás de ella. Nosotros teníamos una maleta cada uno por lo que fue fácil ponerla en el piso para darle los besos y abrazos esperados. Jerry se quedó parado de manera un poco extraña, pero abrazó a mi mamá y le dio la mano a mi papá.

—Ustedes dos pueden irse a dormir —le dije a mis padres—. No necesitamos nada y vamos a hacer una corta caminata antes de irnos a dormir. —Tomé la mano de Jerry para salir de la casa antes de que pudieran surgir más preguntas y conversación.

Era una breve distancia hasta la esquina, luego doblar a

la derecha y podíamos ver y escuchar al océano al final de dos cuadras. El viento había aumentado y no conversamos hasta que llegamos a la costanera que conectaba el final de la calle con la playa. Pasaba por una breve sección de dunas y Jerry me tomó la mano. Llegamos a la playa. El viento parecía más fuerte y frío, por lo que nos abrazamos, nuestros brazos alrededor de la cintura del otro, mientras mirábamos las olas bajo la luz de la luna de diciembre.

Respiré hondo para estar segura de que podía escucharme por encima de las olas. —Jerry, quería decirte sin que estuviera Dick Cavett o ninguna otra persona como distracción que te amo. He logrado creer que Dios te ha puesto en mi vida.

Esas eran las breves palabras que había preparado. El abrazo y el beso de Jerry posterior me hicieron saber que lo había escuchado todo. Continuamos abrazados por un breve momento en el aire del océano de diciembre, lo suficiente para que él repitiera su propuesta y para que yo la aceptara.

Cuando volvimos a la casa, le dije en el porche antes de entrar —los italianos esperan un anillo cuando un hombre pide permiso para casarse con la hija, de modo que no tenemos que decir nada ahora. Solamente quería que supieras que te amo antes de que tuvieras que sufrir la Navidad con mi familia.

—Vendremos de nuevo en la primavera, después de que yo tenga el anillo y les pediré permiso a tus padres entonces.

—Jerry, desde que vimos *El violinista en el tejado*, me hizo pensar que si mis padres, o principalmente mi papá, no está dispuesto a darnos permiso y una bendición, yo me casaría igual. Una gran parte de por qué te amo es que eres tan diferente a lo que él elegiría para mí en un esposo. Te respeto a ti más que a mi padre.

Gracia entrelazada

Jerry no dijo nada más, pero realmente sentí que esperaba que mi padre le diera el permiso. Sabía que existía una tensión constante entre mi padre y yo, pero yo no le había explicado a Jerry todas las razones. No sabía cuándo lo iba a poder hacer.

* * *

Al volver a Gordon el día antes de que empezara el nuevo semestre, sabía que pronto estaría sentada en mi dormitorio mirando a Beccy y Lynne que querrían saber todo lo que había pasado en la Navidad con Jerry y mi familia. Primero les iba a pedir que me describieran sus vacaciones. El papá de Lynne era director de una organización nacional para jóvenes cristianos, InterVarsity. El papá de Beccy era pastor asistente en la gran iglesia a la que iba mi familia.

A menudo había visto a sus padres y los había comparado con los míos. Me preguntaba si eran tan buenos como parecían o si tenían fallas que sus esposas y familias conocían, pero ocultaban. Lynne y Beccy parecían apreciar genuinamente y parecían estar muy cómodas con sus papás, mamás y hermanos. Sus momentos con la familia eran el foco principal de sus Navidades. Siempre eran abiertas y honestas conmigo.

Debido a que Bay Head estaba tan al sur de nuestras familias, solamente pasamos allí la mañana de la Navidad. Jerry pareció sorprendido de encontrar varios regalos bajo el árbol y una media colgada en la estufa a leña también llena de regalitos. Su tradición familiar sobre regalos mostraba las diferencias familiares en la expresión del afecto y tener mucha comida disponible como símbolo del amor. A las nueve y media de la mañana del sábado de Navidad, subimos al automóvil y viajamos hacia el norte para ver al resto de la familia.

Nuestra primera parada fue la casa de la tía Philly en Nutley. Jerry se sintió sorprendido cuando llegamos. Ella nos recibió en la puerta del costado con un beso y un abrazo. Luego abrió la puerta hacia el sótano, que era lo suficientemente grande para tener un comedor, una sala de estar y, en la pared más alejada, un bar diseñado por su esposo. Era más lindo que el bar en el restaurante del tío Sammy, pero más chico. Surgió el ruido de una fiesta.

Jerry podía haber visto los espacios todos decorados mientras bajábamos, pero antes de llegar al último escalón, ya tenía a media docena de atractivas mujeres jóvenes italianas que eran mis primas que lo querían saludar. Lo recibieron con besos y abrazos. Los primos también se acercaron y ofrecieron abrazos, la mano o ambos. Jerry me contó después que la experiencia había sido abrumadora. No sabía qué hacer. Dijo que nunca en su vida había visto tanto afecto físico de personas a quienes acababa de conocer.

Yo le dije que ellos sabían que él iba a ser parte de la familia. Nadie en mi familia traía a una persona especial a menos que fuera una relación seria.

Cuando le conté todo esto a Beccy y Lynne, sonrieron. Dijeron que ellas también se hubieran sentido abrumadas por tantos besos y abrazos de personas extrañas, fueran atractivas o no. Y no ocurrió solamente en lo de la tía Philly. Después fuimos a la casa de la tía Vee. Debido a que ella y el tío Nunzi vivían arriba de su peluquería, la experiencia fue a la inversa, subir escaleras, abrir una puerta y de nuevo, besos y abrazos de tías, tíos, primos y la abuela, que no había estado en la casa de la tía Philly.

Gracia entrelazada

Antes de regresar a Bay Head, también visitamos la casa del tío Louis, que estaba llena con la familia de su esposa. Casi cruzando la calle, la casa del tío Sammy estaba llena con sus propios hijos, algunos primos y la familia de su esposa. Cuando salimos tarde de la casa del tío Sammy, no pudimos ver a Beverly y Pauline. Planeamos almorzar con ellas el día siguiente después de la iglesia.

—Estoy seguro de que esa fue una reunión diferente —expresó Beccy.

—Sí. Un beso rápido de Bevy y Pauline para Mark y para mí. Luego una hermosa cena en una mesa formal, pero sin vino como los italianos. Mi tía Beverly es más estricta sobre el alcohol que la abuela y la abuela era miembro del movimiento Women's Christian Temperance. El abuelo probablemente tenía que ir al granero para beber igual que como hacía con los cigarros. La abuela no aprueba el uso de alcohol ni tabaco.

Lynne frunció las cejas.

—¿Por qué frunces las cejas, Lynne? Tú no bebes.

—Estaba pensando cómo vas a organizar la fiesta de casamiento con personas que siempre usan alcohol cuando celebran y personas que están en contra o que se sienten molestas al ver a otras personas beber alcohol.

Beccy y yo nos reímos. —Falta mucho para eso, por lo que no vale la pena preocuparse ahora.

—¿Qué hiciste para el Año Nuevo? —preguntó Lynne.

—Volvimos a viajar hacia el norte. Nuestra iglesia tenía un servicio la noche del Año Nuevo, con mucha música, refrescos y juegos. A las once cuarenta y cinco, nos reunimos todos en el santuario para rezar por el fin del año viejo y para rezar en el año nuevo.

—Beccy, ¿tú estabas allí?

—Sí, Ginny y yo hemos ido a la misma iglesia desde que éramos adolescentes.

—Es cierto. Recuerdo ahora que ustedes pidieron ser compañeras de pieza antes de venir a la universidad.

—Sí, una vez que supimos que las dos fuimos aceptadas en Gordon, nos pareció una buena idea por lo menos conocer un poco a la persona con la que uno iba a vivir, pero tú también eres nuestra mejor amiga, Lynne querida.

—¿Y el domingo viajaron otra vez hacia el norte?

—Sí, pero en dos automóviles porque papá se iba a quedar allí. Es increíble como es de relajado el ambiente, incluso en el automóvil, cuando no está mi papá.

—¿Y no sabe que Jerry propuso y que tú aceptaste?

—No. Jerry va a ir de visita durante las vacaciones de la primavera y pedirá permiso y la bendición de mis padres.

—No pareces estar muy contenta sobre eso —observó Beccy con precisión.

—Le dije a Jerry que después de ver *El violinista en el tejado*, entendí que no necesito el permiso de mi padre sobre con quién me caso. Tradicionalmente parece ser importante, pero es muy a la antigua. Para que un permiso y una bendición sean importantes para mí, tendría que respetar a mi padre mucho más de lo que lo respeto.

—Eso me hace sentir muy triste —dijo Lynne hablando con suavidad—. Los padres deben hacernos sentir seguras y amadas y ser el tipo de modelo del hombre que podemos buscar para nuestras propias vidas.

—Tú tienes mucha suerte de tener un papá así, Lynne. Creo que la mayoría de la gente no. Beccy, tú probablemente piensas lo mismo que Lynne.

Gracia entrelazada

—Sí, voy a rezar que sea lo que sea el problema con tu padre pueda ser resuelto y que el perdón pueda sanar a los dos.
—Yo voy a rezar contigo —agregó Lynne.
Las miré a las dos. Tenían mucha más fe que yo.

Capítulo 24

Aconsejamiento, cuidado de niños y pintar Davy Crockett

A pesar de que Beccy usaba cada oportunidad para conversar conmigo, hacer más preguntas sobre la amarga tensión entre mi padre y yo, no quería contarle todas las palabras y conductas que me habían amargado. Ella admiraba tanto a su propio padre, que era difícil para ella entender que un hombre cristiano pudiera ser despreciado por su hija.

Trabajó para ayudarme a ver que yo necesitaba perdonarlo. El perdón podría ser curativo para mí y para él. Beccy sugirió que yo le pida perdón por mi pésima actitud hacia él. Le conté algo de lo que había cambiado en él desde el incendio, pero no le dije nada sobre su pregunta ni que le había pegado a mamá.

Le había contado a Jerry sobre la pregunta de mi padre después del incendio y sobre los muchos cambios en mi papá y en nuestra vida familiar debido a sus cambios de humor. Sin embargo, tampoco le había contado a Jerry que papá le había pegado a mamá. No sabía por qué eso parecía peor que la pregunta que me había hecho papá, pero lo era.

Gracia entrelazada

Jerry nos inscribió en aconsejamiento prematrimonial con el Dr. Ensworth, el profesor de psicología y aconsejamiento pastoral del seminario. Pensé que sería más difícil hablar sobre lo que propusiera el consejero porque era un hombre desconocido, pero como mi padre estaba tan en contra de tal cosa, dije que sí.

Conversamos sobre las experiencias de la infancia durante las sesiones de aconsejamiento y entendí que mi infancia había sido muy diferente a la de Jerry. Mi madre y mi padre habían creado muchas actividades para nosotros y nos habían llevado a lugares con la frecuencia que permitían sus posibilidades, pero nunca más lejos que unos pocos estados de distancia. La familia de Jerry había viajado mucho más por todo Estados Unidos. Mis padres nunca compartían juegos de mesa con nosotros. La familia de Jerry disfrutaba los juegos cada vez que se juntaban y se divertía mucho cuando estaban juntos. Mi familia simplemente existía. Muchos besos y abrazos y comida no eran el símbolo del amor en la familia de Jerry. Se parecían más a mis parientes de Nueva Inglaterra.

Hablamos sobre amistades y eventos familiares y entonces, sorpresivamente, pasamos a nuestras adolescencias y la escuela secundaria. Nunca había tenido que hablar sobre el incendio con el Dr. Ensworth. No dije mucho sobre la escuela secundaria al consejero, pero decidí contarle a Jerry cuando estábamos solos que mi padre le había pegado a mi madre.

—Jerry, sé que tu familia no dijo te quiero en voz alta tanto como la mía cuando éramos pequeños, y tu familia es tan reservada como mi familia de Nueva Inglaterra con el afecto, pero tú también dijiste que tu padre trabajaba mucho y tu madre se ocupaba de todo. Eso no era el caso en mi casa.

También parece que tú sentiste que tus padres te querían y no los escuchaste discutir mucho. Mis padres discutían, a pesar de que era principalmente porque mi padre estaba enojado. También estaba amargado. Tú no pareces que te sentirías amargado porque tú hablas sobre las cosas.
—No creo que nadie en mi familia estuvo amargado.
—¿Y se peleaban?
—¿Quieres decir luchar o pegar?
—Uno o los dos.
—Yo luchaba con mi hermano, pero era para divertirnos.
—Mark y Andy también luchaban. Pero si se golpeaban eran castigados.
—Pero tu papá les pegaba a todos como parte de su disciplina usual.
—Sí.
—¿Te pegó alguna vez tu mamá?
—No. Su familia estaba en contra de eso. Mi papá siempre dijo que eso hizo que ella y su hermano fueran malcriados, pero nunca dijo eso sobre su hermana mayor, Beverly.
Seguimos en silencio hasta que dije:
—Te lo cuento porque vi a mi papá pegarle a mi mamá cuando estaba en el último año de la escuela secundaria. No se lo he contado a nadie, excepto a ti.
—¿Qué pasó después que le pegó?
—Ella se puso a llorar y se fue a su habitación. Mark no estaba.
—¿Sabe tu papá que tú lo viste pegarle a ella?
—Sí. Yo estaba al lado del cajón de los cuchillos en la cocina y pensé esto es como pasan cosas desastrosas en una familia. Traté de mirar a mi padre de manera tal que supiera cómo estaba de disgustada y luego me fui a mi habitación.

Gracia entrelazada

—Siento mucho que hayas tenido esa experiencia.

—Jerry, si alguna vez me pegas o me das una cachetada, será el final de nuestra relación. Podría seguir queriéndote, pero no podría vivir contigo. Sería tan terrible como si fuera un adulterio. Podría perdonarte por haberme pegado o por ser infiel, pero no querría vivir más contigo. Si eso parece como amor condicional para ti, lo siento, pero es lo que sé sobre mi persona.

Me agarró la mano, y seguimos tranquilamente el camino de regreso a la universidad. A pesar de que estas conversaciones no tuvieron lugar en nuestras sesiones de aconsejamiento prematrimonial, las conversaciones con el consejero crearon más temas para conversar entre nosotros.

Jerry iba a terminar sus estudios en el seminario ese año, pero yo solamente estaba completando mi segundo año universitario. Sabía que yo me mudaría al lugar donde consiguiera su primer trabajo en una iglesia y planeaba terminar mis estudios en la universidad más cercana a ese lugar. Me sentí mal que él parecía tener más amor sin condiciones por mí que yo por nadie y me preguntaba si eso cambiaría con el tiempo.

A veces hablaba sobre la vida después de que estuviéramos casados y después que yo terminara mis estudios. Dijo que no quería esperar mucho tiempo para tener hijos. Eso me preocupaba. Pensé que mejor conversarlo a pesar de que el consejero no lo propuso.

Para mí, los niños eran menos deseables que contraer matrimonio. De las personas que conocía, cristianas o no, incluso si sus matrimonios tenían dificultades, era a través de los niños que tenían los mayores problemas y dolor. Criar un niño parecía una responsabilidad abrumadora. Miedo y duelo magnificaban la preocupación por los niños.

Me pregunté si Jerry pensaba que sería fácil criar niños. ¿Sabía algo sobre ellos desde los pañales hasta la muerte? No sabía si Jerry tenía experiencia con los niños excepto que los momentos que pasaba con sus primos.

Cuando la pareja que conocíamos de la universidad preguntó si podíamos ser niñeros para ellos, estuve de acuerdo con mucho entusiasmo. Podría ver cómo se relacionaba Jerry con un bebé, y sería natural conversar sobre cómo un niño podría traer problemas inesperados y dolor a una familia. Mi plan era permitir que Jerry se ocupara todo lo posible del bebé, que era casi un niño pequeño.

La noche me brindó más información de lo que había esperado. Los amigos de Jerry estaban entusiasmados de tener por lo menos una niñera con experiencia capaz de quedarse para que ellos pudieran disfrutar una salida hasta bien tarde. Jerry fue capaz de entretener al bebé sin dificultades. La hizo reír y luego le dijo buenas noches cuando la llevé arriba para cambiarla antes de ponerla a dormir. Ni bien la tuve en mis brazos, sabía que el aroma indicaba que iba a tener que cambiarle los pañales.

Arriba, descubrí que la cosa era mucho más problemática de lo que esperaba. ¡Perfecto! Lo llamé a Jerry y esperé que subiera. Con una organización minuciosa, me quedé en un extremo de la cuna para que cuando Jerry entrara a la habitación, pudiera ver todo el panorama de lo que había en el pañal. Se detuvo de repente y me dirigió la mirada.

—Sé que quieres tener hijos, por lo que pensé que me gustaría ver cómo te va al cambiar los pañales.

Sin titubear y con algunas sugerencias, Jerry limpió todo lo que mi experiencia como ayudante de enfermera me indicaba era un gran problema. Mientras se ocupaba, pensé en la peor limpieza que había tenido que hacer yo. Era algo que me había hecho pensar que los niños eran muy diferentes a las niñas y mucho más groseros.

* * *

Mamá se esforzaba para entrenar a los niños en el uso del inodoro antes de que cumplieran un año y medio. Había escuchado decir que el entrenamiento debía comenzar antes de que los niños pudieran correr con confianza por su cuenta. Tuvo éxito porque los llevaba al baño usando un horario con mucha regularidad. Un día se quedó afuera conversando con amigas mientas creía que los niños todavía dormían una siesta.

Andy se despertó y entendió que tenía algo en los pantalones. Activo y sin inhibiciones, usó lo que encontró para comenzar a colorear los lugares más claros del empapelado de Davy Crockett que tenía al lado de la cuna. Mark se despertó y decidió que ayudaría y comenzó a colorear los lugares claros de la parte de abajo del empapelado con el excremento marrón parecido a la arcilla de Andy.

Escuché que se reían, pero sin mirar a la habitación, fui abajo al segundo nivel para decirle a mamá que estaban despiertos. No la encontré, por lo que abrí la puerta que iba desde la cocina al garaje. Tenía un lavarropas y secarropas allí y una mesada larga para plegar la ropa.

Todavía no la encontré por lo que volví a la casa, pasé por el comedor y la sala de estar y bajé la escalera al primer nivel y nuestra sala de estar. La puerta del frente estaba abierta y podía ver a mamá parada en el porche conversando con nuestra vecina, la Sra. L, que también tenía dos niños. La Sra. L pensaba que sus hijos nunca habían hecho nada malo y se lo contaba a todos como la verdad. Yo veía a sus hijos en la escuela, por lo tanto, no le creía.

—Mamá, Mark y Andy están despiertos. Los escuché sonreír.

Le dijo adiós rápidamente a la Sra. L y volvió a entrar a la casa. Siempre trataba de llevar a los niños al baño ni bien se despertaban de una siesta. Comenzamos a subir la escalera lentamente, pero para cuando llegamos al descanso del tercer piso, las risotadas que se escuchaban del dormitorio de mis hermanos nos alertaron que algo diferente había ocurrido.

Corrimos a la puerta y mamá la abrió. Yo estaba a su lado, pero no grité tanto como ella. Ni siquiera pude emitir un sonido. Mi voz y hasta mi respiración se detuvieron.

Lo que los niños habían hecho parecía increíble. Pensé que los pequeñitos eran criaturas groseras. Ahora me habían demostrado que los niños eran seres extraños. Parecía que no había límite a su extravagante conducta.

Andy tenía las dos manos llena de su propio excremento. Parecía no preocuparle tener las manos, las muñecas y los brazos cubiertos igual que las barandas de su cuna. Todo el dormitorio tenía ese olor. Saltó, sorprendido por el grito de mamá, seguido por su silencio y su mirada.

Mark era lo mismo. Estaba parado al lado de la cuna con la misma cantidad de excremento en sus manos y sus brazos. El empapelado alguna vez había tenido un fondo crema y blanco, suaves colinas verdes, árboles, arroyos azules y montañas moradas que describían muchas de las aventuras de Davy Crockett en batalla contra los indios, cazando osos y escalando montañas. Ahora el empapelado parecía solamente tener matices marrones que se extendían desde el zócalo hasta un brazo por encima de la cuna de Andy.

* * *

En el momento en que todos estos recuerdos terminaron de pasar por mi mente, el bebé estaba limpio, con un pañal nuevo y Jerry parecía aliviado. —¿Has cambiado muchos pañales?
—Cantidades, en bebés y en adultos. Recuerda, durante un par de años fui ayudante de enfermera. Hiciste un excelente trabajo con ese problema. La voy a poner en la cuna, me aseguraré de que esta tranquila y luego bajaré.

Capítulo 25

Una interrupción inoportuna se vuelve crítica

Un hermoso día de abril, Jerry y yo fuimos a Boston. Dijo que quería que fuera una salida especial. Encontrar la famosa laguna que había llevado a escribir el libro Make Way for Ducklings de Robert McCloskey fue divertido, ya que la abuela a menudo me había leído ese libro cuando yo era pequeña. Un paseo tranquilo en un barco cisne estuvo acompañado por un cielo azul tan hermoso que debería haber tenido aroma. Las nubes blancas y el brillo del sol no eran comunes en Boston en abril. Hubiera querido que el paseo durara horas.

Caminamos cerca del edificio más alto de Boston, la torre John Hancock, pero Jerry dijo que quería llegar más lejos. A apenas unas cuadras de distancia había una pequeña joyería. Quería tener una idea de qué me gustaba como anillo con diamantes.

* * *

Llegó la hora de un largo fin de semana en la primavera por lo que Jerry y yo planeamos hacer el viaje a Nueva Jersey. Como Lynne no se iba a su casa en Wisconsin, preguntó si podía venir con nosotros como apoyo de oración sobre lo que sabía iba a ser el momento de pedirles permiso a mis padres para casarnos. Mi madre no nos preocupaba para nada. Ella se había casado cuando tenía diecinueve años y solamente una vez me había hecho prometerme que yo no me casaría tan joven. Además, yo pensaba que ella veía los puntos a favor de Jerry, especialmente desde que se había cortado el cabello.

El viernes a la noche después de la cena, papá fue a sentarse en su sillón a mirar televisión hasta quedarse dormido. Jerry y yo y Lynne conversamos. Jerry y yo necesitábamos que mis padres estuvieran juntos en la sala de estar para poder conversar con ellos, y Lynne se quedaría arriba rezando.

El sábado fue un día gris, no un día en que la gente se ocupa de muchas actividades o de ir a la playa. Papá no hizo eso tampoco. Cuando estaba en Bay Head, descansaba mucho a menos que hubiera algo que hacer en la casa o el patio que Mark y yo y mamá no podíamos hacer.

Después de un gran desayuno, Lynne se excusó y fue arriba. Jerry dijo que él y yo necesitábamos conversar con ellos y preguntó si podíamos ir a la sala de estar.

Mis padres aceptaron, pero lo hicieron lentamente. Me imaginé que sabían lo que les esperaba y también que no estaban de acuerdo sobre la respuesta. Eran aproximadamente las 10:30 cuando todos nos sentamos en la sala de estar.

—Sr. y Sra. Riposta, sé que ustedes entienden que la relación entre Virginia y yo es seria. Sabemos que nos queremos y nos gustaría casarnos. Hoy queremos pedirles su permiso y bendición.

Mamá miró la cara preocupada de papá y comenzó a retorcer sus manos para expresar su nerviosismo. Papá aclaró la garganta y dijo:

—Jerry. —En ese momento, sonó el timbre.

Desde noviembre a mayo no alquilábamos habitaciones ni suites y este no era un fin de semana feriado. Las casas cercanas estaban vacías. Nadie debería haber venido. El timbre sonó de nuevo. Papá se levantó para abrir la puerta y mamá lo siguió.

Era una pareja de la iglesia de nuestra iglesia en Chatham. Dijeron que estaban paseando por la costa y que se sintieron motivados a parar para saludar. Expresaban más alegría que el mal humor de mi papá por los que los invitó a la sala de estar. Mamá fue a preparar café para todos.

Le tomé la mano a Jerry y lo llevé al comedor y pasillo de atrás.

—No puedo creer que Dios permitió que pase esto. Lynne está arriba rezando y esta gente aparece así porque sí. —Mis ojos se llenaron de lágrimas. Entendí de nuevo qué raro era que no había podido llorar cuando murió Andy. Ahora, excepto por los problemas y el sufrimiento de las personas a quienes amaba y los que encontraba en películas y libros, las lágrimas aparecían en mis ojos solamente cuando estaba enojada. Y en este momento estaba furiosa.

* * *

Lecciones aprendidas después: Llorar

Llorar puede ocurrir como una respuesta física a algo en

los ojos, dolor y presión. Llorar agrega nutrientes y elimina toxinas o partículas irritantes.

Llorar también ocurre debido a emociones. Algunas personas lloran para eliminar la tensión. Las emociones que llevan a las lágrimas son fuertes y con hormonas del estrés y calmantes del dolor. Las lágrimas de una persona pueden provocar simpatía o empatía y llorar se considera una conducta humana normal.

Ante el duelo, la gente llora a menudo. Otras personas sienten el duelo como dolor detrás de los ojos, un estornudo que no sale o intestinos doblados, pero no lloran. Cuando una persona se siente abrumada, pueden experimentar una separación involuntaria de la expresión emocional normal a través de las lágrimas. El golpe de una pérdida puede hacer que el duelo sea una sensación de irrealidad.

El diccionario de la Asociación Psicológica Norteamericana describe la falta de lágrimas y emoción cuando deberían ocurrir como duelo ausente. Los psicólogos piensan que esta falta de emoción y de lágrimas es una respuesta impedida ante el duelo. Si no existe una razón física por la que una persona no pueda llorar como duelo, la persona podría experimentar negación, la necesidad de evitar las realidades emocionales conectadas con la pérdida. Esto se llama duelo complejo o complicado.

Es posible que una persona que experimenta el duelo complicado llorar sobre eventos tristes que no son personales, películas, libros, experiencias espirituales, eventos que estimulan el enojo o la sonrisa, o hasta duelo anticipatorio, que es duelo que anticipa la pérdida. Las personas que no lloran por sus propias pérdidas personales pueden conservar y distraerse de las lágrimas al concentrarse en los cambios y las tareas que deben completar después de la pérdida.

Capítulo 26

Tensiones, valoración y silencio

—Tu papá iba a decir que no.
—Ya lo sé. Lo esperábamos, ¿no?
—Yo recé y esperaba que dijera que sí.
—Yo nunca pensé que lo haría y ya te dije que no me importa. No necesito su consejo o aprobación para hacer nada en mi vida.

Jerry me abrazó a pesar de que en ese momento no lo necesitaba. —¿Debemos volver y ser atentos?
—No. No tenemos que hacer tal cosa. Mientras estábamos callados, escuchamos que mamá había ofrecido café a las visitas, pero no lo aceptaron.

La mujer dijo:
—No vamos a quedarnos mucho tiempo, pero cuando llegamos a Point Pleasant, dije que deberíamos ir un poco más lejos y saludar a Katherine y Frank.
—¿Conoces a esta pareja? —susurró Jerry.
—Los he visto en la iglesia, pero no los conozco. Han compartido clases y reuniones sociales con mamá y papá.

Gracia entrelazada

Podemos esperar en la cocina hasta que se vayan y los podemos escuchar desde aquí.

Nos sentamos en la cocina y escuchamos la conversación que duró menos de una hora. La pareja preguntó quién era el joven que habían visto conmigo cuando entraron a la casa. Mamá respondió.

—Es Jerry. Él y Virginia tienen una relación seria, y hablan sobre casarse.

—¿De veras? ¿Va a la universidad?

—No. Está por terminar el seminario. Va a ser pastor.

—Eso es maravilloso —dijo el marido—. Nuestra hija nos ha creado pánico con los perdedores con los que sale. Uno de ellos ni siquiera trató de ocultar que usa drogas cómo método de diversión recreacional. Lo dijo como si fuera un desafío para nosotros cuando conversamos con él.

—Ha sido una pesadilla —agregó su esposa—. Nuestros hijos en la secundaria también nos crean problemas y pesadillas debido a sus actividades. Mucho es por los amigos que tienen. A cierta edad, uno no puede controlar lo que hacen porque no están mucho en casa.

—Hemos rezado con lágrimas y dientes apretados todo el invierno y esta primavera no ha sido mucho mejor —agregó el marido.

Su esposa dijo:

—Deben estar agradecidos de que Virginia ha encontrado un joven que ama al Señor. Yo estaría eufórica.

—Esto es sin duda algo por lo que dar gracias al Señor —afirmó el marido.

Jerry y yo nos miramos con los ojos bien abiertos. ¿Cómo es posible que haya ocurrido esto? Justo en el momento en que estaba por hacer la gran pregunta, nos interrumpieron estas personas. No podrían haber creado una mejor oportunidad para hablarle a mi padre en nombre nuestro que si nosotros lo hubiéramos organizado. Escuchamos a los cuatro adultos rezar brevemente y luego mis padres los acompañaron hasta la puerta.

Cuando parecía que mamá y papá habían regresado a la sala de estar y los escuchamos hablar en voz baja, decidimos volver. Cuando estábamos todos sentados, Jerry tomó la palabra.

—Sr. Riposta, estaba por decir algo antes de que llegaran sus amistades. Realmente queremos escuchar su respuesta sobre darnos su permiso y su bendición.

Mi papá sabía que habíamos escuchado la conversación desde el pasillo o la cocina. Papá era muchas cosas, pero no era estúpido. —Después de esa visita, ¿qué puedo decir que no sea que sí?

* * *

Nunca tuvimos que mostrar un anillo de compromiso a mis padres. Eso ayudó porque no lo compramos hasta fines de mayo. Lynne estuvo contenta todos los días siguientes ya que había estado arriba en el pasillo del frente y había podido escuchar lo que pasaba y había rezado todo el tiempo. Parecía menos sorprendida que Jerry por la interrupción que demostró ser tan crítica, pero yo sabía que Jerry, Lynne y Beccy habían rezado por semanas sobre la reunión con mis padres.

El permiso a regañadientes para que nos casáramos no había incluido ninguna bendición y yo estaba tan enojada como agradecida por la pareja cuyas palabras y experiencias habían logrado que mi padre cambiara de idea. Había dado el permiso a regañadientes.

Gracia entrelazada

Hablamos sobre la mala relación entre mi papá y yo cuando volvimos al dormitorio. Beccy y Lynne me preguntaron si había considerado que Dios deseaba que no solamente perdonara a mi padre, sino que también le pidiera que me perdone a mí.

—¿Perdonarme a mí? ¿Por qué?

—Dios te protegió durante el incendio, y durante los años de tener un padre disfuncional. Dios conservó tu corazón para cuidar a otras personas a pesar de los problemas en tu casa. Dios abrió de nuevo tu corazón ese verano en México. Recibiste esa beca que te permitió venir a Gordon y ni siquiera habías presentado la solicitud. Venir aquí significó conocer a Jerry. Te has recuperado lo suficiente como para poder pensar que el matrimonio no siempre va a ser algo terrible, pero sabes que necesitamos perdonar a los demás.

—Ustedes dijeron que necesito pedirle a mi padre que me perdone.

—¿Le has hecho algo dañino o mal intencionado a él? —Beccy sabía que había usado muchas miradas maliciosas—. Me dijiste que trataste de lograr que tu madre lo abandonara, que le has hecho saber con tu conducta que realmente odiabas su comportamiento.

—Y ustedes piensan que yo debería pedirle que me perdone, ¿en serio?

—Si Dios te ha traído hasta este punto, ¿cómo no podrías desear comenzar tu matrimonio con las cosas claras? Me dijiste que, si alguna vez te casaras, sería con alguien que amaba a Dios más que ti, alguien que te ayudará a crecer en tu confianza en Dios. ¿Lo logró Jerry?

—Sí.

Lynne había escuchado en silencio. Con su voz suave, preguntó:

—¿No te parece que Jerry preferiría que desaparezca todo el resentimiento entre tú y tu padre?

La gente que era parte de mi vida aceptaba el amor con todos sus riesgos. Eran personas que entendían el poder del perdón. Beccy, Lynne, Elisabeth Leitch y muchas otras. Justo el año anterior, todas habíamos leído y conversado sobre *The Hiding Place*, en el que increíbles desafíos sobre el poder de perdonar eran parte de la historia de Corrie ten Boom.[1] Los ejemplos chocaron con la coraza que protegía a mi corazón.

Al recibir amor de un hombre que amaba a Dios y lo vivía, decidí considerar la idea del perdón con mi padre. Si yo perdonaba a papá y él me perdonaba a mí, ¿no sería como un milagro? Sentí la presión de dar por terminado mis propios problemas emocionales con miedo, enojo y resentimiento.

—Lo voy a pensar un poco más. —Era sincera y durante el resto de la noche, no volvimos a tocar el tema. A pesar de que me hacía sentir miserable, entendí que necesitaba perdonar a mi padre y que también necesitaba pedirle que me perdone. Si comenzaba mi matrimonio con el peso del enojo, el resentimiento y la falta de perdón, muy probablemente crearía problemas en mi relación con Jerry. Yo era capaz de guardar rencor, pero Jerry nunca parecía hacer tal cosa. Los rencores en un matrimonio serían negativos.

Más adelante durante la primavera, en un largo fin de semana en Nueva Jersey, un sábado a la tarde mi papá era la única persona que estaba en casa. Estaba leyendo el periódico. Decidí acercarme y pedirle perdón por mi enojo y actitud rencorosa hacia él durante los años pasados desde el incendio.

—¿Papá? —Me senté en una silla de frente al lugar donde estaba sentado en el sofá.

—¿Sí? —Me miró desde el costado del periódico.

—Quería conversar contigo sobre algo que realmente me molesta.

Puso el periódico en la falda.

—Papá, yo sé que te has dado cuenta de mi enojo hacia ti. Viví en casa según tus reglas y nunca conversamos mucho. Pienso que tú deseas lo mejor para nosotros, pero me hizo enojar tu comportamiento. Eras una persona muy diferente después del incendio. Sentí resentimiento por la manera en que manejabas la casa, la manera en que te comportabas cuando estabas enojado. Ahora necesito pedirte perdón por sentir tanto enojo y odio hacia ti. Te perdono. Quiero que tengamos una mejor relación. Por eso te estoy preguntando ahora, ¿puedes perdonarme?

¿Lo había dicho con suficiente claridad? ¿Lo había expresado correctamente? Me miró con el cejo fruncido. Luego, lentamente levantó el periódico hasta que bloqueó su cara y se convirtió en una pared entre nosotros.

Me quedé sentada algunos segundos, sorprendida por su reacción. ¿Iba realmente a usar ese periódico como protección y no responderme? Todo el enojo de las molestias del pasado causadas por él volvió a surgir. Cuando me quedó claro que ese periódico no iba a desaparecer, me fui de la sala.

Mientras el enojo y el dolor generaron un montón de recuerdos de sus conductas negativas del pasado, traté de recordar que había existido un tiempo cuando había sido diferente, un buen padre. Eso no sirvió de nada. Parecía como que una voz interior me decía, «no seas ridícula. Tú no tienes que perdonarlo y él no tiene que perdonarte a ti».

El perdón es una elección. Yo lo había elegido y quería seguir siendo fiel a mi decisión. Yo lo sabía. Desmond Tutu dijo «hasta que podamos perdonar, seguimos trabados en nuestro dolor».[2] Si yo deseaba recuperarme, necesitaba seguir por el camino del perdón, por lo menos, mentalmente. Podrían pasar años antes de que mi corazón sintiera el perdón que había decidido elegir.

Si papá no me perdonaba, seguiría trabado en su dolor. Yo mantendría mi decisión de perdonarlo en mi mente y esperaría que un día lo pudiera sentir en mi corazón. Había hecho todo lo posible. No podía obligarlo a que me perdone.

* * *

El verano rápidamente se llenó con horas de trabajo. Jerry consiguió cinco empleos en Massachusetts para tratar de crear ahorros para nosotros. Yo trabajé en mis dos empleos en la costa y traté de planificar el casamiento con Jerry a través de llamadas telefónicas esporádicas. A pesar de que nunca había soñado con ser una novia, me encantaban los colores del otoño y pensé que me gustaría un casamiento en el otoño. Si no era el otoño, los colores del verano eran ricos y variados, por lo que serviría, y si el casamiento no podía ser en el verano, entonces la primavera tenía capullos de colores claros y pastel. La fecha que era mejor para nosotros era el 16 de diciembre.

Mi semestre ya habría terminado. El último examen de Jerry era el 14 de diciembre y teníamos un empleo cuidando una casa desde el 17 de diciembre hasta el 15 de abril en Rockport, Massachusetts. La hermosa casa tenía una vista de Cape Ann y Sandy Bay.

Jerry encontró el anuncio en el seminario y como fuimos

Gracia entrelazada

la primera pareja en presentarnos y teníamos sólidas recomendaciones, conseguimos el trabajo, que parecía como una luna de miel de varios meses, ya que yo había organizado que todas mis clases fueran los martes y jueves. Jerry todavía tenía que manejar las rutas escolares y viajes para la empresa de transporte cerca de la universidad, pero nos sentimos aliviados de tener una hermosa casa completamente amueblada donde vivir mientras Jerry buscaba un empleo como pastor y yo completaba otro semestre. No tendríamos que pagar por la vivienda.

Una cuestión transitoria surgió cuando Jerry llegó a Bay Head para llevarme de regreso a Gordon. Mi padre lo sacó aparte en lo que yo pensaba que era una treta para agregar algún problema a nuestra felicidad. —Sabes que tú eres ahora responsable por su educación.

Jerry pareció confundido. Acababa de entrar al vestíbulo del frente y cuando mi padre vino a la puerta, Jerry esperaba un saludo.

—Ella se casa contigo, por lo que tú tendrás que pagar todos los costos de su educación y como está en el tercer año, debería terminar sus estudios.

—Sí, estoy de acuerdo. Encontraremos la manera —respondió Jerry con más confianza de la que sentía.

Yo bajé la escalera de la sala del frente y dije:

—Como mis padres siempre tuvieron algún gran gasto para esta hostería y nunca me dieron nada para la universidad, no es que estamos perdiendo su apoyo. —Mi padre me frunció el ceño y volvió a la sala de estar.

Mientras abrazaba a Jerry, hablé con una voz para estar segura de que mi padre me pudiera escuchar. —He logrado ahorrar todo lo que he ganado, trabajando en la universidad, al recibir una beca y este año conseguí un préstamo estudiantil. Solamente dos años de préstamos estudiantiles no será una deuda tan terrible.

Esa pequeña tensión fue nada comparado con las diferencias en ideas entre las generaciones y las familias sobre los planes para el casamiento. ¿Cuándo comenzaron los padres de la novia a creer que ellos debían planear el casamiento y la recepción? ¿Tiene que ver con la tradición que requiere que ellos paguen por el casamiento?

Desde el lugar de la ceremonia y la recepción hasta la cantidad de invitados, las decoraciones, la música, la comida y las bebidas y los asientos, todo significó diferencias entre las generaciones. Cuando las familias también incluyen a personas que no beben alcohol y personas que disfrutan beber y aprovechar las celebraciones, las tensiones adicionales afectan a cualquiera que se ocupa de planificar el casamiento. La familia de Jerry y los primos de mi edad en la familia de mi madre no bebían mucho, pero aceptaban la idea de un brindis con champaña.

Jerry y yo sabíamos que mis padres no tenían el dinero para organizar un casamiento típicamente italiano en un hermoso lugar con una cena, bolsas de regalos, bebidas alcohólicas y una banda para bailar, pero sabíamos que querían hacer más que pequeños bocaditos, bizcocho y ponche en el salón de una iglesia que a menudo era parte de un casamiento en un pequeño pueblo de Nueva Inglaterra. Con diferencias de opinión sobre todas las partes de la ceremonia, Jerry dijo que necesitábamos una conversación cara a cara que permitiera que nosotros y mis padres planificáramos lo que más les importaba. A pesar de que ni nosotros ni ellos nos sentíamos cómodos con la división, decidimos que Jerry y yo planificaríamos la ceremonia y mis padres la recepción.

El costo sería una consideración en todo porque mis

padres se estaban por mudar de nuevo, esta vez a una pequeña casa estilo rancho a un par de millas de la iglesia a la que íbamos en Chatham. Eso significaría que ellos y Mark volverían a vivir juntos, toda la semana, todas las semanas. Debido a que la hostería en la costa no fue puesta en venta en el mejor momento del año para vender, mis padres sabían que iban a tener que pagar dos hipotecas hasta que se vendiera la casa de Bay Head.

Mark logró entrar de nuevo en el equipo de fútbol americano de la escuela secundaria y consiguió un trabajo como lavaplatos en un restaurante muy popular. Me sentí aliviada al saber que no estaría mucho tiempo en casa. Nos habíamos mudado mucho y él sabía cómo hacer amigos. También podíamos trabajar por nuestra cuenta cuando no teníamos amigos. Mark dijo que el ambiente en casa era tenso pero que no era miserable y que estaba principalmente relacionado con las finanzas.

Mamá quería tener la experiencia de ir a una tienda para novias conmigo, a pesar de que no podíamos pagar el costo de los vestidos allí. Cuando me enteré de que tenía el talle de los vestidos que usaban como muestra, pregunté cuánto costaría uno. El precio era un diez por ciento del precio real. Me sentí contenta al encontrar un vestido en esa visita a una tienda especial.

Beccy y su mamá tenían el talento de diseñar ropa y la aptitud y las máquinas para hacer todo desde artículos delicados hasta tapados. Como regalo de casamiento, querían crear todos los vestidos para las damas de honores. Le pedí a Beccy, Lynn, Kathy, todas amigas de mi edad; una dama de honor junior, Lesley la hija del tío Sal; y las dos mellizas como niñas de las flores que fueron las hijas de Nancy, la hermana de Jerry, y su esposo, Ken.

Los hombres tendrían que alquilar sus esmóquines para la ceremonia de las 3:00 p.m., pero debido a que alquilamos uno para el novio, para Dave, el hermano de Jerry, quien fue su padrino de casamiento, Gordon, Mark, Louis, el hijo del tío Sal, y un niño que llevó los anillos y era el hijo de viejos amigos de la iglesia, pudimos conseguir un buen precio por ellos. Cuando conversamos sobre el progreso que habíamos hecho y la manera en que otras necesidades fueron satisfechas con facilidad, deseamos que también hubiéramos podido planificar la recepción, pero decidimos estar agradecidos por lo que podíamos controlar.

Evie Tornquist, la querida cantante a quien había conocido desde la infancia y que ahora era famosa en círculos de música cristiana, cantó como regalo de casamiento. El organista y pianista de la iglesia, que habían sido amigos míos durante años, también tocaron como regalo de casamiento. Al Green, otro amigo desde mi infancia en Irvington, sacó fotos como regalo de casamiento. Debido a que teníamos la fecha del casamiento el sábado antes de la Navidad, la iglesia iba a estar decorada con hermosas flores para las fiestas, velas, cintas y moños.

El único costo del casamiento en el santuario y la recepción en el salón de la iglesia fue el costo de la limpieza para el domingo. La mayoría de las iglesias no requieren que los miembros paguen por el uso de las instalaciones.

¿Y el pastor? La gente usualmente le paga al pastor. Algunas veces es algo que decide el pastor. Otras veces es un gasto fijo determinado por la junta de la iglesia.

Gracia entrelazada

diciembre 1972 Long Hill Chapel, Pastor Leroy Webber

Al reunirnos con nuestro pastor, Leroy Webber, nos enteramos de que él y Jerry habían ido a la misma universidad, Wheaton College. También habían sido miembros del Coro de hombres que cantaba en eventos locales, nacionales e internacionales. Esto significaba que habían sobrevivido el ritual de iniciación del club y eran considerados hermanos. Por esta razón, el Pastor Webber dijo que no quería ningún pago de nosotros.

Jerry le preguntó:

—¿Cuánto cobras generalmente?

El pastor Webber sonrió y dijo:

—Le digo al novio que me pague lo que vale para él casarse con ella.

* * *

En la tradición italiana, llevé una cartera de satén conmigo mientras saludábamos durante la recepción y conversábamos con todos los invitados. Todas las familias italianas y judías, más todos los que alguna vez habían estado en un casamiento italiano, pusieron un sobre en la cartera. La tía Beverly y la tía Pauline fueron las únicas personas de Nueva Inglaterra que siguieron la costumbre. Los padres de Jerry también pusieron un sobre en la cartera de satén. El papá de Jerry trabajaba con tantos italianos en la empresa de transporte que había escuchado muchas veces sobre los regalos de casamiento que regalaban.

De las 520 personas que vinieron al casamiento, 230 vinieron a la recepción, una cena donde los invitados se servían la comida. De la gente que no conocía la costumbre italiana de regalar dinero como regalo de casamiento, recibimos muchos platos y cristales además de muchos artículos que eran más decorativos que prácticos. Los regalos de casamiento en efectivo sumaron un total sorprendente. Jerry y yo tuvimos la misma idea cuando nos dimos cuenta de lo que habíamos recibido. Decidimos reembolsar a mis padres el costo de la recepción.

A pesar de no ser una comida formal atendida por mozos como habíamos visto en todos los casamientos de la familia de mi padre, los mozos sirvieron bebidas y bocaditos y el buffet tenía de todo desde lasaña hasta rosbif. El bizcocho de cinco pisos con un novio y una novia en la cima tenía un glaseado blanco delicioso, flores y adentro, bizcocho blanco, chocolate y frambuesas. Cuando mis padres se casaron, mamá le había pedido a papá que no le llenara la boca con bizcocho, pero lo hizo igual, por lo que ella le hizo lo mismo. Le pedí a Jerry no hacer un desastre de mi cara cuando me diera el bizcocho y no lo hizo, y yo tampoco a él. Me pregunté si mamá había notado la diferencia mientras nos observaba durante esa parte del ritual del casamiento.

Gracia entrelazada

Los brindis nos hicieron reír a todos. Mis padres también sonrieron, pero detrás de la sonrisa exhibían cierta tensión. Todo esto había costado mucho más de lo que podían pagar.

No tenían que pagar por una banda, pero había música de fondo que solamente se apagó cuando la sorpresa de un cuarteto acaparó la atención de todos. Estaban parados cerca nuestro en la mesa de los novios. Cantaron «Sunrise, Sunset» (Amanecer, anochecer), mi canción favorita de *Fiddler on the Roof* (*El violinista en el tejado*), y el grupo incluía al padre del niño que llevó los anillos, dos líderes de grupos juveniles y un diácono. Nunca habían cantado juntos antes y sus voces no les habrían conseguido un lugar en un coro.

Agradecí que mi mamá supiera que me gustaba esa canción. Ella se había ocupado de conseguir que estos hombres cantaran. «Amanecer, anochecer», había llenado mis ojos con lágrimas cuando la escuché en *El violinista en el tejado*. La versión de este cuarteto hizo que la gente lagrimara porque se reían tanto.

Tirar el ramo causó más conmoción de la esperada ya que los niños trataron de empujar a las adolescentes y mujeres solteras adultas para impedir que lo agarraran. Sacarme la liga fue más ruidoso que lo que habían visto las familias del medio-oeste y de Nueva Inglaterra. Probablemente porque todos los hombres italianos, desde mis primos adolescentes hasta mis tíos más ancianos, se habían servido sutilmente bebidas de botellas que tenían abajo de sus mesas. Los largos manteles en las mesas de la recepción les permitían levantar, verter y pasar botellas para que quienes no tomaban no pudieran ver cuántas veces el alcohol había llenado los vasos. No había manera de que la familia de mi padre celebrara un casamiento sin alcohol. Los brindis con champaña podrían haber sido ginger ale.

Jerry y yo nos besamos cuando los invitados golpearon los vasos. Apreciamos que el salón tenía tantas mesas que no quedaba lugar para bailar, porque la familia de papá nunca había estado en un casamiento sin baile. La falta de espacio podía servir de excusa. Mamá y papá no querían que nadie supiera que no podían pagar la música en vivo.

Cuando se acercó la hora en que debíamos dejar la recepción, le pedimos a mamá y papá que vinieran con nosotros a una pequeña sala lejos de los invitados. Jerry y yo habíamos mirado suficientemente los regalos en mi cartera de satén que pudo escribir un cheque para cubrir todo el gasto de la recepción. Jerry acercó el cheque a mamá y papá mientras yo explicaba brevemente que queríamos hacer esto porque habíamos recibido muchos más regalos de lo esperado.

Los ojos de mamá se llenaron inmediatamente de lágrimas. Nos abrazó y besó a los dos. Papá se quedó parado como una estatua. Mamá, Jerry y yo lo miramos. Se dio vuelta y volvió a la recepción.

* * *

La elección de mi padre de mantenerse en silencio y aislado agregó al enojo que sentía hacia él. Tenía que volver a propósito a elegir mentalmente el perdón. También me pregunté si mi decisión de no conversar con mis hermanos, cuando tenía dos y sabía que el silencio los hacía enojar, era una característica heredada de papá. No podía recordar que él había usado el tratamiento del silencio con mamá o con nosotros antes del incendio.

Jerry había hecho cursos sobre aconsejamiento, pero admitía que las reacciones de mi padre le molestaban. Afirmaba que no debíamos responder enojados ni asumirlo como una cosa personal. ¿Cómo no podía yo tomarlo como una cosa personal? Podía ver que papá tenía problemas y dificultades propias. Como nunca iría a ningún tipo de aconsejamiento, Dios tendría que eventualmente ocuparse de solucionar sus problemas.

* * *

Lecciones aprendidas después: El tratamiento del silencio

En algunos cursos universitarios de psicología, aprendí que la gente que se siente abrumada por las emociones como la vergüenza, el enojo y la frustración a menudo elige apartarse física y verbalmente. Para algunos, es una demostración de poder para afectar y controlar a los demás haciéndolos sentirse rechazados. Tiene un efecto negativo en la autoestima del que recibe el tratamiento del silencio.

Usado con frecuencia, el tratamiento del silencio se convierte en un método de abuso emocional. Una persona que recibe el tratamiento del silencio siente la falta de control. Usar el silencio como un tipo de castigo hace que sea parte de la categoría de abuso emocional.

El silencio de alguien que uno espera que hable es una manera pasiva-agresiva de tratar de controlar a otro. La esperanza es que la persona que recibe el silencio se sentirá tan mal que será la encargada de rendirse y darle a la persona silenciosa lo que quiere. El que recibe el tratamiento del silencio deberá demostrar que esta conducta no logrará lo que la persona silenciosa quiere.

Capítulo 27

Cambios y mensajes bienvenidos y no bienvenidos

No tenía idea de cuántas parejas tienen que levantarse realmente temprano el día después de su casamiento para viajar a un trabajo cuidando una casa en otro estado, pero eso fue nuestro día después del casamiento. Me puse la ropa de despedida que Beccy y su mamá habían hecho como un regalo especial para mí, y Jerry se vistió con su indumentaria informal de siempre. Los dos nos reímos por los distintos asuntos embarazosos de la noche de nuestro casamiento, pero le di un abrazo y le dije que lo que le habíamos dado a mis padres al salir de la recepción era una de las razones por la que lo amaba.

Cuidar la casa en Rockport, Massachusetts, parecía como una luna de miel de cuatro meses. Jerry solamente tenía su trabajo manejando autobuses y algunas entrevistas y yo había organizado todas mis clases para los martes y jueves. La casa tenía una vista excelente del mar y uno de los lugares más pintorescos de Rockport. En abril, supimos que nos íbamos que mudar a Ironton, Ohio. Jerry sería ministro de educación cristiana allí y también asistiría al pastor principal

Gracia entrelazada

de otras maneras, pero sus responsabilidades principales eran con los jóvenes.

Marshall University en Huntington, West Virginia, estaba a apenas treinta minutos de distancia, por lo que podría viajar y terminar mis estudios allí. La experiencia de los tres estados fue interesante para los dos, ya que a menudo hacíamos compras luego de cruzar el río en Ashland, Kentucky, y vivíamos y trabajábamos en Ohio mientras yo terminaba mis estudios en Virginia Occidental. Ashland era un condado que prohibía alcohol. Yo no sabía lo que significaba al principio, pero pronto aprendí que eso era la razón por la que Ironton tenía tantos bares como iglesias.

Ironton tenía gente muy amable pero un ambiente gris debido a las plantas de carbón, hierro y químicos a lo largo del río Ohio. Las diferencias extremas eran obvias entre la parte rica y pobre del pueblo. La pobreza que apareció representaba los estereotipos de los Apalaches.

Mi primer empleo a tiempo completo fue en la oficina de timbres de alimentos. Mi segundo empleo fue como trabajadora social y como tenían pocos empleados, a menudo tenía que ir sola a visitar a diferentes familias. Fue un alivio cuando surgió la posibilidad de un empleo enseñando artes del lenguaje en la escuela media. Firmé un contrato para ser maestra en la escuela media en Ironton.

Una semana después de firmar el contrato, recibí una llamada del presidente de la junta de una iglesia en Massachusetts. Estaban buscando un pastor y habían leído sobre Jerry y habían conversado con gente en el seminario. Querían saber si podíamos venir a Williamstown por unos días para visitar la zona y para que Jerry pudiera conversar y conocer a la gente como candidato para ser pastor.

Le dije al señor, que era el encargado del comité de

búsqueda, que no estábamos interesados en mudarnos y le agradecí su llamada. Entonces, me preocupó cómo reaccionaría Jerry.

Cuando Jerry llegó a casa, le conté sobre la llamada. Dijo:

—No estoy interesado en mudarme a Massachusetts, pero conversaré con ellos. Están buscando un pastor y yo quiero ser pastor.

—Pero acabo de firmar un contrato para enseñar aquí en el otoño.

—Puedes conseguir un empleo como maestra donde sea que vivamos y yo sería pastor.

—Es tan lejos. No ofrecieron pagar el costo del vuelo.

—Lo mejor de estar aquí es la gente. Tú y yo sabemos que las fábricas, hierro, carbón, cemento, químicos, las sirenas de las fábricas que suenan como gritos, y la pobreza del condado como los Apalaches te molestan. No puedo contar las veces que me dijiste «si pudiera pasar un día en un lugar hermoso con un museo de arte, mi alma se sentiría completamente refrescada».

—Dije eso, pero también firmé un contrato.

—Estoy seguro de que no te harán problemas.

—¿Vas a llamar a Williamstown?

—Creo que sería apropiado. Les voy a decir que hemos conversado y que vamos a rezar al respecto.

Antes de que Jerry llamara al señor, llamaron mis padres. Mamá iba a necesitar una operación. Se preguntaba si podríamos viajar por unos días o una semana. Podíamos hacerlo y se lo dijimos. Ni bien había terminado la llamada, Jerry dijo:

—Sabes, solamente lleva tres horas y media desde la casa de tus padres hasta Williamstown.

Yo no dije nada, pero tampoco impedí que llamara al señor del comité de búsqueda de pastor de la First Baptist Church de Williamstown. Viajamos a Nueva Jersey y después de ayudar a mamá y lograr que todo en la casa funcionara correctamente, Jerry llamó a Williamstown. Decidimos viajar a las Berkshires, que estaban en el lado opuesto del estado donde estaba Gordon y un lugar que ninguno de los dos habíamos visitado.

Fue un viaje sencillo y hermoso por el Taconic State Parkway. Nos alojaron en la casa del diácono. Ese señor y su esposa tenían adolescentes que parecían contentos que la iglesia iba a tener un pastor joven. Como primera actividad, la pareja anfitriona nos llevó a conocer Williamstown.

—Pensamos que comenzaríamos la visita no lejos de nuestra casa. Uno de los mejores lugares del pueblo es el Clark Art Institute. Es la colección privada de arte más grande de los Estados Unidos. Uno puede pasar días recorriéndola y el lugar es tan hermoso como el arte que está adentro.

Yo lo miré a Jerry y él me respondió con una sonrisa. Casi en ese mismo instante, sabíamos que terminaríamos mudándonos a Williamstown. No era porque todas las personas que conocimos eran interesantes y amables. Ni porque la llamada de mi mamá que nos había simplificado el viaje a Williamstown. Las palabras que a menudo decía como frustración en Ironton sobre qué refrescaría mi alma no eran palabras que solamente había escuchado Jerry.

* * *

Williamstown tenía belleza y mucho que ofrecer, como Williams College con sus programas que disfrutaban los residentes, la presencia de InterVarsity Christian Fellowship, un festival de teatro en el verano que traía a gente internacionalmente famosa al pueblo, museos, bibliotecas, un cine a la antigua, una fiambrería, restaurantes, cafés, edificios que habían aparecido en la tapa de revistas, una casa grande para el pastor construida en 1904, eventos especiales en cada estación y la belleza natural. El primer otoño trajo hojas impresionantes y un clima que permite a la gente disfrutar la belleza de las Berkshires. A pesar de que las costumbres de Nueva Inglaterra eran muy diferentes a la cálida hospitalidad del sur de Kentucky, estaba familiarizada con ellas. La iglesia y la gente del pueblo fueron muy abiertas.

Nos organizamos y no busqué un trabajo como maestra inmediatamente porque, después de casi cinco años de matrimonio, estaba embarazada. Aceptar el liderazgo de Dios para decidir el matrimonio había sido difícil, pero pensar sobre todas las cosas que podían romper un corazón debido a un niño me molestaba más de lo que le había contado a nadie. El embarazo en mi caso no incluyó los problemas de la náusea que había escuchado comentar a tanta gente.

Jerry y yo fuimos a clases del método de Lamaze. Quería controlar traer a un niño al mundo todo lo posible. Si elegía un parto natural, podía saber todo lo que había ocurrido. Me preocupaba lo que pudiera haber dicho si hubiera tomado medicamentos.

Recibimos un apoyo maravilloso y regalos para el bebé de gente en Massachusetts y de Nueva Jersey, pero pensé en todas las cosas terribles que podían pasar con un niño. Presté atención al hecho de que debido a que había ocultado muchos de mis pensamientos con juicios negativos, mi bebé sufriría terribles defectos. A pesar de que en mi exterior podía ser amable y atenta, sabía que juzgaba mucho a los demás y a mí misma. Si los pensamientos interiores y las emociones de una persona pueden afectar el desarrollo de un bebé, tendría serios problemas con el niño que vendría.

No podía dormir con regularidad, a pesar de que mi obstetra dijo que podía tomar un vaso de vino a la noche para relajarme. Eso por lo menos me hizo sonreír. Los bautistas no beben, y Jerry fue a la vinatería a comprar vino para mí. El vino no me ayudó a descansar con mayor facilidad.

¿Hubiera ayudado conversar con alguien sobre el tema? Probablemente, pero no lo hice. El bebé llegaría en septiembre. En junio, tuvimos una reunión con Robin y Jack y los otros que habían vivido en la casa en Beverly Farms. Robin también estaba embarazada y yo quería conversar con ella sobre mis miedos, pero no lo hice.

En julio, cuando mis padres festejaron su vigésimo quinto aniversario de matrimonio y vinieron a visitarnos, los sorprendimos llevándolos al salón de la iglesia que estaba lleno de familiares y amigos. Incluso vieron a amigos de cuando recién habían formado la pareja. Mamá estaba tan contenta que lloró, sonrió y se divirtió. De papá, pude ver las sonrisas más relajadas que le había visto en muchos años. Parecía poder conversar con facilidad con los viejos amigos.

En agosto, una de mis damas de honor se casaba en el norte de Nueva Jersey, por lo que viajamos, a pesar de que quedaban solamente cinco semanas hasta la fecha del parto. Mientras estuvimos allí y después que volvimos a Williamstown, tuve sueños y pensamientos terribles sobre el bebé que finalmente me obligaron a contarle a Jerry mis miedos. No podía creer que hubiera tenido todas estas preocupaciones durante meses y no le había dicho nada. Rezamos juntos. La oración era su respuesta a todo.

Esa noche, tuve uno de los sueños más vívidos de mi

vida. Había tenido al bebé. Estaba en la sala del hospital, y una enfermera, una hermosa mujer con un uniforme impecable, vino a la habitación con el bebé. El bebé estaba envuelto en una frazada con rayas azules, verdes, rosadas y amarillas.

—Mire a su bebé. Sabemos que lo desea. —Me dio al bebé. Su cabeza y la cara parecían perfectas. Los ojos marrones tenían pequeñas pestañas oscuras y el bebé movía sus pequeñas manos rosadas. Podía ver todos los dedos. El bebé pateaba con fuerza y la frazada se cayó de sus piernas. Podía ver los pies y dedos pequeñitos.

Lloré y pregunté:

—¿Está todo bien? ¿Es sano mi bebé?

—Tienes un bebé sano y hermoso. —Ella sonrió.

Comencé a dar vuelta la frazada porque quería ver si era un niño o niña. Tan rápido como una brisa del océano, la enfermera sacó al bebé de mis brazos. —Para eso, va a tener que esperar —dijo al salir de la sala.

A la mañana, le conté a Jerry sobre mi sueño —Era tan vívido.

—Algunas culturas valoran los sueños como mensajes mucho más que nosotros. Sabes cuántas personas en la Biblia vieron mensajes en los sueños.

Desde esa noche en adelante, hasta que comenzó el parto, dormí tan bien como cualquier mujer embarazada de nueve meses podía dormir.

Cuando nació nuestro hijo a mediados de septiembre, Jerry estaba a mi lado en la sala de partos. Fue un parto de veintisiete horas porque era un parto de nalgas, por lo que supimos que era un varón antes de verle la cara. El médico se rio cuando lo anunció.

Entendí entonces que ser madre era una gran responsabilidad. Se me llenaron los ojos de lágrimas; lágrimas de felicidad, alivio y nerviosismo. Mi única sensación incómoda fue celos porque después de todo mi esfuerzo, Jerry tuvo primero al bebé en sus brazos.

* * *

Cualquier persona que ha tenido más de un niño sabe cómo pueden ser de diferentes los hermanos entre ellos, a pesar de tener los mismos padres y crecer en el mismo ambiente. Cuando nuestro primer hijo tenía cuatro años, tuvimos otro bebé. Ahora teníamos un niño y una niña. Le dije a Jerry que esas eran las únicas dos clases que existían, por lo que deberíamos estar contentos con dos hijos sanos. Afortunadamente para mí, estuvo de acuerdo.

Lágrimas de felicidad y alivio retornaron de nuevo la mañana que llegó nuestra hija. Necesité años para poder superar una pared de miedo sobre la maternidad. Aprendí que tenía que confiar más en Dios. El llanto ha aparecido en momentos de oración por mis hijos y por otras personas, más lágrimas que las que habían aparecido antes de convertirme en madre. La maternidad me enseñó sobre ser hija de Dios. Nunca pude ver a mis hijos cuestionar, aprender, enfrentar dificultades, dolores, elegir desobedecer o pedir perdón y un abrazo sin pensar en mi conducta como hija de Dios.

También comencé a pensar sobre aspectos de la maternidad de maneras distintas que antes de ser madre. Mi relación con mis padres continuó siendo la misma, pero pude ver al padre que recordaba de mi infancia cuando papá hablaba, jugaba y leía con nuestros niños. Su voz mantenía un sonido juguetón que había desaparecido después del incendio. Me pregunté si convertirse en abuelo podría ayudar a sanar nuestra relación.

Mi mamá vino a Williamstown con frecuencia y a menudo trajo a una o más tías con ella. Papá siguió manteniendo la distancia excepto en las fiestas. Entonces nos reuníamos en Nueva Jersey o ellos venían a Williamstown. Su calidez y entusiasmo solamente aparecían con sus nietos. Cuando los niños dormían o se habían ido a dormir a la noche, papá caminaba, leía o miraba televisión. Mamá estaba contenta de poder conversar hasta bien tarde a la noche.

Habíamos conocido a muchas otras parejas jóvenes en nuestras clases de Lamaze y grupos locales activos. La iglesia Bautista patrocinaba una Escuela Bíblica de Verano para toda la comunidad cada año y nos sentimos arraigados a la comunidad. La escuela primaria estaba al frente de nuestra residencia. Podíamos ver a nuestro hijo mayor en el patio durante los recreos desde nuestra sala de estar.

En las Berkshires los inviernos son difíciles, mi estación menos favorita, pero nos divertíamos armando fuertes de nieve, muñecos y criaturas de nieve, y casas de esquimales con los niños. Cuando llegó la primavera, enterramos esas terribles semanas con temperaturas bajo cero, pero un fin de semana en abril tuvimos veintiséis pulgadas de nieve. Debido a que uno de nuestros niños a menudo tenía neumonía cada invierno en un pulmón o el otro, habíamos conversado sobre mudarnos a un clima más templado, pero sin considerar adónde. El pediatra nos había dicho que no teníamos que mudarnos, pero consideraba razonable considerar un lugar más cálido. Como siempre, la respuesta de Jerry era que íbamos a rezar sobre mudarnos más al sur.

No había pasado una semana, cuando recibimos una carta de una iglesia en Miami, Florida que buscaba a un pastor. Era una carta genérica que habían enviado a varios

Gracia entrelazada

candidatos, no como la llamada personalizada que habíamos recibido de la gente de Williamstown.

—Jerry, mira esto. ¡Miami!

—¿Miami? ¿Florida?

—Sí. Yo hablo español. Podría conseguir un trabajo como maestra y los niños se adaptarían y posiblemente serían bilingües.

—Me parece que es demasiado al sur. ¿Quieres realmente vivir en Florida?

—No sé.

No respondimos. Siete años en Williamstown parecían pocos. Excepto por los inviernos, estábamos contentos de quedarnos allí. Tenía opciones vibrantes para todas las edades y personas diversas de todo el mundo debido a la universidad y sus programas para graduados. Disfrutamos ser una familia anfitriona para estudiantes extranjeros y ellos pasaban momentos con una familia mientras extrañaban a la propia.

Un par de semanas después, recibimos una llamada telefónica de un lugar llamado Cape May Court House, Nueva Jersey. A pesar de haber crecido en Nueva Jersey, siempre me pareció que Nueva Jersey terminaba en Atlantic City. Habían organizado una llamada con todo el comité. Habían estado buscando un pastor durante más de dos años y habían tomado la decisión que Jerry parecía el candidato ideal para ser su nuevo pastor.

Jerry preguntó por qué habían estado buscando un pastor por tanto tiempo. Nos explicaron que habían sufrido divisiones muy serias en la iglesia unos años atrás. Llevó semanas organizar un comité. Luego después de un año, ese comité había decidido abandonar la búsqueda. Ahora este segundo comité rezaba y trabajaba cuidadosamente para poder encontrar la persona adecuada como líder.

Yo le indiqué con señas a Jerry —no queremos mudarnos. Jerry les dijo que no estábamos considerando una mudanza, pero les agradeció la consideración.

—¿Está seguro de que no consideraría una mudanza? —preguntaron.

Dejé de respirar pensando, «va a decir que vamos a rezar», pero no lo hizo. Simplemente dijo —en este momento no estamos interesados en mudarnos. —Eso fue todo.

Cuando nos miramos después de la llamada, ninguno de nosotros vio alivio ni evidencia de pensar que habíamos tomado la decisión correcta.

—Es una lástima que fueran tan positivos sobre tu persona y tuviste que rechazar el ofrecimiento.

—No tenía que hacerlo.

—¿Por qué lo hiciste?

—En el seminario nos advirtieron que aceptar un cargo luego de una división en la iglesia usualmente es un período corto de transición mientras la iglesia busca estabilizarse. La iglesia necesitará ayuda para superar el dolor, el enojo y los resentimientos. Es una garantía que será difícil para el pastor y su familia. Quizás lo haría por mi cuenta, pero no sería para nada como estar aquí para ti y los niños durante el día.

—Siempre dices que debemos rezar al respecto, pero esta vez no.

Se sentó. —¿Podríamos hacerlo, pero rezar para qué? ¿Mudarnos tan lejos de lo que tenemos aquí a una situación que no ha mejorado luego de una división en la iglesia? Dios tendría que hacer que fuera increíblemente claro.

—Podríamos hacer lo que hizo Gedeón.

—¿Rezar poniendo una frazada?

Gracia entrelazada

—Poner algo en nuestra oración que no pueda ser una coincidencia para que sepamos que debemos considerar la mudanza.

—No que nos mudaríamos sin dudarlo.

—No, solamente que estaríamos abiertos a conversar más con ellos.

—Yo no puedo llamarlos y ellos no pueden llamarme a mí.

—¿Por qué no?

—Protocolo. Si una iglesia llama y conversa seriamente con un pastor y él no acepta el ofrecimiento porque no se quiere mudar, ellos deben respetar eso. Es la manera de hacer las cosas en una búsqueda de pastor en la denominación.

Miré el reloj. Eran las 6:00 p.m. del viernes. —Recemos para que en cuarenta y ocho horas se comuniquen con nosotros y pregunten si reconsideraríamos conversar más con ellos sobre la posibilidad de la mudanza.

Jerry estuvo de acuerdo, y eso fue lo que rezamos juntos.

El domingo fue un día largo y complicado. Siempre era un día ocupado con la escuela dominical, el servicio en la iglesia, estudiantes en casa para el almuerzo, un par de horas de descanso antes de actividades y eventos diferentes a la noche. Me sobresalté cada vez que sonó el teléfono, pero nunca fue nadie de la iglesia de Nueva Jersey.

Teníamos que estar en la iglesia a las seis, y estábamos atrasados. La residencia estaba solamente a media milla de la iglesia. Jerry tenía a nuestro hijo mayor de la mano y estaba en la puerta del frente. Yo llevaba a nuestra hija menor y estaba por alcanzarlo cuando sonó el teléfono en la sala del frente, con solamente diez minutos hasta el fin del plazo.

—Son ellos. Miré el reloj. Jerry fue a atender el teléfono.

Escuchó durante algunos minutos y luego dijo —sí, sí, entiendo. Virginia y yo lo hemos conversado. Sí, estamos dispuestos a conversar más con la iglesia sobre la posibilidad. Eso fue todo. Colgó y me dijo:
—Era la ministra de la zona. Eso significa que ella supervisa a todas las iglesias en una zona determinada. Ha trabajado mucho con la iglesia de Cape May Court House debido a sus dificultades. Dijo que habían llamado y le habían dicho que yo no había aceptado. Estaban muy confundidos porque pensaban que habían encontrado a la persona correcta. Ella les dijo que ella rezaría con ellos sobre esto pero que ni ellos ni ella debían tratar de hacer que me mude ya que yo les había dicho que no quería hacerlo. Entonces dijo que todo el fin de semana se había sentido impulsada a llamar y preguntar si por lo menos reconsideraríamos conversar más con la iglesia sobre la posibilidad de ser su pastor.
—Lo sabía.
—¿Qué?
—Cuando eran ellos, una llamada en los últimos diez minutos del límite del período de cuarenta y ocho horas; no sé cuánto nos llevará, pero nos vamos a mudar.

* * *

Lecciones aprendidas después: El trauma y el duelo
El duelo, enfrentado lentamente por su cuenta o a través de repentinos incidentes traumáticos, puede causar una variedad de enfermedades mentales, depresión, abuso de sustancias, trastornos de ansiedad, fobias y fases maníacas. El duelo es normal y diferente en duración y apariencia para todos, con etapas que la gente reconoce como negación, enojo,

negociación, depresión y aceptación. La gente en las diferentes etapas del duelo llora, tiene dificultad para dormir, experimenta niveles inusuales de energía, evita situaciones sociales, tiene problemas de concentración, cuestiona creencias espirituales y las metas de vida y se siente confundida, enojada, culpable, sola, deprimida y triste.

En los procesos normales de duelo, un individuo acepta un nuevo patrón y modos de superarlo luego de algunos meses, pero los activadores pueden causar dolorosas revisiones de las primeras emociones del duelo. El trauma y el duelo a menudo ocurren con una muerte violenta o repentina y para los adultos puede ser más intensa cuando la persona que ha muerto es un niño o un joven adulto. El duelo traumático tiene la intensidad adicional de reacciones debilitantes y puede durar por años, con activadores reconocidos en trastornos de estrés postraumático. Las personas que niegan o posponen el duelo pueden ignorar las emociones en una estoica depresión que dura hasta que otro evento traumático activa las emociones del primer duelo. La depresión crónica surge a menudo del duelo y la culpa que una persona oculta.

Los médicos explican que el duelo puede existir como agudo o persistente. El duelo agudo logra un nivel de superación usualmente en un año o dos. El duelo persistente dura mucho más. Los hombres tratan de resistir el duelo, pero esto los pone en categorías de sufrir mayores peligros a la salud mental y física. Conversar sobre la pérdida de uno puede ayudar, sea al contar toda la historia de una vez o en partes. Compartir los recuerdos de uno crea una salida del duelo. Sin conversar sobre la pérdida, uno se queda trabado en un duelo incompleto y sentimientos de soledad.

Capítulo 28

Primer amor y batallas duraderas

Jerry fue pastor de la First Baptist Church en Cape May Court House durante veinte años. La gente era muy atenta y amable con nosotros y nuestros hijos, pero Jerry tenía razón sobre la cantidad de tiempo que le llevaba, muchas más horas que en Williamstown. A menudo pedía disculpas por no estar más horas en casa, pero yo sabía que él necesitaba hacer todo lo que estaba haciendo.

La residencia del pastor había sido construida por los hombres de la iglesia y estaba rodeada por catorce acres. La primera vez que puse a nuestra hija en el cochecito y con mi hijo caminando a mi lado fuimos al pueblo, el camino era tan malo que se salieron las ruedas del cochecito. Comencé a sentirme asilada y enojada que Jerry estaba fuera con tantas reuniones y visitas.

Cuando habíamos estado cuatro meses y era invierno, que nunca fue mi mejor estación, tuvimos un argumento sobre cómo eran de irregulares nuestros horarios familiares. Yo estaba acostumbrada a la ciudad y ahora vivía rodeada por bosques y campos. Sentí el aislamiento, hasta algo de soledad.

No pudimos rezar esta noche porque yo todavía estaba irritada. Jerry me había advertido que tendría que hacer muchas más visitas y participar en reuniones de la iglesia, pero no había creído que serían un problema. Esa noche tuve otro sueño raro y vívido. Debido al sueño, me sentí tranquila y resuelta a aceptar las demandas de horario de Jerry. A la mañana, hablé con Jerry sobre el tema.

—Anoche tuve un sueño que te estaba esperando en la iglesia. Estaba parada en el salón cerca de la guardería donde jugaban los niños. Tú estabas en una reunión. Me sentí enojada y deseaba que tu reunión terminara. Una mujer entró al salón donde estaba. Era absolutamente hermosa de una manera completamente natural. No te puedo contar el color de sus ojos o su cabello o lo que tenía puesto, pero irradiaba belleza. Me dijo «no seas celosa. Sabías cuando te casaste con él que me amaba primero a mí. Se había comprometido primero conmigo. Yo soy su prioridad y tú lo sabes». Me sentí sorprendida por sus palabras tanto como por su imagen o sentimiento. Me abrazó. No sé si era la iglesia o el Espíritu Santo, pero quería decirte que su abrazo me envolvió en alguna clase de seguridad. Perdón por sentirme tan afectada por las largas horas que trabajas aquí. Te quiero. Va a mejorar. Estoy segura.

Nuestros niños crecieron con el fácil acceso al Océano Atlántico y a los bosques del sur de Nueva Jersey. Teníamos espacio y ambiente para mascotas como tortugas de caja, serpientes reales, un perro y un poni. Teníamos el ambiente de un pequeño pueblo de octubre a abril y luego la zona se llenaba con los residentes del verano.

Durante los primeros años, vimos a mis padres a

menudo, que podían viajar desde el norte de Nueva Jersey con mayor facilidad que a Williamstown. Pero cuando se mudaron a Maine para jubilarse y luego a Florida luego de pocos años de superar los inviernos en Maine, mi tía Virginia y mi tío Nunzi se convirtieron en abuelos postizos. Otros miembros de la familia nos visitaron. A algunos les gustaba el sur de Nueva Jersey tanto que alquilaron o compraron propiedades en el condado de Cape May.

Cuando mamá y papá se mudaron a Maine, nos enteramos a través de una llamada telefónica. No escribían cartas. Los veíamos solamente una vez por año. No parecían contentos. Cuando nos dijeron que se mudaban de Maine a Florida, hice chistes como todos los demás porque ellos no habían podido soportar los inviernos en Maine.

* * *

Hicimos un viaje para visitarlos en Florida después de la mudanza de una casa que alquilaban a un condominio que habían comprado. La unidad tenía su propia piscina y casi nadie la usaba, por lo que nuestros niños disfrutaban días enteros afuera en el agua. No fue necesario mucho tiempo para ver que papá había perdido su alejamiento, sarcasmo y falta de conversación. Hasta su postura y lenguaje corporal eran más relajados. Le daba la bienvenida a Jerry como lo hubiera hecho con cualquier miembro de la familia.

¿Qué pasó? No podía preguntárselo a él, pero le pregunté a mamá cuando él no estaba.

—No estoy segura, pero cuando nos organizamos en la pequeña casa en Maine, no podíamos jubilarnos y no hacer nada. Por eso, compramos la pequeña tienda del catálogo de Sears en Belfast. Administrar eso era mucho trabajo en todo sentido, a pesar de que no teníamos muchos productos en la tienda. El trabajo era desde lo físico hasta hacer los pedidos, la contabilidad y el reparto. Pensé que tu padre iba a tener una crisis nerviosa porque odia las sorpresas. Necesita tener un plan y todo tiene que funcionar como lo espera. Sin duda no parecía ser un tipo de negocio apto durante la jubilación y los inviernos fueron peores de lo que yo recordaba.

Cuando vi cómo estaba de ánimo todo el tiempo, dije que debíamos vender el negocio, vender la casa y mudarnos a Florida y que podíamos encontrar algo fácil para hacer allí. Estaba tan aliviado que se largó a llorar. Sabes, creo que había sufrido otro colapso total como el de después del incendio, pero no tenía medicamentos. Tuve que ocuparme de vender el negocio y la casa, pero el empaquetó todo lo que íbamos a traer y buscamos algo para alquilar juntos.

—Lamento que tuviste que estar sola con él durante todo eso.

—Mark y Pam ayudaron todo lo posible. Y luego de un tiempo en la casa alquilada, buscamos un condominio y este está en un lugar excelente y tenía un precio razonable. Nos va a ir bien aquí, a pesar de que nuestros cheques del seguro social y la jubilación son pequeños. Tu padre consiguió un trabajo como personal de seguridad en la corte y le gusta. Aquí el terreno es plano y ha empezado a andar en bicicleta. Hemos hecho nuevos amigos. Se parece más al hombre con quien me casé.

—Pero ¿está realmente mejor? Quiero decir su humor y todo contigo.

Me tomó las manos y me miró directamente cuando me dijo:

—Tu padre me trae el café a la cama cada mañana. Pasamos muchas horas con amigos que hemos conocido en la iglesia y algunos de sus sobrinos, tus primos, ahora viven en Florida.

Debo haber parecido algo escéptica.

—No hablamos mucho sobre Andy, pero él no evita el tema como lo hacía cuando alguien mencionaba el nombre de Andy. Se queda en la sala si alguna visita pide ver las fotos que tenemos de los tres niños y cuando alguien que conocía a Andy habla sobre él. Pienso que tu padre continuará mejorando mientras podamos vivir aquí.

Mamá siempre había sido una persona esperanzada y continuaba guardando artículos preciosos para ella que papá no estaba listo para ver. Cuando la ayudé a limpiar un día, saqué un cubrecama del estante de su armario. Allí estaba la vieja valija negra. Me pregunté cada cuánto miraba su contenido, pero no le pregunté nada.

En uno de nuestros últimos días durante esa primera visita a Florida, mamá había ido a jugar al golf con amigas. Jerry y los niños estaban nadando. Mi padre estaba sentado en el solárium del segundo piso desde donde podía ver la piscina. *¿Debería bajar y unirme a los nadadores o tratar de tener una conversación con él que me demostrara si había cambiado?*

—¿Papá?

—¿Sí?

—¿Podemos conversar?

Estuvo de acuerdo. Eso fue una sorpresa y decidí sentarme cerca. Antes de que yo dijera cualquier cosa, habló él. —Nunca quise conversar contigo sobre las maneras en que te causé dolor a ti y a nuestra familia. No puedo explicar cómo una nube tan pesada me agobió tanto. Y la situación no mejoró.

No me animé a decir nada. Yo lo miré y nada más.

Continuó lentamente, mientras seguía mirando a los niños en la piscina, no a mí.
—Sentí tanta vergüenza y culpa cuando me hablaste sobre el perdón. Eres muy fuerte. Lo has superado todo muy bien. Elegiste bien con Jerry. Dudé sobre él durante años porque...
—¿Porque no era parecido a la persona que tú hubieras elegido para mí?
—Ese cabello largo, me llevó años mirarlo y no verlo así. Cuando yo era adolescente, solíamos pegarles a muchachos del barrio que tenían cabello largo. Probablemente sentí vergüenza también por eso. No podía encontrar una manera de ser diferente. Pero algo pasó en Maine, donde sabía que o me iba a volver loco o le iba a pedir a Dios que se apiade de mí y me ayude. Pedí ayuda para que tu madre y yo pudiéramos empezar de nuevo.
—Y lo encontraste aquí.
—Me siento mejor, tengo más claridad. Hasta he podido hablar sobre Andy con tu madre y algunas otras personas.
—Eres diferente, mejor.
—Virginia, estoy orgulloso de ti. Hiciste todo bien sin ningún apoyo de mi parte.
—¿Entonces me perdonas?
—Lo hice, hace mucho tiempo. Dios está a cargo de todo, no un niño de doce años, no un adolescente, y yo tampoco. No podía perdonarme por no haber podido entrar a la casa a rescatar a Andy. No podía perdonarme por desintegrarme y existir gracias a los medicamentos, por estar siempre enojado. No podía perdonarme por la manera en que trataba a tu madre y a ustedes. Hice todo lo que un hombre con una familia necesitaba hacer. No podía encontrar la salida de la nube oscura hasta que en Maine todo fue demasiado para

mí. Entonces vi algo de luz, y mis oraciones dejaron de rebotar en el techo.

La conversación terminó porque sus nietos le pedían a viva voz que el abuelo viniera a verlos tirarse a la piscina, y él los fue a ver. Yo esperé y también los observé.

Nunca tuvimos otra conversación como esa, pero era suficiente. Las visitas a Florida mejoraron. La familia del norte y los primos que vivían en Florida vinieron de visita. Hasta el tío Sal se mudó a Florida. Mis padres abrieron el condominio para que sea una casa que compartía y pudiéramos traer invitados, los amigos de los chicos, y visitas extranjeras que teníamos. El ambiente era más sano de lo que había sido desde el incendio.

Había encontrado algo de paz con papá, pero todavía tenía momentos enfermizos, y de dolor. En nuestros años en Cape May Court House, fui maestra en el sistema desde prejardín hasta el fin del secundario. Los estudiantes apreciaban la interrupción en las rutinas con viajes de estudio, pero viajar a cierta distancia era costoso. Cuando fui maestra en los grados de la primaria, los viajes de estudios populares eran a la biblioteca y al cuartel de bomberos, los dos a una corta distancia de las escuelas primarias.

Dar las clases en la biblioteca era algo especial. Visitar el cuartel de bomberos entusiasmaba mucho a los estudiantes, pero a mí me afectaba el corazón. No le había contado a Jerry. Era mi problema y tenía que solucionarlo en mi mente y en mi alma. No quería recordatorios del incendio. En casa, sentía de manera compulsiva verificar siempre dos veces que habíamos apagado todo antes de salir de la casa y nunca usamos luces nocturnas.

Podía hablar sobre Andy y estaba segura de que, de alguna manera, algún día cambiaría de idea sobre incendios de cualquier tipo. Cómo ocurriría, no lo sabía, pero cada presentación en el cuartel de bomberos me generaba tensión. Observar a los estudiantes prestar minuciosa atención a los bomberos me obligó a rezar que nunca tuvieran que verlos en acción en sus propias casas.

* * *

Con veinte años en el sur de Nueva Jersey, Jerry y yo podríamos haber llegado a la jubilación con permanecer en Cape May Court House. En apenas diez años más, yo hubiera tenido suficiente servicio en el sistema escolar para jubilarme con una jubilación completa. Jerry hubiera tenido suficiente servicio como pastor para jubilarse, pero nuestras personalidades y perspectiva de vivir a pleno para Dios no nos permitían solamente permanecer. Jerry llenó formularios que indicaban que estaba abierto a una mudanza. Cualquier iglesia de la denominación tenía acceso a listas de pastores que estaban buscando activamente mudarse o que estaban abiertos a la idea de mudarse.

El momento de la mudanza llegó cuando nos habíamos quedado sin nuestros hijos en casa. Nuestro hijo se había graduado de la universidad, se había casado y tenía un buen empleo. Nuestra hija se graduó de la universidad dos meses antes de que nos mudáramos a Holden, Massachusetts. Había planeado vivir en casa mientras buscaba empleo y nos dijo que esperaba dejar el nido y no tener que enfrentarse a la situación de que había desaparecido el nido. La tía Marie en el norte de Nueva Jersey solucionó el problema con un dormitorio vacío y con la ciudad de Nueva York bien cerca, una inesperada cantidad de opciones abiertas para el empleo.

Jerry y yo nos mudamos a Massachusetts con la anticipación de desafíos y una nueva etapa en la vida, pero fue difícil dejar Cape May Court House después de veinte años con amigos, experiencias y recuerdos especiales en el condado más al sur de Nueva Jersey. Nunca había vivido tanto tiempo en un solo lugar en toda mi vida. Conté con que las amistades que habíamos creado durante los veinte años durarían incluso desde la distancia.

A pesar de mis dificultades del comienzo de nuestros años, había cumplido los requerimientos para enseñar artes del lenguaje e inglés en prejardín hasta el último grado del secundario en Nueva Jersey; había aprobado el Examen Nacional de Maestros; había escrito programas de estudio, obras de teatro y guiones usados en las escuelas locales y en la iglesia; y había terminado una maestría en educación. Solamente mientras nos mudábamos pude ver el valor práctico de cómo mis experiencias me habían equipado para una variedad de posibilidades de empleos en educación.

Y Jerry podía ver lo mismo. Su trabajo en Ironton, Williamstown y ahora Cape May Court House le había brindado la posibilidad de comenzar en otra nueva iglesia pequeña que necesitaba crecer y cambiar en el siglo veintiuno. Él había obtenido conocimientos prácticos para el ministerio y también un doctorado en ministerio pastoral. En lugar de seguir cómodamente, habíamos rezado que Dios nos orientara hacia servir en una nueva iglesia y comunidad.

Ya sin hijos, nos mudamos a Holden, Massachusetts. Nuestra casa fue construida en 1896, la residencia del pastor. Estaba al lado de la iglesia en el distrito histórico de Holden. A pesar de que mucha gente piensa que todos los sacerdotes y pastores viven en una casa al lado o muy cerca a la iglesia, nunca fue nuestro caso. El estilo de la vieja casa incluía tres pisos y un sótano de piedra, completamente dife-

Gracia entrelazada

rente a la residencia moderna que habíamos tenido en Nueva Jersey. Hasta había una escalera muy angosta que llevaba desde la cocina hasta el tercer piso de un período cuando los sirvientes o niños podrían haber necesitado usar esa escalera.

Jerry tenía días ocupados inmediatamente con reuniones de comité, actividades de expansión, visitas a familias, hospitales y hogares de ancianos, preparación de sermones, enseñar una clase en la escuela dominical y participación en la comunidad. Yo tuve más dificultades para encontrar trabajo en una escuela pública porque mis dieciocho años de antigüedad en Nueva Jersey me ponían en una categoría de pago más alta debido a las reglamentaciones sindicales de maestras de escuelas públicas. Busqué en escuelas religiosas y modelo, y también como sustituta en las escuelas públicas.

Una amiga sugirió que me presente para tener un puesto como adjunta en una universidad. Ella tenía un trabajo a tiempo completo en una universidad y en Massachusetts a principios del siglo veintiuno, las universidades contrataban a profesores con solamente una maestría si tenían mucha experiencia exitosa en el campo. Fui contratada como adjunta en una universidad apenas a cinco millas de nuestro lugar en Holden.

Comencé a dar clases en escuelas K-12 durante el día y clases universitarias como adjunta a la noche. No podía imaginarme que Jerry y yo pudiéramos estar más ocupados, ya que los dos teníamos empleos que eran vocaciones y también intereses personales.

Después de dos años en Holden, teníamos una cómoda rutina de días muy ocupados. Una noche, cuando regresé a casa tarde luego de dictar una clase, Jerry me dijo que había recibido el honor de que le habían pedido que fuera capellán. Sería un trabajo a tiempo parcial, como voluntario sin horario fijo. Tendría diferentes responsabilidades, pero podía hacerlo junto con lo que hacía para la Holden First Baptist Church.

—¿Un capellán? Eres pastor y todavía estás aprendiendo sobre tu iglesia y comunidad. ¿Qué grupo desea que seas su capellán? ¿El centro para ancianos?

—No. El cuartel de bomberos. Aparentemente, los cuarteles de bomberos reconocían que un capellán podía ayudar al cuartel y a la comunidad, especialmente si alguien que no era el administrador del cuartel ocupaba el cargo. Un capellán ayuda a los bomberos y a las familias en emergencias cuando pierden todo porque....

Dejó de hablar. Mi expresión le demostraba algo del golpe que sentí. No me podría haber imaginado un asalto más inesperado sobre el tema que todavía no podía enfrentar.

—¿Capellán del Cuartel de Bomberos de Holden?

—Sí, el primero. Sabes que quiero ayudar a la comunidad y los cuarteles de bomberos hacen mucho. Fue realmente un honor que me lo pidieran, pero si te molesta demasiado, puedo decirles que no es posible en este momento. —Me abrazó—. Nunca pensé sobre cómo esto te afectaría. Nunca hablas sobre el incendio.

Nada pasa por accidente. Tú y yo lo sabemos.

No tengo que aceptar ser capellán.

Yo sabía que lo decía en serio.

—Es un honor que te lo pidieran. Serás un capellán maravilloso. Yo no tendré problemas.

—¿Estás segura?

—Hay una razón por esto, por lo tanto, quizás....

—¿Quizás qué?

—Quizás nunca hablar sobre el incendio y tratar de no

Gracia entrelazada

pensar en él es como pus en el interior de mi corazón. Lo tengo todo guardado, pero eso no ha ayudado nada. Siempre pensé que Dios encontraría la manera de ayudarme, pero no tenía idea cómo. Quizás que tú seas capellán me ayudará.

Durante los meses y años, los dos aprendimos que los capellanes de cuarteles de bomberos pueden tener diferentes niveles de participación. Debido a que Jerry estaba en buen estado físico, podía participar en simulaciones y ver lo que los bomberos tenían que hacer para entrenarse y mantenerse en estado. Participó en algunos de sus entrenamientos físicos y muchos que tuvieron lugar en las aulas del cuartel. Jerry ofreció algunas presentaciones sobre el matrimonio y la paternidad. Los bomberos tienen un trabajo que genera estrés para toda la familia. Después de algunas emergencias, los bomberos necesitan aconsejamiento por encima de las sesiones de seguimiento.

Los bomberos y cualquiera que trabaja en los servicios de emergencia que responden a situaciones que ponen en peligro la vida sufren estrés mucho más que otras profesiones. Los capellanes hacen todo lo posible para atenderlos. Visitan a bomberos que han sufrido heridas. Superan el efecto que surge cuando alguien muere mientras presta servicio. Viajan con los cuarteles a los funerales de bomberos que han muerto mientras prestaban servicio. Aconsejan a los deprimidos y los suicidas.

Además, están las personas que tienen un incendio en el lugar donde viven o que sufren un accidente vehicular, enfrentar la emergencia de un grupo o un evento médico como un accidente cerebrovascular o un ataque al corazón, y los capellanes también los ayudan. A cualquier hora del día y en cualquier clima, los que responden a emergencias tienen que cumplir con su tarea. No hay manera de saber cuánto durará un incendio, un accidente u otra emergencia. Los bomberos ven algunas de las peores tragedias humanas. Los capellanes necesitan brindar ayuda a la mente y el espíritu de los bomberos y sus familias.

Ahora cuando la alarma de incendio municipal sonaba a la noche, Jerry se levantaba y se encontraba con ellos en el lugar del incendio. Una llamada telefónica o buscador le indicaba a Jerry dónde necesitaba estar. Las familias necesitarían albergue y Jerry tenía que organizarlo con organizaciones de benevolencia o auxiliares locales. Los que sufrían heridas, fueran víctimas del incendio o los bomberos mismos, necesitaban ser visitados en el hospital. Si el capellán es miembro del clero local como Jerry, probablemente ya tendrían relaciones con el personal del hospital.

Personas histéricas y rebeldes también necesitarían atención. Los capellanes tratan de calmar y ayudar a la gente. Proveen derivaciones a entidades de emergencia, centros de aconsejamiento y agentes de seguro. El apoyo y el consuelo son parte del trabajo de un capellán en emergencias y en días y horas sin emergencias. Aconsejar, visitar, reuniones sociales, casamientos y funerales, todo sería parte del trabajo del capellán. Como el capellán demuestra compromiso, respeto y dedicación a los bomberos y sus familias, reciben su respeto como respuesta.

Jerry fue el capellán durante la década siguiente que vivimos en Holden. Yo participé en algunas de las actividades sociales y para recaudar fondos para el cuartel junto con él. Cuando trabajaba dando clases durante el día y a la noche, él hacía su trabajo como pastor, en los comités municipales, el centro de ancianos y el cuartel de bomberos. Siempre conversamos sobre nuestros días cuando yo volvía a casa de mis clases.

Gracia entrelazada

Las llamadas nocturnas eran lo peor. A veces, él recibía llamadas de miembros de la congregación debido a emergencias médicas o un fallecimiento en la familia. Se levantaba en un instante y salía a la oscuridad en todo tipo de clima y las colinas de Worcester alrededor de Holden tenían inviernos difíciles con mucha nieve y hielo. Yo lo veía partir, rezaba por él y por la familia o persona con necesidades y eventualmente seguía durmiendo.

Cuando las llamadas nocturnas eran llamadas del cuartel de bomberos, lo veía partir a Jerry, rezaba por él y por todos los involucrados, pero nunca podía seguir durmiendo. Mientras estaba rezando y despierta, seguía enfrentando los últimos vestigios de enojo, culpa y miedo. Había leído que, en las tradiciones de los cuarteles de bomberos, siempre había alguien que se desempeñaba como capellán, pero no había visto ni escuchado hablar sobre ningún capellán la noche de nuestro incendio.

Capítulo 29

Pasos finales, todo se aclara y una elección

E l pus de los dolorosos recuerdos, la culpa y el resentimiento disminuyeron cada año. Todavía tenía momentos cuando reconocía aspectos rancios en mi persona, pero tendían a desaparecer. Disfruté cada día dando clases en la universidad en el puesto a tiempo completo que me habían ofrecido.

Comencé un doctorado. Debido a mis antecedentes, podía ocupar varios papeles en la universidad. Dicté clases a futuros educadores, ayudé a estudiantes de educación que completaban sus tesis de maestría, supervisé a maestros estudiantes, organicé las clases básicas de inglés, dicté las clases que preparaban a los estudiantes para la escritura académica y algunas clases de literatura inglesa desde la norteamericana hasta estudios femeninos. Mi nombre apareció como miembro del profesorado en las humanidades y la educación.

En los veranos, pude disfrutar algunas de las aventuras más importantes de mi vida cuando trabajé con la organización no gubernamental Amity. Cada año buscan voluntarios para ir a trabajar en zonas remotas de China. Los maestros

Gracia entrelazada

chinos de inglés no necesitan ayuda para escribir. Saben más de las reglas de gramática que la mayoría de los que hablan inglés. Pero necesitan ayuda para mejorar la manera de hablar, escuchar y estrategias de enseñanza que son necesarias para aprender el inglés.

Mi familia pensó que me había enloquecido al decidir ir a la China. Se preocupaban tanto sobre mí que mis padres me pidieron que les enseñara cómo usar una computadora para que me pudieran enviar mensajes electrónicos. A pesar de que sabía que la electricidad y el acceso a una computadora no estaban garantizados en todos los lugares donde iba a estar, les compré su primera computadora y les enseñé como usar el correo electrónico.

Mi padre sintió que se le presentaba todo un nuevo universo. No solamente envió mensajes electrónicos. Recorrió bibliotecas y museos de todo el mundo. Descubrió a sus predicadores y maestros favoritos en presentaciones en línea y apreciaba su nueva herramienta. Mi madre se sintió celosa de la computadora y la ignoró. Quizás es por eso por lo que raramente la usaba.

En los meses que trabajé en China, algunos amigos y miembros de la familia me enviaron mensajes de apoyo. En el primero de los ocho años que trabajé en China, no tenía un teléfono celular y acceso a la parte de la oficina con computadoras estaba restringido a unas pocas horas por día. Todos los maestros extranjeros deseaban comunicarse con sus familias y corrían a usar las computadoras ni bien estaban disponibles.

Una persona me escribió todas las semanas durante los años que viví y enseñé en esas zonas rurales, cada año mientras estuvo vivo: mi papá. Sus mensajes no eran largos, pero me daba cuenta de que disfrutaba comunicarse con rapidez con alguien que estaba en la otra punta del mundo. Lo que habíamos visto sobre el futuro de las comunicaciones en la Feria Internacional décadas atrás se había vuelto realidad.

Papá me contó cuando regresé que disfrutaba encontrar las palabras para enviar mensajes sobre la fe. Los componía de manera tal que no generaran atención negativa de las personas que censuraban los mensajes electrónicos en China.

Querida Virginia:
He conversado con el Padre y sé que todo estará bien contigo. La luz y la sal son necesarias en todas partes. Padre enviará sugerencias. Estás en mi meditación cada día. Las palabras del Padre nos aseguran que podemos tener confianza en lo que hacemos para Él.
Con cariño,
Papá

* * *

Me encantó mi trabajo y el hecho de que la universidad siempre buscaba maneras de responder a las necesidades de los estudiantes y así equiparlos para una variedad de carreras. En la primera década del siglo veintiuno, muchas universidades se expandieron de la educación tradicional en las artes liberales a ofrecer cursos y programas diseñados para preparar a los estudiantes para profesiones específicas. La universidad para la que yo trabajé, Anna Maria College, agregó administración pública, justicia penal, enfermería, administración médica, gestión de emergencias, aconsejamiento y ciencia del fuego. A pesar de que los programas profesionales no tenían el mismo número de cursos obligatorios, tener la seguridad de que los estudiantes podían comunicarse con claridad era importante en cualquier campo. Todos los programas requerían por lo menos una materia de inglés.

Los profesores de inglés tuvieron que diseñar y ofrecer materias para ayudar a los estudiantes en los programas profesionales específicos prácticos. En cualquier programa orientado hacia una carrera, los estudiantes necesitarían saber escribir como profesionales, la posibilidad de componer presentaciones para comités y grupos públicos, conocimientos de los requerimientos de los medios y las aptitudes de investigar y solicitar subsidios. Las aptitudes de lectura debían incluir la identificación de fuentes confiables y la capacidad de resumir y conocer reglamentaciones federales, estatales y locales.

Me pidieron que enseñara escritura a nivel profesional en el programa de ciencia del fuego. Después de un momento de sorpresa y silencio que traté de no mostrar con mi expresión, acepté. Los bomberos ya tenían mi respeto y gratitud con una profundidad que nunca podrían entender. Si pudiera ayudar a equipar a bomberos actuales y futuros que trataban de completar un título universitario, lo consideraría un honor. También lo vi como la gracia de la sanación definitiva.

Yo estaba equivocada. No era el último paso.

* * *

Mi padre murió en 2016. Eligió ir a Maine a pasar sus últimos meses. Mark tenía allí una casa grande llena de familiares. El pueblo tenía un hospicio activo y atento. Papá recibió el cuidado del hospicio durante cinco meses. En sus últimos días de vida en esta tierra, mi mamá, mi cuñada y yo dormimos en sillones en su habitación para estar con él cada noche. Nosotros y otros miembros de la familia le cantamos, rezamos con él y le recordamos toda la gente que amaba y que pronto volvería a ver, especialmente Andy. Papá podía sonreír incluso cuando no podía hablar. Tenía una sala llena de familiares, música y oraciones cuando partió de esta vida.

Como Andy, papá tuvo dos funerales. Uno en Maine para familiares y amigos en Nueva Inglaterra y uno en Florida para la familia y sus amigos de allí. Recibió honores militares, música, flores y un recuerdo del hombre que había sido cuando yo era niña y el nombre que había regresado cuando él y mamá se mudaron a Florida.

Luego de que papá falleciera, todos sabíamos que mamá no podía vivir sola. Tenía un leve caso de demencia y a pesar de visitar a familiares en Maine y a mí en Virginia, quería quedarse en Florida. Los años allí le habían dado un par de décadas de felicidad con la persona que había cambiado y vuelto a ser el hombre cariñoso con el que se había casado. Se mudó a un edificio de apartamentos para jubilados en Jacksonville.

Mamá murió en julio de 2020 pero no de COVID-19. Había progresado la demencia. Las reglas de la pandemia en el edificio de apartamentos para ancianos cambiaron todas las rutinas. Estaba prohibido el contacto social. El aislamiento hizo que cayera en un precipicio y en una demencia debilitadora. En el hospicio, adoptó la posición del feto y rehusó comer o beber. Su certificado de defunción indicaba falla en el desarrollo.

Mamá murió el día de su aniversario de matrimonio solamente acompañada por mi hermano y la empleada del hospi-

Gracia entrelazada

cio. Los que conocíamos su naturaleza romántica y cuánto amaba a mi padre consideramos que partir ese día era lo apropiado. Se durmió a la noche y se despertó a la mañana de su aniversario perfectamente entera, en la presencia de todo lo que era amor y con el hombre que había amado durante casi setenta años.

Como la mayoría de los funerales en las restricciones extremas de la preocupación por el COVID-19, solamente un pequeño grupo de familiares y sus amigos más íntimos participaron en el funeral de mamá. Cuando vaciamos su departamento, mi hermano se llevó algunas cosas a Maine y dejó cajas de papeles, libros y álbumes de fotografías conmigo. No fui capaz de abrir nada hasta el otoño.

Cuando lo hice, leí diarios incompletos y cartas de familiares y amigos. Encontré lecciones de la escuela dominical y libros que habían sido de mi padre. Miré los álbumes de fotografías y abrí cajas adentro de cajas llenas de todo, desde números especiales de revistas a libros sobre los temas de interés de mamá y recuerdos de viajes.

La última caja que abrí era grande, pero no era pesada. Arriba estaban dos de sus vestidos favoritos. Los saqué pensando a quién regalárselos, y debajo de ellos encontré una pequeña valija negra muy desgastada.

Ese día no pude abrir esa pequeña valijita negra. Me senté sola en la cama de nuestra habitación de huéspedes. Cuando finalmente decidí abrirla, contenía todo lo que recordaba. Tarjetas de pésame, notas, el libro de visitas a la funeraria y la ropa de Andy; un suéter que una señora de la iglesia le había tejido y que tenía un agujero en el puño, un par de pantalones azul marino de Andy con un agujero en la rodilla, una remera con G.I. Joe, una camisa azul y blanca, y un pantalón de baño con rayas de color azul, rojo y blanco que necesitaba un nuevo elástico. Vi el pequeño sobre blanco y miré en su interior por primera vez. Tenía los primeros cuatro dientes de leche que Andy había perdido.

Por un buen rato, me senté agarrando, mirando y leyendo todo y pensando en cuántas veces estos artículos habían reconfortado a mi madre. ¿Era alivio lo que sentía o un contacto temporario con el pasado? ¿La posibilidad de sentir como que podía tocar a Andy?

Mi padre no tuvo alivio por décadas. Su personalidad y su fe habían desaparecido en medio del duelo y la culpa. ¿Podía haberle ayudado visitar a un consejero? Creo que hubiera sido beneficioso para él, para mamá y para la familia. Me sentí agradecida que al final había encontrado el alivio al ver que Dios lo había perdonado y lo había ayudado a superar medio siglo de duelo y culpa que lo habían aislado, esperando que viera la luz a través de una nube oscura.

Algunas personas son destruidas por el dolor. Sus creencias básicas también son destruidas cuando sienten el dolor. El duelo no tiene patrón ni tiempo. Las personas que no lo entienden o no lo aceptan sienten frustración y enojo, con patrones y períodos de dolor poco comunes. Max Lucado dijo «curar el corazón requiere curar el pasado».[1]

A pesar de que Jerry y yo luego nos mudamos a Virginia, todavía pude dar clases para Anna Maria College en Paxton, Massachusetts. Pasé al programa en ciencia del fuego a distancia. Continuar el trabajo con los estudiantes que sirven a personas y comunidades, bomberos, técnicos en emergencias médicas, policías y enfermeras, me brindó paz cada vez que pude ayudarlos a lograr sus metas. Es un honor trabajar con ellos. Todas las comunidades los necesitan.

Ante mí tenía ahora una opción. La valija y todo su contenido me hicieron ver que podía continuar mirando

Gracia entrelazada

hacia adentro, mirando hacia atrás o ver y compartir una experiencia más completa de la gracia entrelazada en mi vida. El futuro podía incluir lecciones sobre la vida aprendidas y compartidas para animar a otros. Pero ¿sería capaz de compartirlo? ¿Sería capaz de contar la historia de cómo la gracia de Dios paciente y finalmente había sanado mi alma? Lo podría intentar. Y con la gracia de Dios durante mucho tiempo, esto es el resultado de mi esfuerzo.

Reconocimientos

Mis escritos se han beneficiado del aliento y apoyo de mis familiares, amigos y grupos de escritores. El apoyo principal en todos los aspectos de mi vida —espiritual, familiar, profesional y como escritora —es mi esposo, el Rev. Dr. Jerry D. Heslinga, que me alienta consistentemente y siempre apoya mis escritos.

Doy gracias a Dios por hecho que el Dr. Carlos R. Miranda decidiera traducir Gracia entrelazada. Carlos ha trabajado como traductor durante más de 35 años y su trabajo es un inmenso regalo para mí y para cualquier persona que lea esta historia. Su esposa, Heidi J. Golicz-Miranda, tiene los conocimientos y el talento para detectar minuciosos detalles en la primera revisión. Ella también contribuyó el regalo de su tiempo a este proyecto. A mi amiga por más de 53 años, Brenda Rogers, intérprete, gracias por el regalo de leer la traducción para mejorar el tono y la efectividad. Para mi querida amigas que, hace 23 años, hizo rejuvenecer mi interés en el español, Celia Llaberia Vilalta y Lola Campoy, gracias por leer la traducción para mejorar la

Reconocimientos

cadencia y el impacto. El Dr. Gordon Saunders, que también habla y escribe en varios idiomas, me ha guiado durante los pasos de publicar una traducción. ¡Qué importante es tener amigos que hablan varios idiomas!

Más agradecimiento del que puedo agregar en una lista es para mis amigos y mentores espirituales durante décadas, Beccy Jones y Lynne Drake. Gordon Saunders, amigo durante cincuenta y dos años, ha sido mi mentor como escritora y editorial independiente. Mi propio mentor en mis tareas con estudiantes universitarios, Christine Holmes, me ayudó a superar la transición a la enseñanza universitaria, algo que enriqueció mi vida y mis aptitudes. La administración, los profesores y el personal de Anna Maria College y Asumption College animaron la creatividad, la investigación, la escritura y las presentaciones.

Los compañeros en seminarios para escritores, conferencias y grupos de escritores como Flourish y Advancing Writing Endeavors brindaron apoyo y ejemplos. Individuos que han compartido sugerencias importantes sobre la escritura incluyen a Jenny Kochert, Mindy Kiker, y Lucinda Bradley.

Durante las últimas tres décadas, Sandy Kurtz, especialmente, me ha animado consistentemente y rezado por mi trabajo como escritora. Un agradecimiento especial a Tom Parsons, que me ayudó a encontrar los artículos de periódicos de mayo de 1965 y a Bonnie Parsons por apoyarnos en nuestra tarea.

Anexo 1: Artículos de periódicos

The Herald News
Passaic, NJ
May 11, 1965
Page 16

Union Blaze Fatal to Boy

UNION, N.J. (UPI)—A 7-year-old boy was burned to death Monday night when a fire that raced through his home caused the roof to collapse.

Two firemen were injured fighting the blaze. Two other children escaped injury.

The body of Andrew Riposta was found in his bed about an hour after the fire started in his home at 1337 Magie Ave., a two-story frame building.

His sister, Virginia, 12, and brother, Mark, 9, fled the house. His parents, Frank and Katherine Ripsota were not at home when the fire broke out. They arrived at the scene as firemen played a spotlight at the front door of the house. They had to be restrained by police from trying to enter the building.

The cause of the fire was unknown. Most of the damage was confined to the second floor.

Fireman Michael Pelosi was admitted to St. Elizabeth's Hospital with burned hands. Another fire fighter, Finton Mooney, was treated for smoke inhalation.

Central New Jersey Home News
New Brunswick, NJ
May 11, 1965
Page 2

Youngster Dies In House Fire

UNION (AP) — A 7-year-old boy died and three other children escaped unharmed last night when a fire raced through the second floor of a house here.

Dead was Andrew Riposta, son of Mr. and Mrs. Frank Riposta, who were returning from a Township Committee meeting when the fire broke out, according to police.

The youngster's body was found in the upper bunk of a bed on the second floor of the house at 1337 Magie Ave.

A 12-year-old daughter, Virginia, another son, Mark, 8, and David Owens, 2, a friend of the family from Elizabeth, managed to flee in time.

The parents returned home as firemen were extinguishing the blaze. They had to be restrained by firemen who put them in an ambulance. The cause of the fire was not known.

[*Caption needed*]

321

Anexo 1: Artículos de periódicos

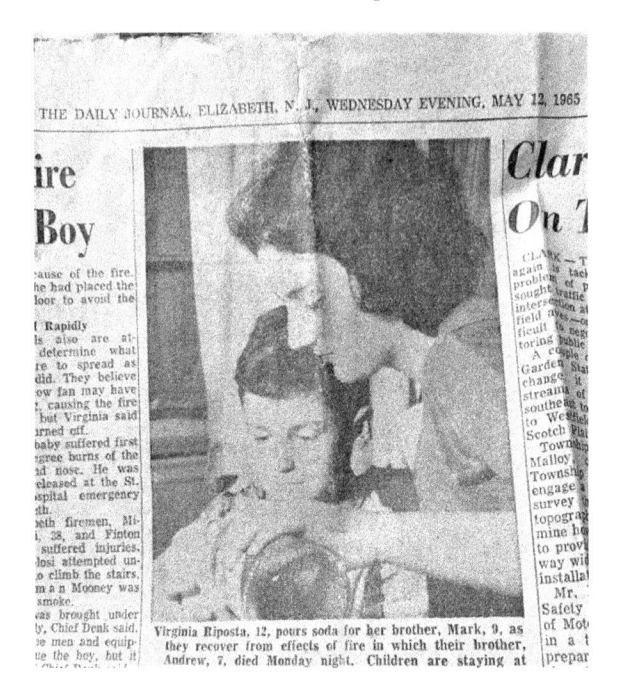

The Daily Journal, Elizabeth, Nueva Jersey, 12 de mayo de 1965

Anexo 2: Atribuciones musicales

Créditos por canciones
- Young, George A. «God Leads Us Along». New York: Warner Chappell Music, 1903.
- Woolston, C. Herbert. «Jesus Loves the Little Children». 1913.
- Barraclough, Henry. «Ivory Palaces». 1915
- Vaughn, John B. «We Shall See the King». 1922.

Canciones que fueron música de fondo durante este proyecto
- St. Cyr, Jordan. «Fires». New York: Kobalt Music Group, 2020.
- Hermes, Bernie, Mark Hall y Matthew West. «Just Be Held». Santa Monica, CA: Universal Music Publishing Group, 2014.
- Lyte, Henry F. y William H. Monk. «Abide with Me». 1847.
- Millard, Bart. «Even If». Brentwood, TN: Fair Trade/Columbia Records, 2017.

Anexo 2: Atribuciones musicales

- Spafford, Horatio G. «It Is Well with My Soul». En *Gospel Hymns and Sacred Songs*. 1876.
- Tyler, Micah, Matthew West y Zachary Kale. «I See Grace». Brentwood, TN: Fair Trade Services, 2022.
- Williams, Zach, Jonathan Smith y Casey Beathard. «There Was Jesus». En *Rescue Story*. Franklin, TN: Provident Music Group, 2019.

Anexo 3: Preguntas para la reflexión y conversación

Paternidad

1. ¿En quién ha pensado como modelos para administrar una casa y crear relaciones familiares?
2. ¿Cómo se comunican las preferencias de género en una familia?
3. ¿Qué ha aprendido y experimentado sobre el compartir, y cómo anima a que otros compartan?
4. Nuestra familia usaba la frase «esta es una casa que comparte». ¿Qué frase o frases describirían a su familia?
5. ¿Qué tipo de liderazgo existe en su familia, y qué les enseña a sus hijos?
6. ¿Cómo pueden los niños sentirse seguros y amados cuando un nuevo bebé se agrega a la familia?
7. ¿Quién ha sido alguien que presentó a sus niños como personas seguras e importantes para contactar en caso de una emergencia?
8. ¿Ha planeado simulacros de incendios con su familia? ¿Para otras emergencias?
9. ¿Cómo ayudaría a una familia conversar e introducir

Anexo 3: Preguntas para la reflexión y conversación

a los niños al trabajo que hacen los rescatistas y personas que responden a emergencias?

10. ¿Ha conversado sobre oraciones sin respuesta o problemas sin solución con sus hijos? ¿Por qué o por qué no?

11. ¿Qué enseñanzas de la Biblia han sido importantes en su familia?

12. Si pudiera cambiar algo sobre su vida familiar, ¿qué sería?

Cuidar a niños

1. ¿Cómo introduce a una niñera los elementos claves de la seguridad en la casa?

2. ¿Hay vecinos a quienes los miembros o niñeras de su casa pudieran recurrir para pedir ayuda en caso de una emergencia?

3. ¿Ha explicado los simulacros de incendios y las salidas de su casa a la niñera? ¿Otros tipos de simulacros de emergencias?

4. ¿Qué reglas sobre la comunicación deberían quedar claras para una niñera?

5. ¿Cómo puede una casa organizada ayudar a una niñera a hacer un buen trabajo?

6. ¿Qué instrucciones específicas deben dar los adultos a una niñera antes de salir de la casa?

7. ¿Cómo puede una niñera ser animada a hacer preguntas o reportar problemas?

8. ¿Conoce y comunica información sobre las alergias de los niños de la casa?

9. ¿Sabe si el curso de preparación que ha completado la niñera incluye peligros inusuales, estrangulamiento o resucitación cardiopulmonar?

10. ¿Qué rutinas de la familia debería tener la seguridad de usar la niñera?

11. ¿Qué expectativas sobre la actividad y la diversión deben ser comunicadas a la niñera?

12. ¿Qué reglas y límites debe respetar una niñera, ya que los niños se comportan mejor con estructuras y límites?

La seguridad contra incendios en la casa

1. ¿Tiene detectores de humo en todos los niveles y fuera de los dormitorios que verifica con regularidad?

2. ¿Existe un detector de monóxido de carbono en un lugar central y cerca de los dormitorios?

3. ¿Es el número de su casa fácil de leer desde la calle, incluso a la noche?

4. ¿Están todos los artículos que pudieran prenderse fuego en su casa o apartamento por lo menos a tres pies de distancia de calentadores o cualquier cosa que se caliente?

5. ¿Ha conversado sobre los peligros de incendio y maneras de protegerse contra incendios con otros miembros de su familia?

6. ¿Apaga los aparatos y calentadores portátiles cuando deja su casa?

7. ¿Hay linternas accesibles en lugar de velas cuando se corta la electricidad? (Nunca deje velas encendidas sin estar presente.)

8. ¿Se asegura de que los tomacorrientes y el cableado estén en buenas condiciones y reemplaza cordones deshilachados?

9. ¿Tiene un plan de escape para incendios que han practicado los miembros de la casa?

10. ¿Cuántos extinguidores de incendios tiene, dónde

están y saben usted y todos los miembros de la familia cómo usarlos?

11. De las causas principales de incendio en una casa, ¿cuáles son las que considera peligrosa en la suya? Equipo de calefacción, cigarrillos, equipos eléctricos, velas, cableado inadecuado, cocina, líquidos inflamables, decoraciones navideñas, calentadores portátiles, parrillas, baterías de litio, acumulación de pelusa en un secarropa o manguera, latas de aerosol, personas jóvenes que juegan con fósforos o fuego, materiales de la construcción sujetos a combustión.

12. ¿Qué debería hacer una persona si el cabello o la ropa tiene llamas?

Ayudar a otros que sufren el trauma y trastorno del estrés postraumático

1. ¿Cómo estudia o tiene conversaciones sobre ayudar a que las personas se sientan seguras y tranquilas en momentos de dificultad?

2. ¿Qué ideas positivas puede compartir sobre ayudar a personas que han sufrido un trauma familiar?

3. Algunas veces, los ayudantes, como los llama Mr. Rogers, encuentran difícil hablar sobre la tragedia y la muerte. ¿Ha tenido alguna vez una conversación con alguien sobre noticias tristes? ¿Cómo decidió presentarla?

4. ¿Con qué eventos de la vida diaria necesitará ayuda una familia después de un desastre?

5. ¿Cómo logra pasar momentos sin ninguna presión con alguien que ha tenido que superar el trauma?

6. ¿Qué ayuda a una persona a escuchar y visitar sin crear suposiciones sobre cómo se siente la persona traumada?

7. ¿Cómo puede demostrar que acepta sus sentimientos sobre lo que ha pasado?

Anexo 3: Preguntas para la reflexión y conversación

8. ¿De qué manera busca lo que podría activar efectos relacionados con el trauma?
9. ¿Qué apoyos tiene para superar y ayudar a alguien que sufrió el trauma y sus efectos?
10. ¿Cómo puede mantener y animar el respeto por la privacidad de la persona sobre lo que le ha pasado y lo que podría haber compartido con usted?
11. ¿Por qué es sensible solamente dar consejos cuando alguien los pide?
12. ¿Cómo se siente de capaz de reconocer las etapas del trauma: negación, enojo, negociación, depresión, dolor y aceptación?

Perdón

1. Al perdonarse a uno mismo, ¿cómo están relacionadas la responsabilidad y la valoración?
2. Cuando una persona exhibe remordimiento o vergüenza, ¿qué afirmación podría ayudarlos a superar dichos sentimientos?
3. ¿Por qué podría entender la diferencia entre sentimientos y realidad ayudar a superar una situación que requiere el perdón?
4. ¿Puede una persona experimentar el perdón si uno no logra la reconciliación?
5. ¿Qué aptitudes orientadas hacia la compasión y el perdón tiene? Atención, sensibilidad, simpatía, tolerancia a los problemas, empatía, falta de condenación
6. ¿Puede explicar por qué el perdón importa psicológica, emocional, espiritual y físicamente?
7. ¿Cómo se relacionan la misericordia y la gracia con el perdón?
8. ¿Requiere el perdón la práctica de no guardar renco-

res? ¿Por qué o por qué no?

9. ¿Qué medidas de aversión al perdón reconoce o ha tomado? Distanciamiento, emoción irresuelta, límites de autoprotección, rehusar perdonar como una manera de mantener el poder o control, miedo de sufrir más como víctima, guardar las apariencias, resistirse a entender la perspectiva del otro.

10. ¿Se puede enseñar el perdón? ¿Cómo?

11. ¿Por qué ha sido identificado el perdón como una parte clave de la resiliencia?

12. ¿Cuáles son sólidos ejemplos bíblicos del poder del perdón para quien perdona y para quienes son perdonados?

Notas

20. El gin de Gordon
[1] Elisabeth Elliot, *Through Gates of Splendor* (Tyndale Momentum, 1981).

26. Tensiones, valoración y silencio
[1] Corrie ten Boom, *The Hiding Place: The Triumphant True Story of Corrie ten Boom* (Bantom Books, 1974).

[2] Desmond Tutu, *The Book of Forgiving* (Harper One, 2014), 16.

29. Pasos finales, todo se aclara y una elección
[1] Max Lucado, *You'll Get Through This: Hope and Help for Your Turbulent Times* (Thomas Nelson, 2013).

Sobre la autora

Dr. Virginia Heslinga

Virginia Heslinga, Ed.D., es Profesora Asociada de Humanidades en Anna Maria College en Paxton, MA. Recibió el premio Vivir la Misión, que se presenta a un miembro del profesorado que entiende y aprecia la gran importancia de educar a todo el estudiante y aprovecha todas las oportunidades para hacerlo.

Durante 45 años, Virginia ha enseñado en una variedad de escuelas, públicas, privadas, alternativas, escuelas en domicilios, religiosas y en línea. Ha trabajado en este país y en otros con grupos de todas las edades. Ha publicado artículos en revistas especializadas en educación, escribe programas de estudio y ha escrito una novela, *Wounded Dove* (Paloma herida) basada en la increíble historia verídica de una mujer joven afectada por la poliomielitis a principio de los años 1900. Virginia es hija de Dios, esposa, madre, abuela, educadora, escritora y viajera.